Der Weg des Siegers

Ronny Schönig

DER WEG
DES
SIEGERS

Erfolg, mentale Stärke und innere
Freiheit mit den geistigen Prinzipien
asiatischer Kampfkunst

Lotos

Penguin Random House Verlagsgruppe FSC® N001967

Zweite Auflage 2021
Copyright © 2021 by Lotos Verlag, München,
in der Penguin Random House Verlagsgruppe GmbH,
Neumarkter Straße 28, 81673 München
Alle Rechte sind vorbehalten. Printed in Germany.
Unter Mitarbeit von Gabriele Borgmann (www.gabrieleborgmann.com)
Redaktion: Ralf Lay
Illustrationen (Innenteil): © Markus Weber, Guter Punkt, München
Umschlaggestaltung: Guter Punkt, München,
unter Verwendung eines Motivs von © 9comeback / Getty Images
Satz: Satzwerk Huber, Germering
Druck und Bindung: CPI books GmbH, Leck
ISBN 978-3-7787-8303-0
www.Integral-Lotos-Ansata.de
www.facebook.com/Integral.Lotos.Ansata

Ich widme dieses Buch meiner lieben Tochter Alisa.
Lebe, liebe und lache! Gehe Deinen Weg
und erfülle Dir Deine Träume.
Sei fleißig und bleibe Deinen Werten treu,
denn die sind nicht verhandelbar.

Inhalt

Verzeichnis der
Übungen und Meditationen

Vorwort

Dieses Buch handelt von einem Weg zum Erfolg, zur mentalen Stärke und zur inneren Freiheit. Wer würde diesen Weg nicht gehen wollen? Jeder Mensch, unabhängig von seiner Herkunft und seinem Kulturraum, träumt davon, dass sein Leben gelingen möge. Jeder Mensch will sich entfalten und über die Widrigkeiten des Lebens hinwegsteigen. Und dass Sie dieses Buch in den Händen halten, das zeigt mir: Auch Sie suchen nach Lösungen in Ihrem Leben.

Als buddhistischer tibetischer Mönch und Meditationslehrer werde ich oft gefragt, ob ich den Weg ins Glück beschreiben könne. Ich kann es nicht. Und könnte ich es, ich würde es nicht tun, weil jeder selbst sein Lebensarchitekt bleiben sollte, mit allen Risiken und Freuden.

Als Seine Heiligkeit der Dalai Lama damals entschied, den Weg der Mitte zu gehen und die gewaltfreie Form zu wählen, um seinem Land Tibet die religiöse, sprachliche und kulturelle Eigenständigkeit zu erhalten, da gab es Unterstützung aus der ganzen Welt, es gibt sie auch heute. Er hat sich zu keinem Zeitpunkt von seinem Weg der Mitte abbringen lassen, weil er seinem Herzen und seiner tiefen Überzeugung entspringt.

Ich denke, innere Freiheit und Erfolg beginnen mit dem ersten Schritt der Entscheidung – und diese Entscheidung findet im Herzen ihren Anfang. Danach sollte der Blick mit Zuversicht nach vorn gerichtet werden, begleitet von Mitgefühl für andere und von der Demut vor dem Ziel. Davon handelt die asiatische Philosophie, auf deren Grundlage Mönche und Kampfkünstler in Indien, Tibet, Japan, Thailand oder China agieren.

Sie wissen, dass ein Kampf nur gewonnen werden kann, wenn die Prinzipien aus Gewaltlosigkeit, Mitgefühl, Dankbarkeit, Demut und auch aus beherztem Handeln niemals infrage gestellt werden. Gier, Zorn, Maßlosigkeit gilt es auszuweichen; starkes Verlangen gilt es zu ignorieren.

Innere Freiheit und Erfolg, wie ich sie verstehe, sind aus einem leichten Stoff gewebt. Sie strengen nicht an. Sie drücken nicht nieder. Nach buddhistischer Manier bedeutet das: Glück ist etwas, was wir von Geburt an in uns tragen. Es blüht auf, wenn wir den Geist beruhigen. Hier sind Kampfkünstler wahre Meister. Und hiervon handelt das Buch.

Viel Freude bei der Lektüre!

Lharampa Tenzin Kalden,
buddhistischer Mönch und Meditationslehrer

Einleitung

Zwischen Teeritual und Vollkontakt

An was denken Sie, wenn Sie das Wort »Kampfkunst« hören? Wahrscheinlich an das Shaolin-Kloster am Fuße des Berges Song Shan im Herzen Chinas. Oder an den Mönchsorden, der den Mythos des Kung-Fu begründete. Sie stellen sich die Männer und Frauen vor, die ihren Körper und ihren Geist bis zur Perfektion trainieren, die fähig sind, jeden Gegner durch Technik und innere Haltung zu besiegen. Ich habe beides, die Kampfkunst und die Lehre, mehr als 35 Jahre studiert, habe von Großmeistern in China, Japan, Indien und Thailand gelernt. Meine Kenntnisse umfassen sowohl das Kämpfen als auch die Bildung des Charakters. Und dieser Weg ermöglichte mir den Eintritt in die 23. Generation der Drachentorschule. Sie stellt ein sehr altes Kampfkunstsystem im Stil des Taiji-Kung-Fu dar. Sie geht zurück bis ins 11. Jahrhundert, und sowohl Kaiser als auch Alchemisten hofften seit jeher, dort die Zauberformel für ein inneres und äußeres Verjüngen zu finden. Auch heute noch wird dort das Siegen über den eigenen Körper und den eigenen Geist kultiviert. Der Drache steht dabei für Weisheit und für Glück. Wie sich beides zu einem gelingenden Leben verbinden kann, davon erzähle ich Ihnen in diesem Buch.

Aber zurück zur Aufnahme in die Drachentorschule, die für mich als Kampfkünstler wie ein Zenit in der Karriere ist: Sie geht einher mit einer Teezeremonie am Ende einer langjährigen Ausbildung in Kampftechnik und Persönlichkeitsstärkung. Wenn ich die Essenz meiner Studien in einen Satz packen sollte, ich würde ihn wie folgt formulieren: »Die Energie folgt der Aufmerksamkeit.« Wie Sie denken, so strahlt Ihr inneres Licht. Wie Sie handeln, so beleuchten Sie den Weg, den Sie beschreiten. Sie entscheiden, wohin Sie Ihren Fokus setzen, wie sich Ihre Bauch-Herz-Hirn-Linie spannt. Nur Sie leiten Ihre Energie in ein helles Siegerfeld oder in einen dunklen Abgrund. Niemand sonst bestimmt Ihren Weg, außer Sie selbst. Welche Macht ist da in Ihnen!

Ich habe von meinen Meistern gelernt: Es ist schlichtweg meine innere Haltung, die mir in allem, was ich tue, Erfolg oder Niederlage beschert. Wer wirklich siegen will, der muss seinen Fokus von der ersten Sekunde des Kampfes an auf Sieg setzen. Ein Siegertyp ist fähig, Schmerz zu ertragen, Ängste wegzudrücken. Er sieht dem Gegner in die Augen, äußert seinen Respekt. Er wird Erfolge und Niederlagen gleichermaßen wie Perlen des Lebens aneinanderreihen – und damit erhält jedes Handeln eine besondere Bedeutung. Davon erzähle ich Ihnen in den folgenden dreizehn Kapiteln. Ich nehme Sie mit auf eine Reise zu Erkenntnissen tiefen Ursprungs, dorthin, wo Ihre Emotion und Ihr Wissen sich verbinden. Es ist die Reise zu Ihrer Mitte, zu Ihrem Potenzial. Und ich hoffe, Sie gelangen am Ende zu der Einsicht: Siegen fühlt sich erst wirklich gut an, wenn Sie andere mitnehmen – und nicht einsam werden, da Sie Ihrem Erfolg nicht die Moral opfern.

Als ich in jungen Jahren zum ersten Mal in die Länder der Kampfkunst aufbrach, da wollte ich nur eines: siegen. Mit dem Ziel, die perfekte Technik zu beherrschen und meine Sportkarriere voranzutreiben, habe ich jedoch erfahren: Karriere kann nur gelingen, wenn Körper und Geist wieder zusammenrücken, wenn nicht der Ehrgeiz den Blick auf die Tugenden verstellt. Siegen, so habe ich erfahren, geht immer mit Niederlagen einher und auch mit der Geduld, an Chancen zu feilen.

Heute darf ich den 6. Dan im Kickboxen und Karate tragen. Als Bundestrainer für die Mannschaft des Kickboxens habe ich Techniken für Schnelligkeit, Kampftaktik und Verteidigungsstärke vermittelt. Aus diesem Training sind Weltmeister, sind Sieger hervorgegangen. Und immer wieder beeindruckt mich die Willenskraft meiner Schüler, das Beste aus sich herauszuholen, nicht nur im Wettkampf, sondern auch im Alltag. Jeder Einzelne von ihnen hat diesen wunderbaren Zugang zum eigenen Potenzial gefunden. Er hat entfaltet, was an Talent, Stärke, an Einzigartigkeit in ihm ist, und weiß doch, dass diese Reise zu sich selbst niemals enden wird. Das erfüllt mich mit Freude und hat in mir die Idee reifen lassen, über das Siegen zu schreiben.

Wenn Männer und Frauen mich um ein Mentalcoaching bitten, dann wollen sie Stress, Traurigkeit, Druck entkommen. Oftmals stecken sie seit Jahren im Schmerz fest, haben die Orientierung verloren für das, was in ihrem Leben wirklich zählt. Sie sehnen sich danach, wieder ein Sieger zu sein, wenn möglich ohne Kampf. Das ist machbar. Den Schmerz aber werden sie dennoch spüren, ob mit Kampf oder ohne, es wird niemals ein Leben ohne Rückschläge oder Niederlagen geben. So wird es immer darum gehen, diese zu überwinden, um das Glück nicht aus den Augen zu verlieren. Dieses Glück übrigens verstehe ich nicht als materiellen Gewinn. Es besteht vielmehr aus einem Fokus auf das, was kraft Ihrer Talente und Wünsche möglich ist. Es besteht aus dem Mut, zu kämpfen, wenn es sein muss, und aus der Gelassenheit anzunehmen, dass alles im Wandel ist, nichts so bleibt, wie es sich für Sie heute darstellt. Mein tiefes Anliegen ist es, Ihnen diese Haltung auf den folgenden Seiten zu vermitteln. Und ich hoffe, Sie werden nach der Lektüre abwehren, was stört. Sie werden Widerständen nicht mehr ausweichen, aber einen Kräfteverschleiß vermeiden. Sie werden siegen über andere – und über sich selbst. Vor allem werden Sie den Fokus auf das Wesentliche halten, auf Ihr gutes Gefühl bei allem, was Sie tun. Den Schlüssel dazu finden Sie in der Kampfkunst.

Der Legende nach begann die faszinierende Geschichte der Kampfkunst übrigens in einer höchst königlichen Weise. Denn aus der Erleuchtung des Prinzen Siddhartha Gautama ging der Buddhismus und damit die Philosophie der Kampfkünste hervor. Siddhartha entschied eines Tages, es mag im Jahr 534 v. Chr. gewesen sein, sich unter sein Volk zu begeben. Er war zu dieser Zeit bereits 29 Jahre alt und seines materiellen Reichtums überdrüssig. Er machte sich also auf, um von den Lebensweisen des Volkes zu erfahren. Was er aber sah, erschütterte ihn: Schmerz, Krankheit, Alter und Tod. Kaum jemand, der von Leid verschont blieb, kaum jemand, der sorgenfrei durch sein Leben kam. Diese Einsicht drang tief in sein Herz ein, und er sehnte sich danach, eine Lösung zu finden, um den Schmerz seines Volkes zu beenden. Er verschrieb sich der Askese, lernte zu meditieren. Sechs Jahre sollte es dauern, bis er die Erleuchtung wahrnahm, bis er sitzend unter einem Feigenbaum im Tal des Ganges innere Ruhe fand und auch das Wissen darum, dass es kein Leben ohne Schmerz geben kann. Ziel könne es nur sein, den

Schmerz aus eigener Kraft zu überwinden. Er ging sogar noch weiter und sagte, dass eine Lösung für ein Problem, wie groß es auch sein möge, in jedem Menschen selbst verankert sei. Davon predigte er fortan als *Mann des Erwachens*, als erster *Buddha* auf Erden.

Nach diesen Werten leben bis heute Kampfkünstler. Vielen dienen hier die Shaolin-Mönche als Vorbild, und mancher wird sich fragen, was deren Geheimnis für Erfolg und Klarheit sein mag. Mit meinem Buch lüfte ich dieses Geheimnis, ich gebe Ihnen Einblicke in die Schätze des WUDE. Sie stellen die kostbare Essenz für ein gelingendes Leben dar. Sie formen sich zu einem inneren Kristall nach buddhistischer Art. Es sind Tugenden, die ein Siegen ohne Kämpfen ermöglichen und doch den Kampf nicht scheuen, wenn es darum geht, sich selbst zu schützen. Es sind ebenso Tugenden, die Sie von Mangeldenken und Gier fernhalten, die Ihren Energiefluss lenken. In der Summe sind es fünf Schätze aus Ren, Yi, Li, Zhi und Xin. Ich blättere diese für Sie auf, weil ich in mehr als tausend Lehrstunden erfahren habe, wie leicht sich persönlicher Erfolg zu einem Energiestoff fügen kann, wenn WUDE die Grundlagen bildet. Ein Kampfkünstler steht, bewegt, er lebt auf dieser Basis.

Vermutlich werden Sie kein Meister mehr in Karate oder Kung-Fu, Sie werden das Kickboxen nicht als Wettkampfsport betreiben. Das ist gut so, denn diese Sportarten strengen an und können durch intensives und falsches Training gar den Körper verschleißen. Wem es jedoch gelingt, mit den mentalen Kampfkünsten in Kontakt zu kommen, wie die chinesischen Meister es lehren, der wird bis ins hohe Alter fit und kräftig bleiben. Er wird nicht nur seine Gegner mühelos besiegen, sondern auch sein eigenes Handeln stets hinterfragen. Er wird die Dämonen des Alltags wie Gier, Neid, Eifersucht, Ängste, Zweifel, das ständig nach Bewunderung brüllende Ego besiegen! Und das ist ein wirklich erfüllender Erfolg. Auf diesen Bereich richte ich den Fokus in den folgenden Kapiteln. Wir werden mithilfe der asiatischen Kampfkünste Ihre Energie sammeln und durch Ihr Meridiansystem fließen lassen. Es ist meine Überzeugung, dass genau dieser Energiefluss eine seelische Widerstandskraft bildet, die wir in unserer beschleunigten Zeit mehr denn je benötigen. Wer sich der asiatischen Kampfkunst verschreibt, der wird tiefe Erkenntnis darüber gewinnen, dass er die Lösungsquellen für jedwede Krisen, Sorgen und andere Gemeinheiten des Lebens in sich trägt. Das ist ein großes Versprechen, und es mag wie eine Portion Glückseligkeit anmuten. Ja, so ist es. Denn die Kampfkunst, wie ich sie praktiziere, findet auf körperlicher und geistiger Ebene statt. Sie ist ein ganzheitlicher Stoff, der jede Zelle im Körper umhüllt, jeden Gedanken leitet. Sie verändert Ihre Ausstrahlung. Und sie schenkt Ihnen das schöne Gefühl von Selbstwirksamkeit. Das spüren Sie immer dann, wenn Ihnen die Aufgaben leicht von der Hand gehen und wenn Sie es sind, der die Dinge steuert.

Das ahnte ich damals als kleiner Junge von neun Jahren noch nicht. Nach einem Umzug meiner Eltern wechselte ich die Schule – und damit begann mein persönliches Kindheitsdrama. Denn die anderen waren größer, stärker und fokussierten mich als jenen, dem am Tagesende Prügel drohten. Einige Mitschüler versteckten sich hinter dem Eingangstor, warteten, bis ich zögerlich das Gebäude verließ, um sich dann mit Geschrei auf mich zu stürzen. Kinder können grausam sein. Heute würden Eltern, Lehrer, das gesamte Jugendamt reagieren. Früher aber galt der Satz »Wehr dich, dann wirst du respektiert«.

Nach einigen blauen Flecken unter der Haut und noch mehr Wunden auf der Seele entschied ich, es müsse sich an meiner Rolle in der Klasse etwas ändern. Nur wenn ich dem Kampf nicht mehr auswiche, fände ich Freunde und Frieden. Nach einigen heimlichen Tränen im Kinderzimmer und vielen Überlegungen kam ich zu dem Schluss, dass Karate die Lösung sei.

Ich meldete mich zu einem Kurs an – und wunderte mich zunächst, dass es nicht nur um Verteidigung und Angriff ging, sondern auch um Rituale, die mir eine tiefe Ruhe vermittelten. Ich lernte, dem Feind mit Respekt zu begegnen, den Fokus im Moment zu halten, Entschlusskraft zu spüren. Meine Angst verschwand nicht nur mit dem Bewusstsein, eine Kampfstrategie im Schulranzen zu tragen, sondern auch durch jene Lockerheit, mit der Sieger auftreten. Bei Kindern in diesem Alter ist es das Grinsen im Gesicht und das Strahlen der Schultern nach außen, es ist der federnde Gang, der verrät: Ich bin kein Opfer.

Ich musste nicht zuschlagen, die Truppe hielt Abstand. Erst zogen sie sich zurück, dann grüßten sie mich, fragten sogar nach einer Freundschaft. Einzig meine Ausstrahlung hatte sich geändert und damit meine Akzeptanz in der neuen Klasse. Von diesen Tagen an wuchs in mir der Wunsch, Kampfkünstler zu werden – mit eigener Schule.

Wenn im Kopf eine Idee entsteht und reift und mehr und mehr Gedankenräume einnimmt, dann wird sie möglicherweise derart groß und bedeutsam, dass sogar der Körper mit einem Wohlgefühl darauf reagiert. Ich jedenfalls pflegte diese Idee der eigenen Kampfkunstschule, ging zunächst auf eine innere Reise und machte mich später auf nach Asien. Es sollten Reisen werden, die niemals enden. Mein Studio eröffnete ich tatsächlich mit achtzehn Jahren, und seither bereichern die Prinzipien der asiatischen Kampfkunst das Leben meiner Schüler – und mein eigenes.

Das alles möchte ich Ihnen weitergeben, denn es ist meine tiefe Überzeugung, dass es oftmals nur weniger Schritte und Kicks bedarf, um erfolgreich und glücklich zu leben. Ein einziger Impuls, ein einziger Gedanke über Sieg oder Niederlage kann einen entscheidenden Wechsel auslösen.

In der asiatischen Kampfkunst heißt das: Fokus finden! Yi-Shen-Qi-Xing. Und in der Übersetzung: Die Energie folgt der Aufmerksamkeit, und die richtige Aufmerksamkeit führt zum Erfolg.

Meine Idee ist es, Sie auf den nächsten Seiten fit zu machen. Ich biete Ihnen die Grundlagen, die mentale Technik. Sie üben und stärken Ihren Sinn fürs Siegen: Im Anhang finden Sie Trainingspläne, um Ihre Energie tagtäglich in die für Sie richtigen Bahnen zu lenken.

Das geht nicht von heute auf morgen. Sie brauchen eine Anleitung und auch die Bereitschaft zu schwitzen. Denn vor einen Sieg haben die Götter den Schweiß gesetzt. Fangen wir an.

Halten Sie nun ein Notizheft und einen Stift bereit, um Ihre Sieger-Welt zu reflektieren – und mit den Schätzen des WUDE zu bereichern.

Ihr
Ronny Schönig

Kapitel 1

Schluss mit der Orientierungslosigkeit

Burn-out! Das Wort schürt Angst. Denn mit dem Wort verbinden wir Antriebslosigkeit, Traurigkeit, Erschöpfung. Wer diese Symptome zeigt, der fühlt sich ohne Energie, hat seine innere Mitte verloren. Längst ist es kein Geheimnis mehr, dass jeder Zweite sich betroffen wähnt. Ärzte schlagen Alarm, eine Studie folgt der nächsten. Jährlich klagen mehr Menschen, dass sie traurig werden, dass erst ihr Gehirn flattert und dann die Organe aus dem Takt geraten. Das Herz schlägt in einem ungleichen Rhythmus, die Muskeln verspannen, Gelenke schmerzen, die Immunkraft lässt nach, der Schlaf bleibt aus. Irgendwann schleicht sich das Gefühl ein, nur noch im Schatten zu stehen. Die Freude ist abhandengekommen.

Die Gründe dafür sind bekannt: Termin- und Zeitdruck, Gier nach Erfolg, Hecheln um Anerkennung durch andere. Der Tag hat zu wenig Stunden, um das Pensum all der Aufgaben zu erfüllen – und zugleich fehlt der Entschluss, ein Stopp-Signal zu setzen. Statt einer Rückbesinnung auf das, was uns einst wichtig war, versuchen wir durch Zeitmanagement, den Tagen mehr Stunden abzutrotzen, die Schritte zum Ziel zu beschleunigen. Wir rufen nach einem Coach, mit dem wir über Probleme reden können, nach einem Arzt, der eine Pille zur Beruhigung verschreibt.

Das mag Ihnen eine kleine Verschnaufpause gestatten. Aber Ihre Mitte finden Sie dadurch nicht wieder. Wenn Ihre Linie zwischen Geist, Herz und Bauch einmal aus dem Lot geraten ist, dann gilt es, diese Linie wieder zu straffen, indem Sie Ihr Chi – Ihre Energie – wieder ungehindert fließen lassen. Kein Coach kann das für Sie übernehmen, keine Pille kann die Ursache für den Schrägstand beheben. Im Gegenteil: Manche rutschen durch das Drehen in Problemen weiter ab, landen tiefer in der seelischen Dunkelheit. Sie werden müder, ausdrucksloser, bis die Energie nur noch glimmt. Ausgebrannt.

Deshalb will ich Ihnen ein anderes Bild zeichnen. Es ist ein Bild, das Sie als Kämpfer zeigt. Sie stehen dort mit geradem Rücken, mit erhobenem Kinn. Sie atmen in Ihr Herz, in Ihren Bauch, fokussieren den vor Ihnen liegenden Meter Lebensweg. Hinter Ihnen liegt der Schatten, vor Ihnen das Licht. Sie sehen Ihren Gegner – und ahnen, dieser Kampf wird kein leichter sein. Denn der Gegner ist von flüchtiger Materie, kaum zu sehen, kaum zu fassen. Und doch ist er stark und Ihnen nahe, er ist überall. Sie können ihm nicht ausweichen. Eine falsche Bewegung, ein Zögern im Moment wird ihn verleiten, zuzuschlagen, Ihnen die nächste Portion Energie zu rauben, Sie in die Knie zu zwingen. Seine Stimme ist unangenehm, zuweilen schrill. Er setzt Sie unter Druck, erpresst Sie. »Lauf, lauf weiter, höher, schneller. Ich bin noch nicht satt, will mehr vom Gleichen, mehr vom Stress, vom Erfolg, mehr von deiner Kraft, wie sonst könnte ich zufrieden sein?«, so redet er auf Sie ein, feuert Sie an, drückt Sie zurück in den Schatten.

Sie kennen ihn? Richtig – der Gegner ist Ihr Ego. Dieser nimmersatte Typ in Ihnen, süchtig nach Luxus, Geld, nach seiner eigenen Gier, ist Ihr Gegner. Auf meinem Bild stehen Sie ihm gegenüber. Aufmerksam hören Sie ihm zu. Atmen ein und aus. Sie fokussieren den Meter vor sich und damit den Moment. Keinen Schritt setzen Sie zurück, keinen nach vorn. Sie bleiben einfach stehen, lassen seine Sätze nicht in Ihr Herz. Sie halten inne und sagen sich: »Wer den Gegner kennt, hat den Kampf bereits gewonnen.«

Die Kampfkunst lehrt uns, wie wir das Ego zum Schweigen bringen, denn Kampfstile wie Kung-Fu, Karate, Muay Thai oder auch Taiji und die Gesundheitspflege des Qigong gehen auf den Buddhismus zurück. Die meisten haben ihren Ursprung in der Erleuchtung des ersten Buddha, und sie sind deshalb geprägt von Werten und Tugenden, die den Gegner sowie den Schmerz respektieren. Die Kampfkunst berücksichtigt ebenso die Kenntnisse der traditionsreichen chinesischen Medizin, die das ungehinderte Fließen der Energie, das Ausbalancieren aller Gegensätze erreicht. Zwei dieser Tugenden stellen Achtsamkeit und Klarheit dar. Für mich sind sie wie ein Handlauf im Alltag, um mich vor einem emotionalen und körperlichen Absturz zu bewahren.

Dass Sie auf der Suche nach Orientierung und Klarheit sind und beides in den Schätzen des WUDE vermuten, finde ich wunderbar. Ich begleite Sie zu diesen Schätzen, denn ich habe selbst von ihrem Wert erfahren. Auch ich war unten, so weit unten, dass Pleite und Hohn drohten. Aber ich habe mich nicht beirren lassen, habe den Schmerz ertragen und in meinem Herzen daran geglaubt, dass sich dieser Moment nicht fortsetzen wird, dass jeder Wandel so sicher ist wie der neue Tagesbeginn. Die tiefe Überzeugung, dass die asiatischen Kampfkünste und ihre Philosophie ein Türöffner für ein gelingendes Leben sind, hat mich auch in der dunkelsten Stunde fasziniert. Und an diesem Lichtblick hielt ich mich fest, denn er beleuchtete mein wesentliches Ziel. Der Lichtstrahl wurde zu meinem Fokus. Am Ende bewahrheitete sich der Satz eines Samurai: »Die Energie folgt der Aufmerksamkeit.« Aber dazu später mehr.

Das Wesentliche fokussieren

Hand aufs Herz:

- Fühlen Sie sich wirklich wohl in Ihrem Alltag?
- Haben Sie Ihr Ziel derart verinnerlicht, dass Sie selbst nachts, wenn ich Sie aus dem Tiefschlaf wecken würde, es definieren könnten mit den immer gleichen Worten und der gleichen Begeisterung?
- Sind Sie derart entschlossen, Ihr Ziel zu erreichen, dass selbst vermeintliche Niederlagen auf der Strecke Sie doch nicht abhalten würden, aufzustehen, weiterzulaufen, ungetrübte Freude auf Ihr Ankommen zu empfinden?

Dann sind Sie ein glücklicher Mensch, und Sie werden erfolgreich sein im besten Sinne, denn Ihr Ziel entspringt Ihrer Mitte. Es ist in Ihnen selbst entstanden – und nicht im Außen, nicht von anderen oktroyiert. Sie dürfen mein Buch zur Seite legen. Sie leben nach dem Motto, das der Literaturnobelpreisträger und Singer-Songwriter Bob Dylan als Definition von Erfolg formulierte: »Was bedeutet schon Geld? Ein Mensch ist dann erfolgreich, wenn er zwischen Aufstehen und Schlafengehen das tut, was ihm gefällt.«

Wenn Sie jedoch diese Fragen mit Nein beantworten und gleichzeitig ein Ziehen im Bauch spüren oder einen hektischen Herzschlag, dann lesen Sie bitte weiter. Sie sind im Stress, Ihr Ziel ist von Fremden definiert worden, es ist kein Ziel des Herzens. Ihr Gehirn sendet bereits bei der Vorstellung des Weges dorthin ein Signal von Stress an die Nebennierenrinde, um Adrenalin und Noradrenalin auszuschütten. Sie haben Angst vor einem Scheitern, Sie stecken fest in einer Orientierungslosigkeit, weil Sie vergessen haben, was Sie sich einst wünschten vom Leben.

Immer weiter geht die Hektik, immer höher wird der Zweifel, und am Ende verlangt Ihr Körper mehr und mehr von diesen Stressbotenstoffen, und irgendwann schaltet er gänzlich in den Überlebensmodus. Das Herz schlägt schneller, die Muskulatur spannt sich an. Ihr Hautwiderstand verhärtet sich. Ihre Verdauung kurbelt zurück, Energie wird geschont oder aktiviert, wo nötig. Blockaden entstehen.

Klingt ungesund? Ist es auch! Auf Dauer verändert dieser Zustand Ihr gesamtes Hormon- und Stoffwechselsystem. Zu viel Stresshormone bewirken nämlich den Rückgang des stimmungsausgleichenden Stoffs Serotonin. Und dieser Prozess im System ist fatal. Sie werden zunehmend gereizt, ungeduldig, aggressiv, am Ende traurig.

Nun ist der Ausstoß von Stresshormonen durchaus sinnvoll, wenn es wirklich um Leben und Tod geht. In solchen Situationen sind die Signale des Gehirns an den Körper lebenserhaltend. Dann denken wir nicht nach, was wohl die beste Lösung wäre, sondern wir reagieren affektiv. Der Mandelkern in der Mitte des Gehirns feuert die Befehle, die der Körper ad hoc ausführt. Diese schnellen Reaktionen sind evolutionsbedingt, sie haben die Spezies Mensch seit mehr als

300 000 Jahren vor dem Aussterben gerettet, als sich der Homo sapiens im Alltag organisierte. Damals gab es Mammuts, Säbelzahntiger, fremde kriegerische Gegner, die ihm nach dem Leben trachteten. Es blieb nur die Flucht oder der Angriff, die Angst oder der Mut. Aber heute gibt es keine Säbelzahntiger mehr, und auch der aggressive Nachbar wird kaum mit der Flinte am Zaun auf Sie warten. Und doch rasen wir durch den Alltag, muten Körper und Geist eine Überflutung mit Stresshormonen zu, als ginge es um das Kostbarste, das wir besitzen: unser Leben.

Ich muss kein Mediziner sein, um an dieser Stelle zu behaupten, dass die Mehrzahl der Burn-out-Patienten zu lange in diesem Modus agiert. Sie haben vergessen, den Blick auf das Wesentliche zu halten. Nur was ist dieses Wesentliche?

Kein Zögern vor dem Sieg!

Dabei fing Ihre Karriere gut an. Der Job passte zum Talent, die ersten Stufen der Leiter nahmen Sie wie im Flug. Dann häuften sich die Aufgaben, die Verantwortungen auch, das Gehalt stieg. »Gut so, alles nach Plan«, dachten Sie. Bis die Unruhe kam. Plötzlich reichte die Zeit nicht mehr, um die Projekte zu erledigen. Erste Misstöne, beruflich und privat, wurden hörbar. »Das bisschen Stress stecke ich schon weg«, dachten Sie, als erst das Herzrasen begann und später schlaflose Nächte folgten. Sie lächelten dem Vorgesetzten weiterhin zu, wenn er fragte, ob Sie noch eine Fleißaufgabe wuppen könnten. Und jedes Nicken, das ahnten Sie, setzte einen negativen Marker im Gehirn. Der Kampf, den Sie fortan führten, war nicht mehr fokussiert – er kam nicht aus Ihrer Mitte, denn die hatten Sie längst verlassen. Sie hatten vergessen, um welches Ziel es Ihnen ursprünglich ging. Ihr Ego trieb Sie an. Und Sie ließen es zu. Sie stoppten nicht, nahmen den eigenen Kampf nicht auf, zu sehr agierten Sie im Außen. Einen Erfolg ohne Tränen, so sagten Sie sich, kann es nicht geben – und überrannten weiter die Zeichen der Erschöpfung. Herausforderungen sind da, um sie anzunehmen, so Ihr Motto. Das finde ich auch, nur sollte am Anfang die Abwägung zwischen Einsatz und Nutzen stehen.

Als Kampfkünstler liebe auch ich die Herausforderung. Ich trete an, um zu siegen, und wenn dieser Sieg mit Kämpfen geschehen soll, dann diskutiere ich nicht. Ich betrachte den Gegner mit Respekt, checke die Situation mit Klarheit – und setze dann beherzt meine Technik und mein Wissen ein, um zu gewinnen. Ich bündle die Konzentration, rufe ab, was meine Stärke ist, atme in den Moment, in die Energie, in die Bewegung. Ich entscheide mich im Hier und Jetzt mit jeder Faser meines Körpers, mit jedem Gedanken für den Sieg! Und setze diese Entscheidung ohne Zögern um. Denn ein Zögern im Atem, in der körperlichen und gedanklichen Bewegung gibt dem Gegner einen Vorteil und kostet mich den Sieg. Sunzi, der chinesische Kriegsstratege, schrieb vor rund 2500 Jahren: »Siegen wird der, der gut vorbereitet darauf wartet, den unvorbereiteten Feind anzugehen.«[1] Und diese Feinde sind oftmals die Umstände, die wir im Alltag zulassen. Es ist ebenso unser Geist, der dazwischenschlägt mit Zweifeln und Zögern oder mit Gier.

Kampfkünste basieren auf Entschlusskraft; sie spielen sich jenseits von Manipulation durch andere ab. Nur der Sportler ist für sich verantwortlich, nur er nutzt den Raum, die Möglichkeit. Niemand sonst kann das je für ihn übernehmen. Und in diesem Sinne strebt auch er den Erfolg an, nur ist seine Definition von Erfolg nicht fremdbestimmt. Er denkt nicht an Niederlage, er gibt sein Bestes im Moment und für dieses eine Ziel, das er anstrebt. Bruce Lee sagte dazu: »Eine wichtige Ursache von Scheitern ist ein Mangel an Konzentration.«[2] Dass Menschen privat und beruflich ausbrennen, hat genau diese Ursache: Sie konzentrieren sich auf zu viele Ziele gleichzeitig, sie lassen die Konzentration an ihren Rändern ausfransen und in mehrere Richtungen fließen.

Zu viele Ziele anzusteuern führt geradewegs in die Orientierungslosigkeit. Auch ein Kampfkünstler kann niemals zum gleichen Zeitpunkt mehrere Schlachten schlagen. Obwohl er seine Schläge beherrscht und fähig ist, die Bewegung des anderen vorherzusehen, wird er trotz seiner Überlegenheit verlieren, wenn er sich auf zwei Dinge oder mehr gleichzeitig fokussiert, wenn er sich in diesem Moment mit dem Gegner vergleicht. Er muss bei sich – und nur bei sich – bleiben. Er muss die Linie zwischen Kopf und Bauch derart festzurren, dass kein Zweifel möglich ist zu siegen. Zerstreuung ist in der asiatischen Kampfkunst der sichere Tod – ein Atemzug zu viel, zu langsam, und der Gegner versetzt jenen Hieb, der alles Atmen beendet.

Den Geist zur Ruhe bringen

Nimm dein Notizbuch und einen Stift zur Hand. Sorg für eine ungestörte Atmosphäre. Schreib als Überschrift auf eine Seite:

Was ist das wesentliche Ziel in meinem Leben?

» Schließ nun die Augen, und lass diese Überschrift wirken.
» Jeder Gedanke ist richtig, bewerte nichts. Atme in jeden Gedanken hinein.
» Warte auf einen Schreibimpuls. Der wird einsetzen, sobald ein Ziel dein Herz berührt.
» Schreib es auf! Bring fünfzehn Minuten lang aufs Papier, was dir an diesem Ziel wichtig ist, warum du es erreichen willst, unter allen Umständen.
» Wenn dir ein Wort nicht einfällt, setz drei Punkte. Schreib weiter und weiter, fünfzehn Minuten lang.
» Es gibt keinen Kritiker, niemand wird je deine Zeilen lesen, aber du wirst wissen, dass du dich in diesen fünfzehn Minuten deinem Herzensziel entgegen- schreibst.
» Ignoriere deshalb den Krampf in der Hand.
» Blende den Schmerz aus.
» Freu dich auf den Schlusspunkt.
» Atme ein und sehr lange wieder aus. Sei dankbar. Für dein Ziel. Für deine ganz besondere Art, dieses Ziel zu formulieren.

» Mit dieser Übung hast du dich auf ein einziges Ziel fokussiert. Nichts hat dich abgelenkt. Du hast dir Zeit und Raum gegeben, um zu schreiben, und damit in deinem Gehirn eine Idee formuliert. Diese Idee wird wachsen, zum Ziel werden. Gib ihr die Zeit, die Pflege, den Glauben daran.

→ Eine wichtige Erkenntnis aus der Kampfkunst lautet: Es gibt keine Abkürzungen. Ob es sich um ein kleines oder ein großes Ziel oder lediglich um ein Versprechen handelt: Alles wird gelingen, wenn wir fokussiert, fleißig und voller Hingabe sind. Lassen Sie nicht mehr zu, dass ein störender Gedanke, ein flattriger Geist Ihr Ziel infrage stellt. Sie halten fest, was Sie geschrieben haben, tragen es wie einen Schatz in sich – und werden ihn eines Tages in die Wirklichkeit heben. Da die Kampfkünste den Rhythmus der Natur beachten und sich erst wirklich erfüllen, wenn sie im Gleichklang mit der Natur schwingen können, wird das Erreichen eines wirklich wesentlichen Zieles meist ein Jahr dauern. Denn in den Phasen Frühling, Sommer, Herbst und Winter können Sie den Samen auslegen, aufblühen, wachsen, reifen und ruhen lassen.

Ein Ziel ist keine Wolke am Himmel

Es ist ein schwieriger, aber ein lohnender Weg, seine Gedanken zu beherrschen. Es ist sogar die beste Abwehr fremder Manipulation. Mit einer Klarheit in den Gedanken und Entscheidungen geraten Sie nachweislich weniger unter Stress und halten Ihr Ego im Zaum.

Stellen Sie sich bitte einmal eines dieser gläsernen Hochhäuser vor, in denen sogenannte Erfolgsmenschen arbeiten. Es sind Manager mit goldener Schrift auf Visitenkarten und einem Parkplatz rechts neben der doppelflügeligen Eingangshalle. Ihr Jahresgehalt liegt im Millionenbereich, denn sie sind Strategen für die Beeinflussung des menschlichen Gehirns. Ihre Handgelenke schmücken Uhren teurer Marken, und überhaupt strahlen sie Luxus aus, denn die Freude an Materiellem haben sie trainiert.

Dort, in diesem gläsernen Hochhaus, befindet sich im zwanzigsten Stock ein wohltemperierter Raum. Er zeigt eine fantastische Aussicht über die Stadt. Das Panorama wechselt die Farbe je nach Tageszeit, denn das Sonnenlicht wird gefiltert durch die bodentiefen bronzenen Fensterscheiben. Kein Lärm von außen dringt ein.

Dort entstehen die Konzepte, um Menschen wie Sie und mich zu manipulieren. Jene hoch bezahlten Marketer, Personaler, Profiler nämlich wissen heute, was Sie morgen wünschen. Sie sammeln Ihre Sehnsüchte, filetieren Ihre Träume, prüfen und bewerten all die Spuren, die Sie täglich hinterlassen in Geschäften, Vereinen, in Foren, auf Plattformen, in sozialen digitalen Medien. Das Ziel dieser Magnaten ist es, Ihnen den Zustand der konsumhaften Glückseligkeit zu verkaufen, nach dem Ihr Ego brüllt. Und kaum denken Sie, in diesem emotionalen Schwebezustand angekommen zu sein, da winkt schon das nächste Must-have.

So werden Sie von fremder Hand auf einen Marathon geschickt, den Sie eigentlich nicht laufen wollten. Irgendwann fühlen Sie sich unlustig, und im schlimmsten Fall werden Sie finanziell und emotional erschöpft sein. Warum? Weil all das, was diese Damen und Herren im zwanzigsten Stock des Glashauses für Sie ersinnen, nicht aus Ihrer eigenen Mitte entspringt. Es ist nicht mehr als ein Sammelsurium von Daten, ein Zusammenfügen fremder Annahmen, was Ihr Glück bedeuten könnte. Dahinter steht ein kaltes Kalkül. Man will Ihren Willen gefügig machen, Ihre Kampfbereitschaft brechen, Ihre Achtsamkeit rauben. Als Gegenwert dürfen Sie eintreten in eine Scheinwelt ohne wirkliche Ziele, denn die werden morgen schon wieder übermalt sein mit schrilleren Farben.

Dass Menschen zunehmend die Orientierung verlieren, liegt daran, dass Ziele austauschbar werden wie das frische Paar Socken am Morgen. Kaum jemand, der nicht für das neurowissenschaftliche Marketing empfänglich wäre. Kaum jemand, der sich auf Dauer daran nicht erschöpfte, weil er unwillkürlich auf diesem langen Lauf im Mangel landet. Spätestens dann wurde das eigene Ziel verfehlt.

→ Widerstehen Sie den Manipulationen von außen, lassen Sie sich von niemandem von Ihrem Weg abbringen. Finden Sie Ihr wesentliches Ziel - und verfolgen Sie es unbeirrt und mit klarem Fokus. Ein wesentliches Ziel kann niemand zerstören. Keine Manipulation ist stark genug, dass das gelingen könnte. Vielleicht können Sie es kurz aus dem Blick verlieren, wenn andere Sie ablenken, aber mit den Schätzen des WUDE werden Sie auch gegen eine solche Ablenkung immun.

Als ich mit dreizehn Jahren meine Kampfsportschule zeichnete, ihr fortan immer wieder Details hinzufügte, sie mehr als fünf Jahre lang in meinem Geist und auch auf dem Papier feinschliff, da wurde sie zu einem wesentlichen, sich selbst erfüllenden Ziel. Im Gehirn wurden die Synapsen derartig stark und breit, dass ich mit meinem Verhalten und mit jedem Schritt ohne Umweg darauf zusteuerte. Ich habe damals im Sinne eines Kampfkünstlers jede Zerstreuung vermieden, weil ich wusste: Als Kämpfer ist man auf sich allein gestellt und muss die Situation meistern. Jeder Kampf ist individuell, aber allen Kämpfen gemein ist, aus der Komfortzone herauszutreten, sich und sein Ziel zu zeigen und dann mit einem ruhigen Geist den nächsten Schritt zu setzen. Ein wesentliches Ziel trotz aller Widerstände zu verfolgen mutet an wie das Siegen über sich selbst.

Wenn Studien jährlich belegen, dass 40 Prozent der Mitarbeiter und mehr unzufrieden mit ihren Aufgaben im Job sind, dann frage ich mich: Wo ist das Glühen für dieses Leben geblieben, warum nehmen so viele Menschen hin, worunter sie scheinbar leiden – die Routine? Darin, da dürfen Sie sicher sein, finden Sie Ihr Glück nicht. Routine bringt Sie Ihrem Lebensziel nicht nah, denn Routine ist Stillstand. Sie werden später bereuen, Chancen nicht gesehen, gepackt und geformt zu haben. Sie werden sich fragen: Warum habe ich mein Lebensziel nur schwach definiert und es nie verteidigt?

Als ich meine Kampfkunstschule zeichnete, da amüsierten sich meine Eltern, fanden diese Idee recht originell. Ernst genommen haben sie mich nicht, sondern sich gedacht: Dem Jungen werden die Flausen im Kopf vergehen, wenn der Ernst des Lebens beginnt. Aber ich habe fünf Jahre lang diese Idee reifen lassen, ich habe nicht nachgelassen, Freude dafür zu empfinden, ihr Aufmerksamkeit zu schenken. Sie wissen: Die Energie folgt der Aufmerksamkeit. Und an meinem achtzehnten Geburtstag habe ich ohne einen Cent Startkapital den Gewerbeschein beantragt. Nie fühlte ich mich reicher. Und obwohl ich wenige Jahre später am finanziellen Tiefpunkt war, habe ich mich durchgekämpft, ein Mangeldenken nicht zugelassen. An jedem einzelnen Tag, auch als ich finanziell und gesundheitlich unten war, habe ich mein Ziel der Kampfkunstschule mit Energie getränkt. Seither weiß ich: Die größtmögliche Handlungsenergie liegt entweder im maximalen Herzenswunsch oder im absoluten Tiefpunkt. Verharren Sie nie, bitte nie im Mittelmaß, Sie würden Ihr Potenzial ersticken. Alles, was wir erreichen, fängt in uns an.

Momente vor der Orientierung

Wie finden Sie Ihre Ruhe und im Folgenden die Orientierung wieder? In der Kampfkunst gibt es dazu einen ersten Satz:

Akzeptieren Sie, was ist.

Sprechen Sie diesen Satz laut aus! Wiederholen Sie mehrmals: »Ich akzeptiere, was ist.« Sie lassen los von dem Unterfangen, Dinge zu erzwingen. Sie lassen los von der Vorstellung, dass Sie Einfluss nehmen. Sie nehmen einfach nur an, was ist, ohne zu verändern. Diese Haltung beherrscht ein Kampfkünstler perfekt. Er richtet sich im Moment ein. Nimmt die Umwelt, die Bedingungen, den Gegner und sich selbst in dieser Mikrosekunde wahr. Was ist, das ist. Es lässt sich in dieser Mikrosekunde nicht ändern. Er gibt sich diesem Moment hin. Die Emotionen werden heruntergefahren, die gefühlte Zeit verlangsamt sich. Der Atem fließt. Nichts wird bewertet in diesem Moment. Eine emotionale Überreaktion würde sogar eine Niederlage bedeuten. Der Geist siegt über den Stress, gibt keine Impulse zur Flucht oder zum Angriff.

Diese Ruhe weitet sich aus. In einer Mikrosekunde eröffnet sich in Ihnen eine Insel für Rückzug, Sammeln, Entspannen. All die Emotionen von Angst, Zorn, Wut, Verzweiflung, Traurigkeit finden auf dieser inneren Insel keinen Raum, denn dort lagern die Schätze des WUDE: Ren für Mitgefühl, Li für Respekt, Yi für Gerechtigkeit, Zhi für Weisheit und Xin für Aufrichtigkeit. Sie senden den Atem auf diese innere Insel und verweilen dort für kurze Zeit. Sie kämpfen nicht. Nicht gegen sich selbst. Nicht gegen einen anderen. Sie ziehen sich zurück in sich selbst, denn Sie wissen, dass nur dort die Orientierungslosigkeit ein Ende findet. Kein anderer Coach, und sei er noch so erfolgreich, wird je Zutritt zu Ihren inneren Schätzen des WUDE finden. Auf dieser Selbstwirksamkeit basiert mein Training. Und es beginnt mit diesem einen ersten Satz: »Ich nehme an, was ist.«

Wenn Sie zur Ruhe gefunden haben, folgt der zweite Satz:

Konzentrieren Sie sich auf das, was Sie ändern können.

Sagen Sie diesen Satz ebenfalls laut zu sich selbst: »Ich konzentriere mich auf das, was ich kann.« Auch hier werden Sie nicht kämpfen, sondern Sie werden innehalten. Sie senden Ihre Aufmerksamkeit nicht mehr dorthin, wo Energie verpufft und Sie ermüden. Während Sie sich diesen zweiten Satz aufsagen, schieben Sie mit der Hand zur Seite, was stört: den problematischen Kollegen, den Krach mit dem Chef, die unverschämte Bemerkung Ihres Geschäftspartners, das unangenehme Gespräch mit dem Lehrer der Tochter. All das findet im Moment auf Ihrer inneren Insel keinen Raum.

Es gibt Menschen, die entsprechen nicht Ihrem Weltbild, die ziehen Energie von Ihnen ab, die stehlen Ihre Zeit. Gegen diese zu kämpfen würde Sie ermatten, denn Ihnen würde niemals ein Respekt entgegenschlagen, sondern nur die Sucht nach Streit. Siegen, ohne zu kämpfen, bedeutet deshalb auch abzuwägen, auf welchen Gegner Sie sich einlassen oder welchen Sie bereits vor dem Kampf abwehren durch Gelassenheit.

Mit dieser Einsicht folgt der dritte Satz, um zur Ruhe zu gelangen:

Sie können niemals
gegen mehrere Gegner gleichzeitig kämpfen.

Sagen Sie auch diesen Satz laut auf. Nehmen Sie die Gefühle und Absichten der anderen nicht an. Lassen Sie sich nicht zu Mangeldenken oder Gier verführen. Sie nehmen an, was ist. Sie halten inne. Sie verausgaben sich nicht in aussichtslosen Kämpfen. Und wenn die Situation im Moment schwierig erscheint, dann tragen Sie die Gewissheit in sich, dass der Wandel so sicher ist wie der Morgen, der auf diesen miesen Tag folgen wird.

In den buddhistischen Lehren gehört die Akzeptanz zu den Vier Edlen Wahrheiten. Die Erste vermittelt uns, dass die Welt voller Leiden ist, die Zweite gibt uns Aufschluss über den Ursprung des Leidens. Die Dritte Edle Wahrheit öffnet den Weg, um das Leiden zu beenden, und die Vierte begleitet uns auf diesem Weg.

Demnach kann das Leben nicht ohne Schmerz sein, und die Aufgabe besteht darin, den Schmerz anzunehmen und zu überwinden. Jeden Tag sterben wir einen kleinen Tod, wenn

Hoffnungen und Sehnsüchte sich nicht erfüllen, wenn Niederlagen geschehen, Liebe oder Freundschaft zerbrechen, die Gesundheit zu Krankheit wird, wenn wir uns enttäuscht fühlen von uns selbst oder von anderen Menschen. Nur die Akzeptanz des Moments kann Sie vor dem Auswuchern des Leids bewahren. Ein Rosenstrauß mag heute in prächtigster Blüte stehen, so wird er ab diesem Zeitpunkt beginnen zu welken, und nach einer Woche wird er gänzlich verblüht sein. Der Rhythmus des Lebens gibt diesen Wandel vor.

Was uns bleibt? Der Rückzug auf die innere Insel. Trainieren Sie diesen Blick auf den Moment! Den Geist klar und entschlusskräftig zu halten! Mein Meister sagt: »Der Geist ist wie ein Affe in einem Spielzimmer. Solange es Dinge gibt, mit denen er spielen kann, ist er abgelenkt.«

Übung

Achtsamkeitsmeditation, um die Sinne für den Moment zu schärfen

» Such dir einen ruhigen Platz, achte darauf, dass dich niemand stört.

» Setz dich auf ein Meditationskissen oder auf einen Hocker.

» Nimm eine für dich bequeme Sitzposition ein, du kannst die Beine kreuzen, wenn du auf einem Kissen sitzt.

» Leg die Hände drei Finger breit unter den Bauchnabel, die rechte Handfläche liegt in der linken, beide Daumen berühren sich.

- » Roll die Schultern nach hinten, deine Achseln sind leicht geöffnet.
- » Halt den Rücken aufrecht, der Nacken ist gestreckt, das Kinn leicht nach unten gebeugt.
- » Die Zunge ruht am Gaumen, die Kiefergelenke sind entspannt.
- » Richte den Blick einen Meter vor dir auf den Boden; wenn du möchtest, schließ die Augen für einige Atemzüge.
- » Werde dir der Meditation bewusst.
- » Führ deinen Geist durch den Körper, führ ihn zu den Füßen, Beinen, Hüften, zum Bauch, Rücken, zu den Armen, Händen, Schultern. An der Nase angekommen, achte auf den Atem. Atme ein und aus und ein und aus.
- » Lass die Gedanken kommen und gehen, bewerte sie nicht.
- » Zähl beim Einatmen bis drei; zähl beim Ausatmen bis sechs.
- » Kein Gedanke hält dich von diesem Zählmodus ab. Du atmest ein, zählst bis drei – du atmest aus, zählst bis sechs, zehn Minuten lang.

⟶ Diese Meditation zählt zur täglichen Übungspraxis eines Kampfkünstlers. Sie wird zum Ritual. Nach mehreren Wochen beginnt die Verhaltensänderung: Die Wahrnehmung für den Moment wird geschärft. Wir merken, wenn wir unsere Mitte verlassen, und werden fähig gegenzusteuern.

Kapitel 2

Das Geheimnis geistiger Klarheit

Das Grübeln über die eigenen Entscheidungen entwickelt sich zu einem unliebsamen Phänomen im Alltag. »Hätte ich vorsichtiger sein sollen?«, »Wäre es besser gewesen, Nein zu sagen?«, »Kann es sein, dass ich einen Fehler gemacht habe, als ich den Vertrag unterschrieben habe?«: So und ähnlich klingen die Fragen über Themen, die wir nachträglich in Zweifel ziehen. Wir zögern im Moment einer Entscheidung und hadern rückblickend, wenn wir uns positioniert haben. Grund dafür sind die Ängste, falsch abzubiegen auf dem Lebensweg und dabei für eine Zeit die Orientierung zu verlieren.

Das ist schade. Denn Angst und Zweifel sind wie Speed Bumps vor den Füßen. Sie stoppen den Elan und drosseln das Tempo. Längst weisen Psychologen darauf hin, dass Angst vor Fehlern bewegungslos macht, dass fehlende Entscheidungsfreude wie ein Karrierekiller wirken kann. Und längst überschwemmen Methodenbücher den Markt, um strategische Anleitungen zu bieten.

Aber Achtung: Diese Strategien vermitteln das Bild, man könne sich absichern gegen die Gefahr zu scheitern. Da ist von Zielebildung, Checklisten, Pro-und-Kontra-Tabellen die Rede. Sogar das Aussitzen von Problemen wird als Mittel zum Zweck angeboten. Als Kampfkünstler klappe ich diese Bücher zu. Sie sind zu allgemein verfasst, zu langsam in der Wirkung, und vor allem klammern sie die Intuition oft aus. Ein Kampfkünstler braucht weder Matrix noch Flipchart. Er zieht sich kurze Zeit in sich selbst zurück, lenkt seine Energie, schöpft aus seiner Erfahrung und wendet sein Wissen an mit der unbedingten Klarheit: Die Lösung ist in ihm selbst!

20 000 Entscheidungen treffen Sie täglich – und viele davon laufen unbewusst ab. Gut so. Sonst hätte der Tag zu wenig Stunden, weil Sie jede einzelne packen und drehen und sich überlegen würden, ob Sie richtig handeln. Die Natur hat deshalb vorgesehen, wiederkehrende Handlungen zu automatisieren. Es wird zur Routine, was wir lange gelernt, oft erfahren und somit verinnerlicht haben. Sie denken nicht mehr darüber nach, mit welchem Fuß Sie morgens zuerst aufstehen und ob Sie Ihre Partnerin oder Ihren Partner zum Abschied auf die Wange küssen sollen oder auf den Mund. Es hat sich eingespielt, was Sie tun, der Autopilot übernimmt die Lenkung. Keine überflüssige Energie verbrauchen! Das ist die Absicht des Gehirns – und Sie richten sich in verlässlicher Weise danach. Sobald jedoch eine neue, nicht trainierte Situation auftaucht, sobald Sie keine einstudierte Lösung parat haben, funkt Ihr Gehirn einen Alarm – oder aber Ihre Intuition hat die Sache längst erkannt und meldet sich mit einem Bauchgefühl. Das kann unter Umständen zu einem Konflikt führen: Die Intuition will sofort reagieren; das Gehirn will zunächst abwägen, scannen im Schatz der Erfahrung.

Wissenschaftler differenzieren zwischen Bauch- und Kopfentscheidungen. Erstere funktionieren schnell und emotional: Die Vernunft rückt dann in den Hintergrund und überlässt der Spontaneität das Feld. Kopfentscheidungen funktionieren anders: Hier setzt das Abwägen ein, die Logik leitet. Was tun? Gefühlen folgen und im Affekt reagieren? Oder besser doch den Blick auf die Realität schärfen?

Der Verstand flüstert: Achte darauf, den größtmöglichen Nutzen und das geringste Risiko zu erarbeiten. Das Gefühl jubelt: Her mit dem Glück, wo ist der direkte Weg dorthin? Und damit beginnt das Dilemma. Sobald Entscheidungen einen essenziellen Charakter erhalten, fühlen sich viele Menschen verunsichert. Sie halten sich in der Komfortzone fest. Sind nicht bereit, sich Neuland zu erkämpfen. Wo Gewohnheiten sich breitmachen, weht aber kein Wind die Chancen in den Alltag.

Klingt langweilig? Ist es auch. Wer nicht bereit ist, zwischen seinen Entscheidungssystemen von emotionalem und reflektiertem Denken hin und her zu switchen, der wird niemals sein Potenzial entfalten, allenfalls wird er vorsichtig daran kratzen. Es wäre also die schlechteste Entscheidung, würden Sie sagen: »Ich lasse alles, wie es ist, und stecke die Fäuste in die Tasche.« Das wäre dann der Stillstand Ihrer persönlichen Entwicklung. Diese Art zu leben wäre für einen Kampfkünstler nicht denkbar, sie passt weder in die asiatische Philosophie noch in sein Lebenskonzept.

Einen Kampfkünstler zeichnet Entscheidungsfreude aus. Er liebt dieses verdammt gute Gefühl, präsent zu sein, Schmerz zu erkennen, anzunehmen oder abzuwenden. In diesem Spektrum bewegt er sich vor einem Kampf, indem er

- seine Intuition wahrnimmt,
- seine Technik mental durchspielt,
- mit bewusstem Atmen seine Energie auf den Kampf lenkt,
- den Schmerz einkalkuliert,

- den Willen erzeugt, über sich hinauszuwachsen, und
- bereit ist, die Niederlagen zu akzeptieren oder den Sieg mit Dankbarkeit zu verbinden.

Ohne seine volle Aufmerksamkeit auf Emotionen und Technik würde er den Tod riskieren. Die größte Gefahr für ihn besteht darin, sich selbst in Stress zu versetzen, indem er nicht an sich glaubt. Deshalb ist Ruhe sein erstes Gebot und sein Atem die Basis für alles, was folgt. Er zieht sein Schwert – damit ist die Entscheidung gefallen – und schlägt zu.

Auf Flughöhe des Adlers

In den ländlichen Gebieten Indiens, fernab von digitalen Welten und von Methodenbüchern, gibt es Weise, die Ratsuchende empfangen. Von weit her reisen Menschen an, weil sie sich Hilfe erhoffen, um den Geist zu klären. Manchmal haben sie ihren Mut verloren, manchmal sind sie orientierungslos geworden. Irgendwann ist ihnen der Zugang zu ihrem Erfahrungsschatz abhandengekommen. Sie erhoffen sich eine neue Perspektive auf ihr Leben, wenn sie vor diese indischen Weisen treten. Geprägt von der buddhistischen Lehre, die Mitgefühl und Weitsicht predigt, hören diese Weisen zunächst zu, ohne zu bewerten. Wie ein neutraler Beobachter zeigen sie Verständnis für die Probleme, wählen einfache, kluge Worte, die wir in unserer hoch technisierten Welt kaum noch kennen. Und damit erreichen sie die Herzen. Sie sagen:

- Atme tief ein und aus, sammle deine Energie. Steig hoch in die Lüfte hinauf. Segle wie ein Adler am Himmel. Genieß diesen Flug in der Höhe, und nimm deine innere Ruhe wahr. Diese Ruhe wird sich ausweiten vom Bauch ins Herz und in den Verstand. Sie wird dich vor einer Handlung im Affekt schützen.

- Schwing dich nun noch höher hinauf, du hast den Atem dazu. Sieh aus dieser Distanz das gesamte Panorama, das sich unter dir ausbreitet. Merke, wie klein dein Problem wird, wenn du den Abstand erhöhst. Nur wenige Flügelschläge reichen, um dich in diese Perspektive der Erhabenheit gleiten zu lassen. Genieß dieses Schweben über den weltlichen Dingen.

- Warte. Warte, bis du Klarheit empfindest. Betreibe nichts. Kein Gedanke darf an dir zerren. Kein Nebel dich umgeben. Gib der Ruhe in dir noch mehr Weite. Bleib achtsam, aufmerksam und doch ruhig. Du wirst spüren, wann der richtige Zeitpunkt kommt, um eine klare Entscheidung zu treffen. Nimm sie an. Führ sie aus mit einer majestätischen Haltung. Mit aller Konsequenz.

→ Wenden Sie den geistigen Adlerflug an, wenn Sie sich in einem Entscheidungsdilemma befinden. Sie bringen Ruhe in Situationen. Sie gehen auf Distanz. Sie bündeln Ihre Energie auf eine Lösung, die zu Ihnen passt. Kein anderer kann das je leisten, außer Sie selbst!

Sich selbst der beste Ratgeber zu sein, das ist eine wunderbare Idee. Sie macht Menschen zu Siegern, weil sie einen Wert vermittelt, der in unserer schnelllebigen Zeit kaum noch einen Raum findet. Ich meine den Wert des Selbstvertrauens. Der spielt so ziemlich im Gegenfeld aller fremden Ratschläge und aller allgemeinen Methoden. Wie eine Rüstung wehrt das Selbstvertrauen ab, was uns vom wahren Lebensweg, von unserer Bestimmung fortreißen will.

Das ist der Grund, warum ich sehr vorsichtig bin, wenn ungefragte Ratgeber sich zu Wort melden. Weder haben sie den Weitblick für Ihre persönliche Situation, noch verfügen sie über Ihren Wissens- und Erfahrungshorizont. Und doch könnte es sein, dass Sie genau dazu neigen, andere Menschen in Ihrem Umfeld um Tipps zum Handeln zu bitten. Damit sind Sie nicht allein. In schwierigen Situationen klingt es verführerisch, Verantwortung abgeben zu können, den Schmerz zu teilen oder sich gar Verständnis für das Aufschieben einer Entscheidung einzuholen. Und doch sollten Sie sich sehr genau überlegen, wen Sie fragen und ob es nicht besser wäre, selbstwirksam zu bleiben und das Problem aus der Ferne zu betrachten, um es dann zu lösen.

Ich wünsche Ihnen an dieser Stelle, dass Sie vor einer nächsten Entscheidung die Augen schließen, fremde Ratschläge vorüberziehen lassen wie Wolken am Himmel und sich dann in die Höhe wagen. Ich wünsche Ihnen, dass Sie den Mut haben, sehr hoch zu steigen, um Ruhe und Überblick zu finden. Bedenken Sie: Jeder Kämpfer hat seine Eigenart, und jeder Kampf ist unvergleichbar. Und am Ende steht jeder im Ring einsam.

Sie könnten nun einwenden, dass jeder Kampfsportler einen Meister an seiner Seite weiß und dass auch indische Weise einen Impuls zum Handeln setzen. Ja, das stimmt. Aber ein Meister oktroyiert nichts, wird niemals ungefragt einen Ratschlag geben. Vielmehr weckt er in Ihnen eine Idee von dem, was für Sie möglich ist. Er fächert Ihnen die Palette aller möglichen Situationen auf, bietet Ihnen Hinweise zu Techniken und Gedanken, um diese Situationen zu bestehen.

In diesem Sinne ist ein Meister in der Kampfkunst kein Ratgeber, sondern ein Begleiter. Würden Sie ihn selbst nach seiner Rolle fragen, so würde er sich als Mentor und Vaterfigur bezeichnen. Auch würde er von sich behaupten, entscheidungsfreudig zu sein, aber nicht unvernünftig. Er würde sogar verschmitzt auf seine Laster hinweisen und auch darauf, dass ihm einige Fehler im Leben unterliefen. Die haben ihn geprägt, ihn weise gemacht und auch furchtlos.

In Japan nennt man diese Meister »Sensei«, in China »Shifu«, und allen Meistern gemein ist das absolute Vertrauen, das die Schüler ihnen entgegenbringen. Diese Meister beherrschen die Techniken der Kampfkunst wie Virtuosen. Und ihr Wissensschatz scheint schier unerschöpflich. Sie sind ein Lexikon ohne Schlusspunkt, bieten Antworten auf alle Sport- und Lebensfragen – und doch sind sie niemals perfekt. Was sie aber auszeichnet, das ist ein Handeln aufgrund von Emotion und Wissen, das Verbinden beider Pole von schnellem und langsamem Denken. Wenn Sie solch einen Menschen in Ihrem Umfeld wissen, dann dürfen Sie sich glücklich schätzen.

Mein Meister gab mir einmal ein Zitat mit auf den Weg, das sich wie ein Tattoo in meine Haut geritzt hat. Es stammt aus dem Buch *Hagakure*, dem Ehrenkodex der Samurai, und ist zum Sprichwort geworden: »Denk scharf nach, und entscheide innerhalb von sieben Atemzügen.«

Sieben Atemzüge, und die eigene Welt kann sich verändern

Ich habe früh gelernt, dass klare Entscheidungen zu fällen und sie konsequent durchzusetzen mein Ding ist. Sie erinnern sich, dass ich bereits mit neun Jahren vorhatte, ein Kampfsportler zu werden, und mit dreizehn Jahren entschied, eine Sportschule zu eröffnen. Ungefähr zu dieser Zeit hatte ich mir ebenso vorgenommen, Weltmeister im Kickboxen zu werden. Das setzte hartes Training voraus. Ich stellte mich dieser Herausforderung und näherte mich mit jedem Wettkampf diesem Ziel, nichts, wirklich nichts ließ mich zweifeln, dass ich den Titel holen würde.

Und doch musste ich lernen: Es gibt Umstände im Außen, die wir nicht beeinflussen können, die schicksalhaft über uns hereinbrechen und uns hilflos machen. Von einer Sekunde zur anderen können Sie den Glauben an das Machbare verlieren. Diese Situationen verlangen seelische Widerstandskraft.

Es war das Jahr 1997, ich weiß es, als wäre es gestern geschehen, denn ich wähnte mich auf dem Höhepunkt meiner sportlichen Karriere als Kickboxer. Ein wunderbares Gefühl. Nur noch wenige Schritte bis zur Spitze. Die Bronzemedaille der Europameisterschaft hatte ich bereits gewonnen, und mein Fokus galt nun der Weltmeisterschaft. Ja, ich wollte Weltmeister werden, und die Sterne standen gut, dass mir dies gelingen könnte. Die Vorbereitungen liefen außergewöhnlich. Selten fühlte ich mich derart in Topform. So nah am Ziel, so weit gekommen. Eine Woche bis zum ersehnten Kampf, ein letztes Abschlusssparring vor der Weltmeisterschaft.

Und dann geschah das Unvorstellbare, jene Sekunde eröffnete sich, die alles verändern sollte: Ich zertrümmerte mir den Daumen der linken Hand. Mit einem Aufwärtshaken, einem Uppercut gegen den Ellenbogen des Gegners, starb mein Traum. Nie war ein Schmerz härter. Die Diagnose in der Unfallklinik lautete: gequetscht, zertrümmert, für den Kampfsport nicht mehr zu gebrauchen.

Fünfzehn Jahre sollte mich die Narbe daran erinnern, dass ich aufgeben musste, was mein Herzensziel war. Wer aber nun denkt, ich hätte gehadert mit dem Leben, wäre versunken in Klagen um das Schicksal, der irrt. Ich nahm die Adlerperspektive ein, sah mir dieses Unglück aus der Distanz an, fand meine Ruhe wieder. Ich atmete in die Situation und vor allem in den Schmerz hinein und schrieb meinen Plan vom Leben dort oben in der Luft neu.

Die Worte dazu stiegen aus dem Bauch ins Herz und in den Verstand: Ich wollte Trainer werden, wollte mein Wissen jungen Menschen weitergeben, sie begleiten auf dem Weg zum Erfolg, vor allem ihren Charakter stärken, damit sie diese Welt in Zukunft ein wenig besser machen. So wurde ich Bundestrainer und Meister, gebe bis heute all meine Sport- und Lebenserfahrung in diesen Beruf des Kampfsporttrainers hinein. Einige meiner Schüler sind tatsächlich Weltmeister, Europa- und Deutsche Meister geworden. Trotz dieser Erfüllung aber blieb das Stück Wehmut über den verpassten Sieg in mir zurück. Diesen kleinen Fleck konnte ich nicht auslöschen. Zwar wurde der Schmerz geringer mit den Jahren, und der Blick auf die Narbe am linken Daumen wurde weicher. Aber in einsamen Momenten flackerte das Gefühl auf, mir selbst noch einen großen Kampf schuldig zu sein. Fünfzehn Jahre später sollte das Schicksal mir diese Chance quasi vor die Füße legen.

Es geschah am 7. März 2012. Ich hielt mich in Koh Samui in Thailand auf, um gemeinsam mit dem Muay-Thai-Lehrer Glod meine Fähigkeiten im Vollkontaktkampf weiterzuentwickeln. Dort wohnte ich in einer Bambushütte, cruiste in der Freizeit mit einem Motorrad zu Tempeln und durch die Natur. An besagtem Tag erreichte ich das für seine Kämpfe berühmte Thaiboxstadion Phetch Buncha, in dem ein heimischer Partner von mir kämpfen sollte. Ich wollte zusehen, ihn anfeuern zum Sieg. Sofort war ich eingenommen von der Atmosphäre dort, von dem Spirit aus Hoffnung und Sieg, Schmerz und Niederlage. Ich inhalierte geradezu das Adrenalin, das in der Luft lag, nahm den ätherischen Geruch des Thaiboxöls wahr, vernahm die Schritte und Rufe der Trainer – und wurde zurückgeworfen auf meine eigene Zeit als Wettkampfsportler.

»You want to fight tonight?«, hörte ich plötzlich eine Stimme hinter mir. Als ich mich umdrehte, erkannte ich den Promoter, er hatte zuvor einige Male mein Training mit Glod beobachtet. Er grinste mich an, seine Augen funkelten, und in mir entstand ein Wechselbad der Gefühle. Ich sollte in diesem Stadion auftreten? Man traute mir einen Kampf gegen die Besten zu? Ehrgeiz und Angst knallten aufeinander. Unsere Blicke verhakten sich. Ich atmete siebenmal, und jeder Atemzug klärte den Geist, brachte mich der Entscheidung näher: Ja, ich wollte kämpfen, sagte mein Bauchgefühl. Mein Verstand setzte ein Stoppschild, gab zu bedenken, dass ich lange Zeit nicht mehr im Ring gestanden hatte, nicht vorbereitet war. Nach dem siebten Atemzug sagte ich: »Her mit dem Vertrag.« Dieser Satz entsprang einer kristallinen Klarheit. Die Angst war gewichen. Der Ehrgeiz blieb.

Dann ging alles schnell. Man reichte mir einen Beutel mit Thaiöl, Bandagen, Tape und eine Boxhose mit der Aufschrift

»Phetch Buncha«. Tiefschutz und einen gebrauchten Zahnschutz lieh ich aus. Ich glaube, ich hätte sogar ohne Equipment gekämpft, derart stark war der Entschluss, in den Ring zu steigen. Und als der erste Adrenalinstoß verpufft war, mein Verstand die Emotion überdeckte, da wurde mir mulmig. Reihenweise trug man die k. o. geschlagenen Kämpfer aus dem Ring – warum sollte es mir anders gehen? Warum setzte ich mich diesem Risiko aus? Da war niemand, der mich anfeuern würde, niemand, dem ich etwas beweisen musste, und doch ging ich dieses Risiko der Verletzung ein?

Ich rechnete nach: Muay Thai war hier der Nationalsport Nummer eins. Die Kämpfer trainieren von Kindesbeinen an und haben im Alter von zwanzig Jahren bereits 350-mal im Ring gestanden, verfügen über ausgefeilte Technik und Erfahrung. Ich hingegen hatte erst 34 Kämpfe hinter mir und zudem eine fünfzehnjährige Pause! Neben mir strotzte mein Gegner vor Kraft und Zuversicht, während meine Faust zitterte. Nur kein Zweifel, Zweifel ist der Feind des Siegers, sagte ich mir und gab mich Gedankenbildern früherer Siege hin.

Fünf mal drei Minuten Kampfzeit waren angesetzt, wir standen als Letzte auf der Fightcard. Der Höhepunkt. So warteten wir auf dieses Finale des Abends, einer auf dem roten, der andere auf dem blauen Stuhl. Keine Kabine für den Rückzug. Und ich spürte die Seitenblicke des anderen und wusste, kein Thailänder verliert gern gegen »Langnasen«, wie sie Europäer scherzhaft nennen. Es würden also harte fünfzehn Minuten im Vollkontakt werden. Alles erlaubt. Boxen. Clinch. Kicken mit Knie und Ellenbogen. Wenn nur das Zittern der Faust aufhörte, dachte ich und wandte eine Übung aus dem Qigong zum Lösen von Blockaden an. Dann erklang die Musik, die die Wai-Kru-Zeremonie eröffnete und gleichsam die Runde freigab. Wir schenkten uns nichts. Tritte, Knie- und Ellbogenschläge prasselten auf unsere Körper ein. Mein Geist ließ mich nicht im Stich, mein Körper auch nicht. Beflügelt von diesem Gefühl, endlich wieder zu kämpfen, fand ich mehr und mehr in meinen Rhythmus, fand meine Boxtechnik, die Lowkicks, platzierte gut, wich aus, griff an. In einer Pause in der Ringecke reichte ein Fremder mir Wasser. Ich trank, sah ihn nicht an. Ich kämpfte weiter, nur für mich. Dann ging der Gegner durch K. o. zu Boden.

Das Glücksgefühl hielt lange an, bis spät am Abend in der Bambushütte kribbelte die Freude in den Adern. Ich hatte gekämpft, frei von Gier und Angst, hatte es nur für mich getan. Keine Eitelkeit war im Spiel. Es war ein leiser Sieg, ein Abschluss eines Kapitels im Leben, möglich durch eine gefällte Entscheidung. Und selbst heute, wenn ich diese Geschichte niederschreibe, verschlucke ich eine Träne der leisen Freude.

Die besten Entscheidungen, die Sie treffen, die entspringen Ihrem Herzen und berühren immer Ihr Potenzial. Wichtig scheint es mir, dem Zweifel, den der Verstand sendet, zu trotzen. Beruhigen Sie den Geist. Graben Sie einen Ihrer Glaubenssätze aus, die Ihnen als Kind Zuversicht gaben. Bei mir war es der Satz meiner Lehrerin, der kurz vor dem Muay-Thai-Kampf aufploppte: »Ronny, man kann dir alles im Leben nehmen, außer Wissen, Fähigkeit und Selbstvertrauen. Darauf darfst du dich immer verlassen.«

Weich werden, wenn Fehler geschehen

In Asien gibt es eine Gleichung für geistige Klarheit, und die lautet: »Innere Ordnung ist gleich äußere Ordnung.« Je besser es Ihnen gelingt, Ihren Geist durch Ruhe und Achtsamkeit aufzuräumen, desto mehr werden Sie auch die äußeren Umstände beeinflussen. Der Kreis weitet sich also von innen nach außen, nicht umgekehrt. Egal wie Sie die Dinge auf Ihrem Schreibtisch, in Ihrem Büro, in Ihrem Haus sortieren, wenn Sie keine geistige Ordnung halten, werden Sie keine guten Entscheidungen herbeiführen können.

Ich kenne Menschen, die sind penibel darauf bedacht, ihre Struktur im Außen zu halten. Sie setzen sich Routinen und Rituale im Tag, halten Sauberkeit und Struktur. Geregelte Abläufe sind ihnen derart wichtig, dass ihnen keine Zeitfenster für ein freies Atmen und für ein Lenken der Energie bleiben. Damit leben sie nicht im Einklang mit sich selbst.

Wenn ich Manager coache und erkenne, dass sie die Tuchfühlung zu ihrer Intuition verloren haben, dann wechseln wir den Ort. Raus aus dem Büro, aus dem Haus, raus aus dem geordneten Umfeld. Wo zu viel Struktur herrscht, ist kein Platz für Neues. Ich reise zum Beispiel zwei-, dreimal im Jahr nach Asien, inhaliere die Lebensweisheiten meines Meisters und versuche, fernab von meinem Alltag, in meinem Denken und Fühlen wieder geistige Ruhe zu finden, meine Gedanken zu sortieren.

Nun gehört es zu meinem Beruf, mich an den Quellen der Kampfkünste inspirieren zu lassen, und wahrscheinlich werden Sie weder Zeit noch Laune haben, Ähnliches zu tun. Dann sei Ihnen gesagt: Es geht auch leichter und weniger aufwendig. Oftmals reicht es, wenn Sie das Haus verlassen und einige Stunden in der Natur verbringen. Ohne Smartphone. Ohne Notebook. Sie gehen in die Stille, hören nur das Blätterrauschen im Wald, die Vogelstimmen in den Baumkronen. Sie sehen das Wiegen der Gräser, nehmen das Ziehen der Wolken wahr. Sie denken – nichts. Und in diesem Nichts wird sich Ihr Geist wieder klären. Versprochen! Sie müssen dazu keinen Tempel in Asien betreten und auch nicht mit den Mönchen meditieren. Was Sie brauchen, das ist lediglich Ruhe, um den Geist zu klären. Dann können sich Ihre Emotion und Ihr Verstand wieder verknüpfen.

Oftmals gewinnen Entscheidungen dann eine andere Dimension. Sie verlieren an Gewicht und Relevanz. Nichts ist in Stein gemeißelt, alles fließt. Keiner Entscheidung folgt die Apokalypse! Diese Einsicht wirkt Wunder. Plötzlich verschwindet die Angst vor Fehlern. Eine Niederlage wird nicht mehr zum Drama. Im Gegenteil. In der Natur erfolgt die Einsicht: Eine persönliche, schmerzhafte Niederlage bereichert Sie um eine Erfahrung. Welch ein Geschenk, denn damit kommen Sie Ihrem nächsten Sieg näher.

Leider erkennen wir die Dualität von Fehler und Chance zu selten, leider nehmen wir Krisen wie eine sich ausweitende Gefahr wahr – und landen in der Angst. In China hingegen setzt sich das Schriftzeichen für Krise, das Weiji, aus zwei Fragmenten zusammen: aus der Bedrohung, Wei, und aus der Chance, Ji. Und hierin mag das Geheimnis einer guten Entscheidung liegen. Nach einem Fehler werden Sie persönlich wachsen.

→ Wenn ein Kampf verloren ist, dann spüren Sie den Schmerz der Niederlage. Der kann heftig sein. Nehmen Sie ihn an. Versuchen Sie nicht, ihn zu ändern. Es ist geschehen, es ist vorbei.

Richten Sie den Blick nach vorn. Leeren Sie Ihre Gedanken. Nicht anhaften an Vergangenem, nicht zweifeln an der Zukunft. Nehmen Sie die Ruhe im Hier und Jetzt wahr. Klären Sie Ihren Geist, sortieren Sie Ihre Gedanken neu. Bruce Lee sagte: »Das Nichts kann nicht eingeschränkt werden, etwas ganz Weiches kann man nicht brechen.«

Übung

Qigong: Werde wie Wasser

Das Geheimnis guter Entscheidungen liegt darin, den Stress zu verhindern, Blockaden nicht zuzulassen. Wer ohne Angst und ohne innere Anspannung entscheidet, der wird sich in die Sphäre des Selbstvertrauens bewegen. Dazu ist es wichtig, Körper und Geist geschmeidig zu halten. Wende die folgende Übung aus dem Qigong an, um dich in einen guten Entscheidungstonus zu bringen:

» Stell dich hüftbreit hin.
» Provoziere Spannung und Druck, indem du dein Gesicht, die Schultern, Rücken, Bauch, Arme, Beine anspannst.
» Kontrahiere jeden Muskel im Körper bis zur Schmerzgrenze.
» Halte die Spannung zwanzig Sekunden lang.
» Kippe nach hinten auf die Fersen, löse die Spannung, atme heftig aus, atme langsam weiter.
» Wiederhole die Übung viermal.
» Atme nun ein und aus, finde deinen Rhythmus.
» Spür, wie die Energie in dir fließt.

Kapitel 3

Der Schüler beachtet den Schatten des Meisters

In der asiatischen Kampfkunst gibt es einen Grundsatz: Ein Schüler folgt seinem Meister. Ein Schüler ist bereit, das Tempo zu drosseln, sich in Geduld zu üben, wenn der Meister danach verlangt. Ein Schüler erkennt die kluge Autorität des Meisters an, er betrachtet seinen Schatten. Denn wo dieser Schatten sich dehnt, da will ein Schüler sich orientieren. Weder Verlockung noch Abkürzung wird ihn je aus diesem Schatten zerren, denn in einem Schüler wächst mit jedem Schritt die Einsicht, dass wahre Erfolge niemals schnell und unverhofft geschehen. Erfolgen geht Training voraus und ein stetiges Schleifen am Charakter.

Hand aufs Herz! Gibt es in Ihrem Leben einen Meister und Mentor, der Sie begleitet, auffängt und fordert? Gibt es jemanden, der Ihre Heldenreise im Leben mit Wohlwollen kommentiert und der, wenn es sein müsste, zu Ihrem Retter würde? Die klassischen Heldenreisen in der Literatur und im wirklichen Leben erzählen davon. Da bricht ein Held auf, um Gutes, Großes zu bewirken. Er denkt, nichts und niemand könne ihn stoppen, voller Elan schreitet er los. Aber Gegenwind bläst ihm ins Gesicht. Er muss kämpfen, um sich zu beweisen. Er muss geschickt, überlegt und manchmal aggressiv sein, um zu überleben. Zu viele Feinde verstellen ihm den Weg zum Erfolg: die Umwelt, das Schicksal, der Gegner. Aber der Held kämpft nach bestem Wissen und Gewissen. Bis er nicht mehr weiterweiß, keine Idee mehr hat vom Siegen. Seine Energie verbraucht, seine Aufmerksamkeit längst auf Niederlagen gerichtet, bricht er zusammen, liegt am Boden. Der Held hat seine Orientierung verloren, ist traurig geworden mit den Jahren. Nun steht er an der Klippe, ein Schritt noch, und es wäre sein Untergang. Im modernen Jargon nennen wir diesen Zustand »Burn-out«. In der Kampfkunst ist es die Blockade der Energien aus Yin und Yang.

In den asiatischen Regionen, in denen ich trainiere, würden die Menschen jetzt lächeln und nicken, würden sagen, ihr Meister habe sie weit vor dem Stand an der Klippe geschützt vor unbedachten Schritten. Sie würden die Namen ihrer Meister nennen und Stolz darauf empfinden, in deren Schatten zu gehen. Das ist in Europa anders. Besonders in Deutschland, dem Land der Individualisten, gibt es selten ein Duo aus Meister und Schüler für eine lange Strecke der Heldenreise. Kaum jemand sucht und findet einen Begleiter, dem er mit Leidenschaft folgt. Es ist sogar, wenn wir ehrlich sind, in hiesigen Gegenden ein Zeichen von Schwäche, Hilfe zu erbitten. Jeder will allein aufbrechen, entscheiden, den Erfolg nicht teilen. Und sollte er stolpern, dann leckt er auch allein seine Wunden.

Es gibt zu viele einsame Helden in unserem Land. Darüber können auch digitale Likes in den sozialen Medien nicht hinwegtäuschen. Das mögen lediglich kleine Zeichen für das Ego sein, ansonsten sind sie ohne Substanz. Niemand würde bei Gefahr raus aus dem Netz und in Ihr wirkliches Leben treten und bereit sein, Sie mit Herz und Verstand zu unterstützen. Koste es, was es wolle. All die digitalen Freunde mögen Ihnen Beifall spenden, wenn Sie auf der Erfolgsspur rasen. Sobald Sie aber kurzatmig werden, wird niemand Sie tragen, trösten, niemand eine bessere Strategie mit Ihnen ersinnen; es sei denn, Sie nehmen Geld in die Hand und buchen einen Coach. Aber niemand wird aus freien Stücken neben Ihnen stehen und sagen: »Ich glaube an dich, du wirst es schaffen. Nur brauchst du Geduld und auch die Demut, diese Schritte zu wiederholen. Geh den Weg ein zweites Mal, ein drittes Mal, halte die Energie auf den Moment gerichtet – und nicht aufs Ziel.«

Das zeigte mir übrigens mein Meister Shen, als ich mich auf dem Gipfel des Erfolgs wähnte. Ich flog vor einigen Jahren in den heißen Monaten Juli und August zu ihm, um die Prüfung zur nächsten Lehrergraduierung abzulegen. Wir trainierten hart. Der Tag bestand überwiegend aus Übungsstunden, dazwischen Essen und Schlafen, Familienanschluss inklusive. Ich hatte ein gutes Gefühl, was meinen Leistungsstand betraf, aber der Meister lobte mich nicht. Vielmehr sagte er eines Morgens, er wünsche, dass ich an einem chinesischen Wettkampf teilnehmen möge. Ich zögerte – und vertraute. So meldete er mich in mehreren Kategorien, und zwar im Tuishou 推手, das ist ein Taiji-Zweikampf der schiebenden Hände. Außerdem sollte ich in den Kategorien einer weiteren Taiji-Handform, -Stockform und -Schwertform meine Techniken beweisen. Ich gewann in vier Kategorien die Goldmedaille sowie eine Bronzemedaille.

Überglücklich nahm ich die Medaillen entgegen und dachte, nun würde die Graduierungsprüfung ein Kinderspiel. Falsch gedacht. Mein Meister verabschiedete mich am Folgetag mit den Worten: »Ronny, das hast du gut gemacht. Nun besteht deine Aufgabe darin, zu üben und täglich besser zu werden.« Es kostete mich Kraft, mein aufbegehrendes Ego zu unterdrücken und stattdessen ohne weitere Graduierung wieder nach Deutschland zu fliegen. Dort blieb ich dran, trainierte, um besser zu werden. Und immer wieder überlegte ich, was mein Meister mir wirklich sagen wollte. Als er mich im selben Jahr im Oktober besuchte, überreichte er mir die ersehnte Graduierung. Er hatte meine Geduld getestet, meine Demut geschult – und mein Ego klein gehalten.

Solche Übungen sind, das darf ich Ihnen aus Erfahrung sagen, extrem herausfordernd. Generell nämlich ist das Ego ein wirklich cooler Typ. Ohne diesen lauten, selbstverliebten Gesellen würden Sie wahrscheinlich auf der Stelle treten. Sie würden morgens mit der flachen Hand auf den Wecker hauen, denn Pflicht und Aufgaben würden Sie nicht interessieren. Lieber den Tag in den Kissen verbringen! Sie würden Ihre Kleidung nicht auf Flecken prüfen, sich die Zähne nicht putzen, die Wohnung nicht aufräumen, Ihren Arbeitsplatz sowieso nicht. Überhaupt gäbe es keine Anstrengungen, um eine Außenwirkung zu erreichen. Seien Sie also froh über Ihr Ego, stimmen Sie es täglich versöhnlich. Nur: Räumen Sie seinen selbstverliebten Attitüden nicht zu viel Raum und Zeit ein, denn es hat eine höchst unangenehme Angewohnheit: Je mehr Sie Ihr Ego streicheln, desto gieriger wird es nach Zuwendung.

Ihr Ego ist genau in dem Moment erwacht, als Sie das erste Mal als zweijähriges Kind in den Spiegel sahen – und voller Entzücken das Wort ICH riefen. Sie zeigten mit dem Finger auf sich und konnten kaum glauben, was Sie sahen: ein selbstbewusstes Persönchen. Sie haben ihm entgegengelacht, es angenommen, wie es ist, und seither sind Sie beste Freunde, Sie und Ihr Ego. Ab diesem Augenblick war nichts mehr, wie es war. Das ICH stand fortan vor dem DU. Was Mutter wollte, war nicht unbedingt Ihr Bestreben. Gut so! Denn vorher hatte sich das Ego versteckt hinter einem Namen, den andere riefen. Vorher war es Susanne, Georg oder Sven – ein anpassungsfähiges, konfliktvermeidendes Kind. Es wollte unter allen Umständen geliebt werden, niemanden verletzen durch einen Widerspruch oder gar Angriff. Nun aber, in einer Gegenwart von drei Sekunden, wurde alles anders. Ihr Ego war aufgestanden, hatte sich gestreckt und gerufen: »Platz da! Ich bin ein Sieger und werde euch von meinem Eigensinn erzählen und auch von meinem Potenzial.«

Das alles ist auf der einen Seite gut und wichtig. Es gehört zu einer Charakterbildung, sich selbst genügend Raum für Entfaltung zu geben. Allerdings gibt es auf der anderen Seite in Sachen Ego einen Haken: Es entwickelt sich, wenn Sie selbst ihm keine Grenzen setzen, zu einem höchst ungeduldigen und eitlen Kumpel. Ihm zu eigen ist nämlich das unersättliche Streben nach Anerkennung, und zwar sofort. Das Warten auf Erfolg ist nicht sein Ding. Ihr Ego will die Früchte pflücken, bevor sie reif sind. Und genau dieses Merkmal widerspricht einem Kampfkünstler.

Sieg setzt den inneren Rückzug voraus

Stellen Sie sich bitte einmal vor, Sie halten eine Präsentation. Sie haben lange an den Charts geschliffen, Ihre Argumente hinterfragt. Sie wissen, von dieser Präsentation hängt viel ab: die Wertschätzung der Kollegen, das Lob des Chefs, die Wahrscheinlichkeit eines nächsten Karrieresprungs. Sie wollen auf alle Fälle die nächste Projektleitung übernehmen, und heute haben Sie die Chance zu beweisen, was in Ihnen steckt. Und kaum stehen Sie vorn, sehen Sie in die Gesichter der anderen. Nicht jeder der Kollegen sieht Sie wohlgesinnt an, manchen steht der Zweifel an Ihren Fähigkeiten und auch ein wenig der Neid auf der Stirn geschrieben. Das weckt Ihren Kampfesgeist. Gut, so sagen Sie sich, dann eben mit Fäusten, bereit, Ihre These zu verteidigen. Da meldet sich Ihr Ego. Es ruft, jetzt nicht auf Ergebnissen zu beharren. Besser, so säuselt Ihr Ego, die Zustimmung der anderen erreichen, den Beifall anstreben. Also verlassen Sie Ihren inneren Pfad der Klarheit, gehen nicht in eine sachlich harte Diskussion, sondern bleiben geschmeidig nach allen Seiten, hoffend auf einen breiten Applaus, damit Ihr Ego zufrieden bleibt. Denn Sie wissen, wie Ihr Ego leidet, wenn es Kritik und Häme erfährt. Vor nichts fürchtet es sich mehr als vor Niederlagen. Aus Liebe zum Ego nicken Sie in alle Richtungen, bleiben freundlich, vermeiden den Kampf. Ihre Performance, die doch eindrucksvoll werden sollte, verkommt zu einem Mittelmaß, zu einer schwachen Aneinanderreihung von Fakten.

Das erlebe ich auch hin und wieder im Training mit meinen Schülern. Es gibt Trainingsweltmeister, die aber vor Publikum nicht kämpfen können. Wenn sie im Ring stehen, vor Kritikern alles geben müssen, dann rufen sie ihr Wissen nicht ab. Sie werden schwach und unentschlossen. Es ist, als wäre die Energie ins Nirwana entflohen. Machen Sie sich nie, niemals von Ihrem Publikum abhängig. Kämpfen Sie nie, um anderen zu gefallen, denn die Gunst der anderen sollte nicht Ihr Gradmesser sein. Treten Sie raus auf Ihre Bühne, und geben Sie dort Ihr Bestes, ohne in die Gesichter der Zuschauer zu sehen. Schließen Sie zuvor mit Ihrem Ego einen Deal: Es zerredet nicht Ihre Intuition. Es schweigt – und Sie siegen. Und Sie verpflichten sich nur der Sache selbst. In einer solchen Phase kann ein Flow entstehen, dann hat der Raum keine Grenzen und die Zeit keine Bedeutung mehr. Nur dieser eine Kampf zählt, sonst nichts. Persönliche Eitelkeiten und das Reden der anderen sind egal! Nur der nächste Schlag ist wichtig, kein vollständiger Plan vom Ende im Kopf. Nur das Atmen in den Moment, das Wahrnehmen der Intuition, das Verbinden dieser Intuition mit der Technik bestimmen die Bewegung. Keine äußeren Reize locken Sie. Denn Sie wissen, es gibt in Ihrem Innersten einen Ort, an dem das Glück wohnt.

Dort herrscht übrigens ein ziemlich emotionsloses Klima. Freude, Leid, Hoffnung, Zuversicht kennt dieser Ort nicht. Denn den Ort, den ich meine, füllt einzig Ihr Potenzial aus. Ihr Talent, gewebt aus den Genen und Training, braucht keine Emotion, um sich zu entfalten. Es ist da, einfach so, es kann immer abgerufen werden, wenn Sie den Fokus darauf halten. Mihály Csíkszentmihályi, ehemaliger Professor für Psychologie an der University of Chicago und Flow-Forscher, schreibt: »Es hängt nicht von äußeren Ereignissen ab, sondern eher davon, wie wir diese deuten – Glück ist vielmehr ein Zustand, für den man bereit sein muss, den jeder Einzelne kultivieren und für sich verteidigen muss.«[3] Und genau darum geht es auch in der Kampfkunst. Der innere Rückzug auf sich selbst, das Agieren in Stille, um die Kraft zu sammeln, die Energie zu steuern, das bildet die Voraussetzung für einen Sieg.

Ihrem Ego Geduld beizubringen, es in Situationen des Kämpfens zum Schweigen zu bringen, das ist eine fortwährende und lebenslange Aufgabe. Immer wieder gilt es, mit offenem Geist für Neues voranzuschreiten, bereit zu sein, zu lernen und zu akzeptieren. In den japanischen Budo-Kampfkünsten nutzt man für eine solche Haltung das Wort *Do*. Karate-Do zum Beispiel soll den Weg der leeren Hand bezeichnen. Dieses Bild steht für den gesamten Übungsbogen – vom Anfänger bis zum Meister. Es folgt den Lehren der Philosophen wie Buddha, Laotse, Konfuzius oder des Strategen Sunzi. Sie alle waren auf ihre Weise als Kampfkünstler auf einer geistigen Ebene unterwegs.

»Der Weg ist das Ziel« – Konfuzius prägte diesen Satz, und in den fünf Worten mag das gesamte Universum enthalten sein. Nichts lässt sich abkürzen, egal, wie eilig wir es haben. Ein Prozess entwickelt sich in Abschnitten, ein Leben besteht aus Stationen. Niemand kann Anlauf nehmen und über Meilensteine hinwegspringen. Er sollte es auch nicht tun. Er würde viel verlieren, zu viel: nämlich das Stärken seiner Fähigkeiten und seiner seelischen Widerstandskraft. Darauf achtet ein Meister.

→ Ein Meister weiß um die Ungeduld Ihres Egos und wird es zähmen. Er wird Geduld als Tugend bezeichnen, denn Geduld ist der Schatz des WUDE.

Suchen Sie sich einen Meister, einen Mentor, um ein Sieger zu werden

Bevor nach asiatischer Kampfkunstmanier ein Meister sich entscheidet, den Schüler in die Lehre zu nehmen, muss der Schüler Geduld beweisen. So erzählte mir mein Meister Shen, dass er vor langen Jahren siebenmal aufgebrochen war, um seinen taoistischen Großmeister um die Lehre zu bitten. Der Weg war mühsam, voller Gefahren, doch jedes Mal wurde er abgewiesen mit den Worten: »Übe dich in Geduld, du bist noch nicht bereit.« Erst nach dem siebten Mal, als Shen trotz aller Widerstände noch immer an seinem Wunsch der Lehre festhielt, dieser Wunsch sogar mit jedem Aufbruch größer geworden war, nahm der Großmeister ihn fast unerwartet auf.

In den vielen Jahren als Kampfkunstlehrer habe ich Ähnliches erfahren: Der Erfolg meiner Schüler fiel nicht vom Himmel, niemals kam er über Nacht. Trotz Talent und Siegeswillen blieben sie doch viele Jahre wie ein Rohdiamant. Ungeduldig, ungestüm, voller Zuversicht stürzten Sie sich ins Training. Schnell lernten Sie die Technik, setzten Elemente des Kampfsports geschickt um. Und dann folgte eine Phase des Schmerzes und Schweißes. Einige blieben dran, ließen sich nicht ermutigen. Sie wollten verbessern, was möglich war. Sie hatten den Biss, den Sieger brauchen. In der Phase des Schmerzes entscheidet sich, wer es bis zur Spitze schaffen wird – und wer auf halber Strecke aufgibt. Technisch mögen sie alle eine gute Leistung bringen, aber charakterlich gelingt es nur wenigen, das eigene Ego zu überwinden. Ich würde gern jedem Sportlehrer in den Schulen zurufen: Nicht die Medaille zählt am Ende eines Wettkampfes! Was Kinder, Sportler, jeden Menschen wirklich stark macht, das ist der

Umgang mit Niederlage und Schmerz und im Folgenden das wahre Glück über einen selbst verdienten Sieg. Nur neigen wir dazu, in dieser beschleunigten Zeit den Weg abzukürzen oder mit kaum gerechtfertigtem Lob das Tempo zu erhöhen. Das funktioniert nicht. Der Stolz auf die Leistung fehlt, wenn kein Schweiß nötig war. Leider hat diese Hektik ums Ziel auch die Kampfsportschulen erreicht. Der Ungeduld kommt man entgegen, indem Prüfungen zu früh angesetzt werden, indem der erste Gürtel fast verschenkt wird.

Sie ahnen es: Ich bin kein Freund davon, Hindernisse abzumildern, das Niveau aus Freundlichkeit zu senken. Vielmehr will ich, dass meine Schüler Erfahrungen fürs Leben sammeln. Die erste Erfahrung besteht darin, dass ein Diamant nur entsteht, wenn wir an jeder einzelnen Facette mit Hingabe schleifen. Die zweite lautet, aus jeder Situation das Beste zu machen, und wenn dieses Beste bedeutet, nach dem Hinfallen aufzustehen und den Fokus auf die nächsten Schritte zu richten, dann ist diese Haltung eines Kampfkünstlers würdig. »Von tausend Kampfkunstschülern erreicht ein einziger den schwarzen Gürtel. Alle anderen geben auf halbem Weg auf, verlieren die Geduld, verfallen anderen Reizen im Außen«, sagte mein Meister mir vor dreißig Jahren, und genau diesen Satz möchte ich Ihnen weitergeben: Setzen Sie sich ein Ziel, und geben Sie nie, wirklich niemals auf, es zu erreichen. Seien Sie jener, der es schafft. Es wird Ihnen gelingen, wenn Sie jeden Schritt auf dem Weg dorthin betrachten.

Ich habe mir in meiner Karriere diesen Weg als engen Pfad vorgestellt, auf der einen Seite klafft der tiefe Abgrund der Angst, auf der anderen Seite in ebenso gefährlicher Weise die Gier. Es geht darum, auf dem Pfad zu bleiben, die Aufmerksamkeit auf das zu richten, was unmittelbar vor mir liegt. Ob mir ein Sieg gelingt, entscheidet sich in jedem einzelnen Moment, aus dem ein Kampf besteht. Keiner lässt sich überspringen. Jeder muss gesehen, angenommen, gestaltet werden. Auch im mentalen Training stelle ich mir nicht den Sieg vor, sondern gehe im Geiste die Bewegung durch, zeichne das Bild von einem Schlag in allen Facetten, lasse es groß werden, hart in der Kontur, bis dieses Bild in die Zellen gelangt und dort zur DNA wird. Bruce Lee sagte einst: »Ich fürchte nicht den Mann, der 10 000 Kicks einmal geübt hat, aber ich fürchte mich vor dem, der einen Kick 10 000-mal geübt hat.«

- Was ist Ihr Kick im Beruf?
- Was machen Sie zu Ihrer persönlichen DNA?

Schreiben Sie es auf – und üben Sie, auch wenn Ihr Ego sich langweilt.

Übung

Das Ego in ein kraftvolles Ich verwandeln

Der Meister hilft seinem Schüler, das Potenzial in sich zu entdecken und zu entfalten. Dazu unterrichtet er den Schüler in Technik und in Persönlichkeitsentwicklung. Er killt hinderliche Glaubenssätze im Schüler. Bringt das Ego zur Ruhe. Er lädt den Schmerz ein, damit der Schüler daran wachsen kann. Nach und nach führt er seinen Schüler durch die fünf Tempel der fachlichen und geistigen Entwicklung. Und vor jedem dieser fünf Tempel hält er inne, bittet den Schüler um die folgende Affirmation. Sie mag auch für Sie ein Wegweiser in die Gelassenheit sein: Finde einen ruhigen Platz, schaff dir eine Wohlfühlatmosphäre.

» Schließ deine Augen, und atme dreimal tief durch die Nase ein und durch den Mund aus.

» Beobachte den Atem für einige Minuten, spüre, wie du zur Ruhe kommst.

» Stell dir nun dein Ziel vor. Wie sieht der Weg dorthin aus? Gibt es Steine, Fallstricke? Räume sie im Geiste zur Seite. Atme weiter, atme dich langsam deinem nächsten Etappenziel entgegen.

» Sieh vor deinem inneren Auge, wie du dieses Etappenziel erreichst.

» Was empfindest du? Was denkst und sagst du? Wie riecht es, wie hört es sich an, wie ist das Gefühl im Kopf, im Herzen, im Bauch?

» Atme in dieses sinnliche Bild hinein. Halte das Bild für fünf Atemzüge fest.

» Sprich die folgenden fünf Affirmationen laut aus:

- Ich bin gelassen, glücklich, und ich weiß, dass ich meine Gefühle steuern kann.
- Ich bin für mich selbst verantwortlich, und keiner kann mich auf dem Weg zu meinem nächsten Ziel aufhalten.
- Steine, die auf dem Weg liegen, räume ich mit Leichtigkeit zur Seite.
- Ich weiß, in mir liegen alle Fähigkeiten, damit ich meinen Weg gehen kann.
- Ich kann und will und werde mein Ziel erreichen.

→ Geben Sie in diese Affirmation Ihre gesamte Vorstellungs-kraft. Sie wissen ja: Die Energie folgt der Aufmerksamkeit. Sie werfen damit Ihren Lichtstrahl voraus.

Ein starkes Duo: Meister und Schüler

Jeder Meister ist auch ein Schüler, und ein Schüler kann ein Meister sein. Es ist ein Geben und Nehmen, das Sie initiieren, wenn Sie sich für Ihren Weg einen Begleiter und Vertrauten suchen. Eine solche Beziehung verspricht persönliches Wachstum, wenn der Schüler bereit ist, die Autorität des Meisters zu akzeptieren, und umgekehrt dem Meister von seinen Gefühlen erzählt. In meinen Coachings klagen oftmals Manager, hochbezahlt und hochdekoriert, dass sie keine Kritik mehr erfahren. Die Mitarbeiter trauen sich nicht zu widersprechen, zu sehr hoffen sie auf Karrieren. Die Kollegen sind mit sich selbst beschäftigt, und Vorgesetzte gibt es an der Spitze der Organigramme nicht mehr. Deshalb halten Manager ihre Krisen meist einsam aus. Dass Männer und Frauen in Führungspositionen ausbrennen und zunehmend depressiv werden, hängt genau mit dieser Lücke in Karrieren zusammen. Der Mentor fehlt.

Das chinesische Schriftzeichen für Shifu (Meister) symbolisiert die von Herzen kommende Verbindung zwischen einem solchen Mentor und seinem Schüler. Es setzt sich zusammen aus den Zeichen für Laoshi (Lehrer) und Fuquin (Vater). Und genau in dieser Weise wünsche ich auch Ihnen einen Meister. Er soll Sie lehren, das Richtige zu tun, und zugleich soll er Ihr Ego zähmen, wenn Sie zu schnell, zu weit, zu hoch nach vorn preschen. Ein guter Meister verlangsamt die Zeit. In westlichen Ländern klingt all das wie eine Fahrt mit angezogener Handbremse, dabei hat ein Meister nur Ihren Erfolg im Sinn.

Ein guter Meister besitzt eine Ausstrahlungskraft für seine Schüler, und dieses Charisma ist nicht antrainiert, keine Tricks werden gebraucht, sondern es basiert auf den Schätzen des WUDE, die ich Ihnen im nächsten Kapitel ausführlich präsentiere. Kennen Sie einen solchen Menschen, dem Sie Ihr Herz und Ihr Vertrauen schenken würden? Wahrscheinlich zögern Sie, schütteln dann den Kopf. Nein, lautet die Antwort, auf Anhieb falle Ihnen niemand ein, dem Sie vorbehaltlos Ihren Schmerz und auch Ihre Freude überbringen. Das liegt an unserer Kultur, Karrieren allein zu gestalten, die Prüfungen im Leben allein zu meistern. In asiatischen Kulturen ist das anders. Da führt ein Meister seinen Schüler durch fünf Tempel, um ihn gegen die Widrigkeiten auf dem Lebensweg zu wappnen.

Die fünf Tempel zur Stärkung

Bis ich meinen Meister fand, vergingen lange Jahre des spirituellen Lernens von Kampfkünstlern verschiedener Stilrichtungen. Jedem einzelnen bin ich dankbar für das geteilte Wissen, möchte keine Begegnung missen. Und dann trat einer in mein Leben, dessen Anziehungskraft in einer besonderen Weise auf mich wirkte. Sollte ich es im Nachhinein beschreiben, so könnte ich kaum andere Worte dafür finden als jene: Es war der Blitz der Erkenntnis. Dieser Meister soll mich führen, wünschte ich mir. Vielleicht lag es an seinem klaren, ruhigen Blick, an den Augen wie ein Gebirgssee, auf dessen Grund ein Tiger saß, jederzeit zum Angriff bereit. Aus diesem Gegensatz von Achtsamkeit und Kampfwillen bestehen in Asien erfolgreiche Meister-Schüler-Verbindungen. Sie basieren auf dem Prinzip von Yin und Yang, von gegenseitigem Geben und Nehmen. Die Energien fließen hin und her, verbinden sich zu etwas, aus dem Großes werden kann, bestenfalls ein gelingendes Leben. Wie tiefgründig eine solche Verbindung wird, das lässt sich anfangs noch nicht sagen. Die Zeit wird die Einsicht bringen.

Auch für meine Schüler bin ich ein Sensei, ein Meister im japanischen Sinne. Einige setzen ihre Hoffnung in diese Verbindung, andere Beziehungen bleiben oberflächlich. Dann wird der Kampfsport ausprobiert, aber nach der ersten Niederlage wieder aufgegeben. Nichts sollte dann festgehalten werden, alles darf fließen. Verbindungen können wachsen – oder zerbrechen. Mit manchen aber habe ich einen weiten Weg zurückgelegt. Diese Schüler reflektieren ihren Kampf, nehmen sich vor, am nächsten Tag ein wenig besser zu sein, als sie es heute sind. Mit ihnen betrete ich der Reihe nach die fünf Tempel der Stärkung.

»Auch der weiteste Weg beginnt mit einem ersten Schritt.«
(Konfuzius)

Nach der chinesischen Lehre gibt es einen Kreislauf der fünf Elemente Holz, Feuer, Erde, Metall und Wasser. Diese energetischen Elemente sind die Basis für Leben. In meinem Modell soll jedes Element für einen Tempel stehen, in dem wir unsere Fähigkeiten schulen.

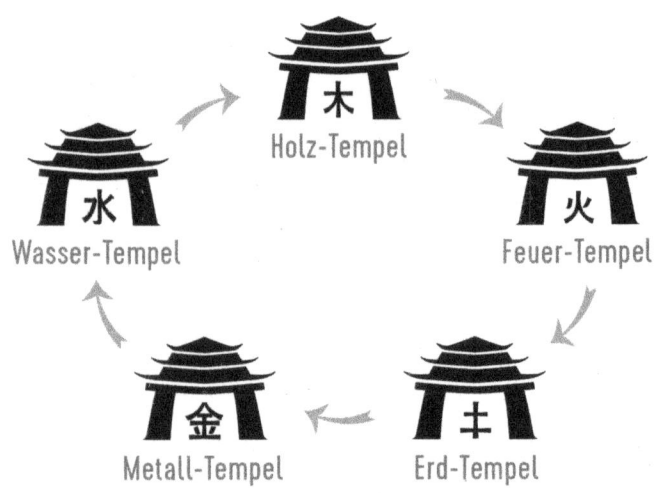

Holz-Tempel

Wasser-Tempel

Feuer-Tempel

Metall-Tempel

Erd-Tempel

木 *mù* Holz-Tempel für Aufbruch, Kraft und Mut

Das Element Holz entspricht der Jahreszeit Frühling, in ihm herrschen Wachstum und Aufblühen. Wer diesen Tempel betritt, steht am Anfang seiner Potenzialentfaltung. Man ist bereit, zu lernen, zu wiederholen, Regeln und Rituale zu akzeptieren.

Der Fokus des Trainings im ersten Tempel richtet sich auf Körper, Kraft, Ausdauer, Beweglichkeit und Koordination. Emotional gilt es, Zorn und Wut in Geduld und Gelassenheit umzuwandeln. Sie werden also Ablenkung und Versuchung widerstehen müssen, um die Prüfungen in diesem Tempel abzulegen. Allzu oft gerät bereits hier die Begeisterung des Anfangs zu einem Strohfeuer, das schnell wieder erlischt. Dann ist es Zeit zu überprüfen, ob der eingeschlagene Weg für Sie der richtige ist.

火 *huǒ* Feuer-Tempel der Dynamik und Entwicklung

Das Element Feuer entspricht dem Sommer. Es steht für Entwicklung, Selbstvertrauen, Optimismus und Offenheit.

Es gibt kein Leben ohne Prüfungen und keinen Kampf ohne Schmerz. In diesem Tempel lernen Sie, trotz Widrigkeiten dranzubleiben, Ihr Ziel nie aus den Augen zu verlieren. Denn im Feuer-Tempel trainieren Sie Ausdauer und Disziplin. Prüfungen, die hier abgelegt werden, sind Kämpfe gegen sich selbst. Dabei lernen Sie, Sieg und Niederlage als bereichernd zu empfinden, zu analysieren und niemals müde zu werden, an den eigenen Fähigkeiten zu arbeiten.

Nach Durchlaufen dieses Tempels werden Sie über eine besondere Strahlkraft verfügen – Sie deutet darauf hin, dass Sie wissen, welche Kostbarkeiten in Ihnen sind, allen voran Ihr Talent. Mit Fleiß kann es zu Stärke werden.

土 *tǔ* Erd-Tempel der Stabilität und Beständigkeit

Das Element Erde entspricht dem Herbst. Es steht für Stabilität, Hilfsbereitschaft, Freundlichkeit, Gemeinschaftsgefühl.

10 000 Stunden Training machen erst den Meister! Diese Formel gilt für Künstler, Sportler, für jeden, der Außergewöhnliches auf einem Gebiet erreichen will. Im Erd-Tempel der Stabilität kann ein Schüler aufblühen zu seiner besten Version. Weil er dranbleibt. Weil er mit Freude übt und Leichtigkeit im Tun empfindet. Je öfter wir eine Situation durchleben, desto mehr werden wir diese verinnerlichen und

Lösungen parat haben. Wir werden die Intuition mit dem Wissen verbinden und dürfen uns in einer wertschätzenden Weise mit anderen Übenden messen. Wer glaubt, Erfolg komme ausschließlich durch positives Denken, der irrt. Erfolg braucht Training, 10 000-mal und mehr, und die Freude am gemeinsamen Gestalten.

Menschen auf dem Weg zur Meisterschaft werden in diesem Tempel ihre wahre Berufung erkennen. Sie werden Leichtigkeit empfinden, je mehr sie den Stand des Anfängers hinter sich lassen. Mehr und mehr wird das Selbstvertrauen in die eigenen Fähigkeiten wachsen; und die Bewegungen nehmen an Geschmeidigkeit zu. Das ist der Punkt, an dem die Stimme des Herzens laut wird: Ich schaffe das. Ich habe das Talent dazu.

金 jīn Metall-Tempel der Klarheit und Intelligenz

Das Element Metall entspricht dem Winter. Es steht für Reife, Klarheit, Intelligenz und hohe geistige Konzentration.

Auf dieser Stufe schult der Schüler seine Sinneswahrnehmung und festigt seinen Charakter nach den Schätzen des WUDE. Er sammelt Wissen, setzt seine Intuition ein. Mit der Kraft einer scharfen Klinge wird der Kämpfer aus innerer Klarheit handeln und eine intelligente Urteilsfähigkeit entwickeln. Keine Niederlage kann ihn mehr zurückwerfen. Er wird immer wieder aufstehen und wissen, dass nach dem Gesetz des Lebens der nächste Sieg sein eigener ist. Er legt im Metall-Tempel die Prüfung im Kampf gegen sich selbst ab. Fortan wird ihn kein Zweifel mehr zurückhalten, keine Ego-

Stimme wird zu laut ertönen, denn der Schüler weiß um seine Leistung und um sein wahres Ziel.

水 shuǐ Wasser-Tempel der Ruhe, Konsequenz und des Gespürs

Wasser ist die Grundlage des Lebens, und seine Fähigkeit, Konsistenzen zu verändern, mag ein Sinnbild sein für Stärke und Widerstandskraft.

Wasser kann in seiner Form hart oder weich sein, sein Klang still oder rauschend. Es kann sanftmütig oder gewaltig daherkommen. Es wandelt sich ständig und kann selbst einen Felsen zermürben, indem es fließt. Im Wasser-Tempel tritt der Schüler aus dem Schatten des Meisters heraus.

Kapitel 4

Die Schätze des WUDE

Es gab eine Zeit vor rund 3000 Jahren, da waren Adelige in China auch Krieger. Diese Männer feiner Herkunft einte Wohlstand und Sitte – und die furchtlose Bereitschaft zu kämpfen. Für sie war es kein Widerspruch im Charakter, den Gegner zu unterwerfen, zu töten gar, wenn es die Umstände verlangten. Was ihnen jedoch eine Absicht war, war die immerwährende Moral. So trainierten sie ihre Techniken bis zur Perfektion als äußeres Merkmal ihrer Künste, und sie stärkten ebenso ihre inneren Werte, nach denen sie handelten. Sie ersannen einen Kodex, der fortan ihre Leitlinie war, der ihnen Kraft und geistige Klarheit versprach. Stärke, Respekt, Güte, Mut und Entschlossenheit in jeder Lebenslage zu zeigen, das sollte ihr Versprechen sein. Wie eingebrannt in ihre Schwerter sollte es das Licht der Sonne bündeln mit jedem Hieb. Sie nannten ihren Kodex »Die Schätze des WUDE« und schworen sich, niemals aus Gier zu siegen, sondern jeden Kampf als eine Verneigung vor den Chancen zu betrachten. Niemals würden sie aus Angst vor einer Niederlage zurückschrecken, niemals einen Gegner durch Lüge blenden. Und es mag bis heute die Magie asiatischer Kampfkünste beschreiben, dass diese Tugenden wie Lichtpunkte wirken und sich im Kampf zu einer Linie verbinden, die weiter leuchtet als je vorstellbar.

Wer an seine Werte glaubt, wer diese innere Linie in keinem Moment des Lebens verlässt, der wird sich nie, niemals, auch nicht im härtesten Lebenskampf verlieren. Das war die Annahme dieser Männer. Mehr noch. Als die adeligen Krieger ihren Kodex in China ersannen, da wurde das Kämpfen nach Werten und Tugenden im gesamten asiatischen Raum modern und verbreitete sich weiter in der Welt.

Die Werte und Tugenden des WUDE: Xin, Zhi, Yi, Li, Ren
(gelesen von links nach rechts)

Auch in Korea und Japan gingen Kämpfer eine Selbstverpflichtung ein, Rituale und Spiritualität zu pflegen, den Geist und den Körper in Harmonie zu verbinden. In Japan entstand der Ehrenkodex der Samurai, das Bushido. Budo bezeichnet den Weg des Kriegers, der stets auf der Grundlage von Aufrichtigkeit, Höflichkeit, Menschlichkeit, Ehrbewusstsein und Treue verläuft. Bis heute bildet das Bushido als Kodex die Werte in allen japanischen Unternehmen wie beispielsweise Toyota ab. Es regelt ebenso das Miteinander im Alltag. Keine Kommunikation im Business, kein Schließen einer Freundschaft wäre ohne das Abklopfen dieses Wertehimmels möglich.

Ob Ihnen übrigens ein Deal in Japan gelingt oder ob eine Freundschaft geschlossen werden kann, entscheidet sich erst nach einer langen Zeit des Prüfens. Erst wenn der Japaner erkennt, dass auch Sie nach Werten und Tugenden agieren, gewinnt er Vertrauen zu Ihnen. Auch wenn der Faktor Zeit in unserer Kultur eine übergeordnete Rolle spielt, hat er in Asien kaum eine Bedeutung. Dort lässt sich niemand drängen. Während wir den Erfolg in schnellen Vertragsabschlüssen feiern, will man dort erst die Beziehung stabilisieren, indem man über scheinbar Belangloses plaudert, die Familie einlädt, Teezeremonien pflegt. Etikette und Rituale gehören in Asien nicht nur zum guten Ton, sie sind ein Stern am Wertehimmel und dienen dazu, Sie als Gegenüber mit Ihren Stärken und Schwächen einzuschätzen.

»Der Sieg gehört denen, die eine halbe Stunde länger warten als der Gegner«, weiß man aus der Kampfkunst. Und genau diese Geduld offenbart die Lücken, um im richtigen Moment zu handeln. Übrigens pflegten im frühen Mittelalter auch in unserem Reich die Sieger eine solche Strategie. Es waren die Ritter, die sich an ähnliche Tugenden hielten. Aber dann folgte mit den Jahren die Sehnsucht nach Überfluss. Mehr vom Gleichen, brüllten die Adeligen und auch der Klerus: mehr Geld, mehr Ansehen, mehr Macht. Kodex hin oder her, sagten sich die Gierigen, wir wollen alles sofort. Damit streckten sie ihr Schwert nicht mehr der Sonne entgegen, sondern dem Mammon. Tugenden und Werte gerieten erst in Unordnung, und manchmal verschwanden sie sogar für lange Zeit in den Tiefen des Unbewussten. Fortan hieß es: keine Zeit mehr für Rituale. Etikette hielt man für überflüssiges Geschnörkel. Tugenden wurden zum verstaubten Relikt. Ja, das Mittelalter war eine wilde Phase. Aber dann traten auch hier schöngeistige Männer auf den Plan. Plötzlich predigten Philosophen über Vernunft und Ordnung, auch über Geduld. Und man begann, Konfuzius zu zitieren, der die Schätze des WUDE in einleuchtende Worte goss.

Vor dem Erfolg steht die Moral

Als Konfuzius und seine philosophischen Kollegen sich vor mehr als 2000 Jahren über den Verfall des chinesischen Reiches sorgten, als sie erkannten, dass manche Generäle sich von egoistischem Machtstreben leiten ließen, da sorgten sie sich um die Moral im Lande. Ohne Liebe und Hingabe an die Aufgaben, so dachte Konfuzius, würde die Gesellschaft untergehen. Und so mahnte er in seinen Lehren, dem Handeln stets die Moral hinzuzufügen und auch die Liebe. Er fand einfache, einleuchtende Worte wie: »Ruhm liegt nicht darin, niemals zu fallen, sondern jedes Mal wieder aufzustehen, wenn wir gescheitert sind.« Geduld, Beharrlichkeit, Mitmenschlichkeit, das waren Werte, die für ihn mehr zählten als ein schneller Sieg. Und diese Sätze, die längst Aphorismen sind, entstammen den Schätzen des WUDE, finden sich in unserer Arbeits- und privaten Welt wieder. Wer kennt nicht den Satz, dass stets der Weg das Ziel sei?

Wie viel Weisheit und Mut stecken in diesem Aphorismus! Stellen Sie sich vor, Sie stehen an der Startlinie, sehen die ersten Meter vor sich, dann eine Biegung. Was sich dahinter verbirgt? Sie wissen es nicht. Aber Sie bleiben neugierig, kampfbereit, um den Zweifel in Ihnen niederzuschlagen, um Ihr Ego ruhigzuhalten. Sie sind bereit, ein Risiko einzugehen und doch darauf zu vertrauen, dass Sie mit all Ihrer Kraft und Technik die Überraschungen des Weges meistern werden. Sie empfinden sogar Freude darauf, denn es mag ein Abenteuer werden, auf jeden Fall ein Wachstum an Erfahrung und Stärke. Der Weg ist das Ziel.

Sie denken daran, dass es Ihnen gelingen wird, diesen Weg zu gehen. Sie werfen ein Licht voraus. In diesem Licht flimmert Ihre Vorstellung von Moral, von Werten, von dem unbedingten Willen, in jeder Situation angemessen zu reagieren.

Um wie viel langweiliger wäre dieses Leben, würden Sie Ihre Ziele mit einem Sprung über alle Hindernisse hinweg erreichen! Sie würden niemals den Schatz in sich entdecken, der Sie kämpfen, hoffen, warten lässt, der Ihnen eine Strategie bietet, um Moral und Sieg zu verknüpfen. So wie die Mönche im Kloster Shaolin. Auch sie sind dem Kodex des WUDE verpflichtet, denn nach ihrer Ansicht entspringen die dort aufgeführten Werte und Tugenden dem Buddhismus. So schwören sie sich bis heute, Gewaltfreiheit zu üben. Wenn es aber die Situation erfordern sollte, dann würden sie kämpfen, angemessen und mit kluger Technik, mit Kraft und Fokus.

Gehen Sie wie die Mönche in Shaolin davon aus: Kein Weg ist gerade, Ausschläge auch in extremer Form finden immer statt. Nehmen Sie es als Herausforderung, als Chance zu wachsen. Was Sie jedoch vermeiden sollten, das ist, sich in Gesellschaft von Menschen zu bewegen, die Ihre Werte und Tugenden nicht schätzen, nicht bereit sind zu teilen. Ihr Weg würde aufzehrend sein. Ein Siegen wäre nicht möglich, denn Ihr Gegner würde mit anderen Waffen kämpfen, andere Techniken anwenden. Ich denke, dass die asiatischen Kampfkünste auf uns eine solche Faszination ausüben, liegt darin begründet, dass jeder Kampf auf einer gleichen moralischen

Grundlage stattfindet, dass auch dem größten Feind Wertschätzung entgegengebracht wird.

Ohne Werte und Tugenden wäre kein Leben einschätzbar, wahrscheinlich führte es zu einer zerstörenden Haltung. Jeder würde seine Mitte verlieren, sich nicht mehr zurechtfinden in seinem Leben. Denn Werte sind uns angeboren, sie gehören zu unserer DNA. Sie und ich tragen sie in den Genen, wie ein Schatz werden sie mitgegeben ins Leben. Dieser Schatz in Ihnen gibt Ihnen die Richtung für Entscheidungen vor, er korrigiert Ihr Verhalten, und er sorgt dafür, dass Sie mit sich selbst und Ihrer Umwelt in Frieden leben. Wer nach seinen Werten lebt, der steht auf festem, unzerrüttbarem Grund. Was könnte Ihnen mehr Selbstvertrauen geben als dieses Wissen? Plötzlich ist nicht mehr wichtig, was andere denken, Ihnen raten. Es ist, als würde in Ihnen ein helles, warmes Licht scheinen. Sie gehen dort hinein und sehen klar Ihren Weg vor sich. Keine Klippen mehr, nur Weite zu allen Seiten. Über Ihnen spannt sich der Wertehimmel auf, nach den Schätzen des WUDE webt er sich aus den Tugenden und Werten, die

- Ihre Erwartungen an das Leben bestimmen,
- Ihnen eine Anleitung zum Handeln geben, um diese Erwartungen zu erfüllen,
- Ihren Geist fokussieren, um Verführungen von außen zu widerstehen.

So lehren es bis heute die Großmeister der Kampfkunst, und sie geben damit dem Wort WUDE jene Bedeutung, aus der die Philosophie aller Kampfkünste entsprungen ist. Sie mögen sich durch leichte Farbschattierungen unterscheiden, aber im Prinzip lautet ihre Formel:

WU Entschlusskraft und Kämpfen
+ DE Tugenden und Werte
= WUDE persönlicher Erfolg

 Stärken trainieren –
und Schwächen auch!

Wirklich erfolgreiche Menschen, bereit, zu kämpfen und
zu siegen, bereit, sich selbst jede Steigerung der Charak-
terentwicklung zuzumuten, die halten an ihren Werten
fest. Niemals würden sie ihre Werte verkaufen für Boni
oder Lob von anderen. Der schnelle Sieg interessiert sie
nicht. Vielmehr wollen sie auf Dauer unbesiegbar sein!
Und hier meine ich nicht das Siegen in einem Wettkampf
mit dem Gegner! Sondern ich will viel weiter gehen und
Ihnen versprechen: Unbesiegbar werden Sie, wenn Sie
sich in jedem Raum und zu jeder Zeit an Ihren Werten
festhalten können.

Ich vermittle deshalb meinen Schülern die Techniken
und Fertigkeiten der Kampfkünste – und darüber hinaus
die Werte, um den Charakter zu bilden. Und wenn ich
jene Erfolgswege zurückverfolge, die einige Weltmeister-
Schüler gegangen sind, dann kann ich sagen: Den größten
Anteil dieses Erfolgs macht nicht die Technik aus, sondern die innere Haltung, wie ein Kämpfer jeder Situation
begegnet. Es sind die Schätze des WUDE, die zum nachhaltigen Sieg führen. Und es ist meine tiefe Überzeugung,
dass wir die wunderbare Gabe in uns, nämlich tapfer, geduldig, wissend, vernünftig, mutig und ehrlich zu sein,
durch Training stählen können.

Um dieses Training auf der Grundlage von Werten und Tugenden zu verdeutlichen, haben die Mönche in Shaolin und Samurai-Krieger und viele andere Kampfkünstler Tiersymbole interpretiert. Sie sollen stets an die Nähe der Menschen zur Natur und an die außergewöhnliche Kraft erinnern, die diesen Tieren innewohnt. Ob Sie die Werte und Tugenden eines Kranichs, eines Tigers, einer Schlange, eines Leoparden oder eines Drachen in sich erkennen, das ist eine Sache Ihrer Persönlichkeit.

Suchen Sie sich bitte aus den folgenden Schätzen des WUDE jenen Wert und jene Tugend heraus, die Ihnen besonders wichtig erscheint. Dieser Wert wird Ihr Leitwert sein. Markieren Sie diesen Wert in roter Farbe. Hier liegt Ihr Stärkebereich. Die übrigen Werte sollten Sie in einem Trainingsprogramm weiter ausbilden, um wie ein Kampfkünstler auf den gesamten Kodex des WUDE zurückgreifen zu können:

- **Kranich:** Mitgefühl verbunden mit Wohlwollen und Barmherzigkeit.
- **Schlange:** Respekt verbunden mit Höflichkeit, Ordnung, Etikette, Demut sowie gesunder Bescheidenheit.
- **Tiger:** Gerechtigkeit verbunden mit Mut, Tapferkeit, Durchhaltewillen und Disziplin.
- **Drache:** Weisheit verbunden mit Wissen und Vernunft.
- **Leopard:** Aufrichtigkeit, Loyalität und Haltung verbunden mit dem Prinzip der Glaubwürdigkeit.

Ihr rot gekennzeichneter Wert zeigt Ihre unverwechselbare Stärke. Sie ist ein leitendes Merkmal in Ihrem Charakter und beeinflusst Ihr Denken, Handeln und Fühlen. Wenden wir uns also Ihren Schwächen zu, jenem Bereich des WUDE, den Sie bislang nicht ausreichend trainiert haben. Auch wenn das Trainieren von Schwächen in der gängigen Managementliteratur eher ein Naserümpfen hervorrufen mag, so lautet mein Rat: Ein Kämpfer lässt keine Schwäche zu. Er übt und übt und übt, bis er sich auch auf diese Technik verlassen kann, bis er auch dieses Prinzip beherrscht. Nutzen Sie die wunderbare Fähigkeit der Plastizität Ihres Gehirns. Je öfter Sie ein Verhalten trainieren, desto beständiger und kräftiger werden Ihre Synapsen.

→ Trainieren Sie jeweils sechs Wochen lang jeden Wert und jedes Prinzip. Denn das ist die Zeitspanne, die Ihr Gehirn benötigt, um ein Verhalten zu automatisieren. Denken Sie daran: Nichts macht Sie reicher als das beständige Handeln unter Ihrem eigenen Werte- und Tugendhimmel. Materiellen Besitz kann man Ihnen nehmen, Sie können über Nacht alles verlieren. Aber niemand kann Ihnen den Charakter nehmen. Deshalb: Polieren Sie ihn!

- Wählen Sie Ihre Worte sorgfältig, denn sie sollen wahrhaftig sein.
- Geben Sie nur Versprechen ab, die Sie auch halten können.
- Planen Sie Ihre Handlungen sorgfältig, denn sie sollen wirksam sein.
- Führen Sie dann Ihre Handlung vom Anfang bis zum Ende durch.

Ren - 同情 Mitgefühl

Mit den Tugenden des Kranichs
仁慈 Wohlwollen
同情 Barmherzigkeit

Im Kung-Fu gilt der weiße Kranich mit seiner Eleganz der Flügelschläge als Symbol für Reinheit und Unsterblichkeit. Denn der große Vogel verbindet die Energie der Erde mit der Energie der Lüfte. Zwar ist der Kranich kein Raubtier – und das mag ihn zunächst zahm erscheinen lassen –, aber Achtung! Seine Beobachtungsgabe, sein Einschätzen von Situationen und das sehr schnelle, zielgenaue Angreifen im richtigen Augenblick sind Gaben, die ihn nahezu unbesiegbar machen. Zudem nutzt er seinen Vorteil des Fliegens: Er wechselt die Perspektive. Er kann in Gelassenheit Konflikte, Krisen, Gefahren und auch des Gegners Absichten aus der Distanz bewerten.

Weitblick und Wohlwollen

Der Kampfkunststil, der dem Kranich folgt, fand seinen Ursprung in Tibet. Der Sage nach soll ein Mönch über viele Jahre das Verhalten der weißen Kraniche studiert haben. Der Mönch war begeistert von den Fähigkeiten der Vögel im Kampf. Denn niemals ließ sich ein Kranich in Panik versetzen, nie äußerte er eine Art von Wut oder unüberlegter Handlung. Er ist in jeder Situation in einer intelligenten und empathischen Weise überlegen.

→ Kampfkunststil des Kranichs: konzentriert beobachtend, situationsabschätzend und dann in der Reaktion präzise und schnell.

Der Kranich verfügt über ein beeindruckendes Repertoire an Techniken und Strategien. Was ihn jedoch zum Symbol für Werte und Tugenden erhebt, das ist seine Art des Mitgefühls. Er kann uns deshalb den Weg weisen, vom dunkelsten aller Gefühle, dem Hass, loszulassen und uns in die Perspektive des anderen hineinzuversetzen, bevor wir einen Kampf beginnen.

Befindet sich an einem Pol das Mitgefühl, so steht am anderen der Hass – und genau diesen gilt es zu kontrollieren, zu eliminieren. Denn Hass, weiß ein Kampfkünstler, frisst die Energie so lange auf, bis es keinerlei Reserven mehr gibt. Hass vernebelt den Geist, hebelt die Vernunft aus und setzt eine unsägliche Gedankenspirale in Gang, an deren Ende die Selbstzerstörung steht. Nun könnten Sie einwenden, dass es vor diesem Extrem viele Schattierungen gibt, dass nicht jeder gleich den Hass aktiviert, um seinen Gegner mundtot zu machen. Das ist richtig. Und doch kann es passieren, dass aus einer Enttäuschung Wut und aus Wut Zorn und aus Zorn Hass wird. Dann werden die Gedanken dunkler und dunkler, und Ihre Energie wird blockiert. Nichts fließt mehr, Ihre Vitalkräfte schwinden. Und die Gefahr ist groß, in diesem zerstörerischen Gefühl stecken zu bleiben, denn Sie wissen ja: Die Energie folgt der Aufmerksamkeit.

Barmherzigkeit

Ein wahrhaftiger Kampfkünstler wird niemals im Hass landen. Er wehrt ihn ab, er meidet diesen Pol und bleibt auf der Seite des Mitgefühls. Trotz seines Adrenalinstoßes, den ein Angriff des anderen ihm versetzen wird, bleibt er dem Pol des Mitgefühls verhaftet. Mitgefühl für sich selbst. Mitgefühl für den anderen. Denn dieser Wert ist wie ein Schutz vor unbedachtem Handeln. Mitgefühl erlaubt Ihnen, die Konsequenz zu überlegen, die Ihrem Verhalten folgen wird. Wer Mitgefühl trainiert, der wird die Absicht des Gegners frühzeitig erfassen. Denn das eigene Fühlen wird derart sensibel, dass es die Signale des anderen aufnimmt, bevor diese dem Gegner überhaupt bewusst werden. So können Sie Angriffe abperlen lassen, oder Sie können parieren, wenn Sie sich dazu entscheiden.

Eine Haltung von Mitgefühl gegenüber anderen Menschen, Tieren und der Natur verändert Ihre Wahrnehmung und damit auch Ihr Handeln. Sie werden wie ein Künstler agieren, weil Sie kleine, leise Zwischentöne wahrnehmen. Wie ein Maler, der seinem Motiv durch feinste Striche eine optische Tiefe schenkt, wie ein Musiker, der fähig ist, seine Töne nachhaltig schwingen zu lassen. Sie schätzen ein, was anderen wichtig ist, und Sie können aus Ihrem Handlungsrepertoire auswählen, ob Unterstützung, Trost, Hilfe oder gar Kampf angebracht sind. Eleganter, finde ich, kann niemand auf seinem Lebensweg entlanggehen. Aber Achtung: Mitgefühl ist nicht Mitleid. Während Mitleid Ihnen schadet, weil Sie den Schmerz anderer Menschen, Tiere oder der Natur nachempfinden und sich in deren Schmerzraum hineinbegeben, halten Sie durch ein Mitgefühl Ihre innere Mitte stark. Sie verstehen den anderen mit wahrhaftiger Empathie, aber Sie sind nicht bereit, seinen Schmerz zu übernehmen!

Welche innere Kraft der Wert des Mitgefühls und die damit verbundenen Tugenden wie Wohlwollen und Barmherzigkeit freisetzen, zeigt die folgende Geschichte:

Thupten Chokdhen, ein angesehener tibetischer Mönch, war vor der Okkupation Tibets durch China der Gesangsmeister des Dalai Lama. Kaum jemand, der nicht von der besonderen Stimme Chokdhens schwärmte. Aber mit dem Einfall der Chinesen im Jahre 1959 und mit der Flucht Seiner Heiligkeit aus der Heimat schlug auch das Schicksal für Thupten Chokdhen persönlich zu: Er wurde verhaftet, verbrachte über zwanzig Jahre in chinesischen Gefängnissen mit Zwangsarbeit.

Es gehört nicht viel Fantasie dazu, sich vorzustellen, welches Leid der junge Mönch ertragen musste. Als man ihn endlich ins Exil entließ, da suchte er zunächst Seine Heiligkeit auf und erzählte ihm, welcher Gefahr er sich über die lange Zeit der Gefangenschaft stellen musste. Der Dalai Lama fragte nach: »Welche Gefahr meinst du genau?« Da antwortete der Mönch: »Es war die Gefahr, mein Mitgefühl für die Beamten und Schergen zu verlieren. Denn dann hätte ich auch meine Seele verloren.«

→ Die asiatische Kampfkunst lehrt uns das Gesetz von Ursache und Wirkung. Wir dürfen darauf vertrauen, dass keine Handlung ohne Folgen bleibt. In diesem Bewusstsein lassen wir ein gutes Karma entstehen, wenn wir Konflikt, Streit, Gier und Niedertracht ignorieren. Wir verweigern es, negative Energien in uns anzuhäufen. Wir drehen uns um mit wohlwollenden Gedanken und konzentrieren uns auf unsere Mitte und das Mitgefühl, das uns dort innewohnt.

Li – 尊重 Respekt

Mit den Tugenden der Schlange
謙遜 Demut und gesunde Bescheidenheit
命令 Ordnung
禮貌 Höflichkeit
禮儀 Etikette

Die Schlange lebt im Einklang mit Körper und Geist. Ihr Atem trägt sie durch jede Herausforderung, und dieses Chi begründet ihre schier unerschöpfliche Vitalkraft. Respekt, so lautet der Wert, den Kampfkünstler ihr zuordnen, und das geschieht aus gutem Grund. Denn die Schlange ist die Königin der inneren Kampfkunst, was bedeutet: Ihr Zeichen steht für Ausdauer und für eine immerwährende Substanz an heller Energie. Da gibt es keine Rücksichtslosigkeit, keine unbedachte Aggression. Der Kampf der Schlange basiert niemals auf Willkür, sondern auf Respekt: Respekt sich selbst gegenüber, um die Ressourcen zu schonen und das Chi nicht zu blockieren; Respekt den anderen gegenüber, um sich als entschlossener Kämpfer zu zeigen, der zunächst abwägt, aber bei Gefahr kein Zögern kennt.

Die Schlange verharrt in der Beobachtung, fokussiert ihr Gegenüber. Kein Wimpernschlag kann sich zwischen sie und ihren Gegner schieben, nicht die kleinste Regung lenkt ihren Geist ab. Ihr Ziel ist es, den Schwachpunkt des Gegenübers zu treffen. Dabei bevorzugt sie eher den besonnenen Stil, das immerwährende Sammeln der Kräfte, oft im Verborgenen. Aber wehe dem, der diese vornehme Zurückhaltung mit Schwäche verwechselt. Genau an dieser Stelle enden Höflichkeit und Etikette. Dann atmet sie noch tiefer, mitten hinein in den Bauch, aktiviert das Chi zur Höchstleistung und zur ungemeinen Kraft.

Man erzählt sich, dass die Kampfkunst der Schlange im Kloster Shaolin ihren Anfang nahm. Eine Nonne namens Ng Mui beobachtete einen harten Streit zwischen Kranich und Schlange. Beide schienen ebenbürtig, obwohl sie sich in Geschick und Taktik unterschieden. Die Nonne nahm beide Systeme wahr, interpretierte sie als einen Stil, der auch Frauen eine innere und äußere Kraft geben könnte. Kennzeichnend sind die zielsicheren, blitzschnellen Bewegungen und ebenso die mentale Stärke der Kämpfer.

→ Kampfstil der Schlange: abwartend im Verborgenen; ruhend in der eigenen Mitte; blitzschnelles Handeln, und zwar mit der Strategie, den schwächsten Punkt des Gegenübers zu treffen.

Sich Respekt zu verschaffen und Respekt auszudrücken, das ist für jeden Kampfkünstler eine höchst leise Angelegenheit. Bevor er seine körperlichen Fähigkeiten beweist, verneigt er sich vor dem Gegner, vor sich selbst, vor dem gesamten Umfeld, in dem er sich bewegt. Er spricht die Worte: »Ich gebe mein Bestes, damit du dich entwickeln kannst, damit du nach unserem Kampf besser sein wirst, als du es zuvor warst.« Was könnte mehr Achtung vor sich selbst und dem anderen ausdrücken? Was könnte den Kampfkünstler mehr dazu motivieren, seine Fähigkeiten bis zur Vollendung abzurufen?

Buddha sagte: »Der Geist ist alles. Was du denkst, das bist du.«

In dem Moment, in dem Sie sich vornehmen, ein Sieger zu sein, werden Sie aus Ihrer Mitte heraus agieren, denn Sie streifen die Schätze des WUDE. Ohne Zorn, ohne Wut, ohne Gier bewegen Sie sich wie eine Schlange elegant und planend durch Zeit und Raum. Die Haltung bleibt zugewandt, aufmerksam, in einer bereichernden Weise neutral. Es geht darum, sich selbst oder den anderen weder zu über- noch zu unterschätzen. Es geht darum, sein Bestes zu geben auf der Grundlage von Respekt.

Übung

Die Verneigung im Geiste

Stell dir vor, dein Gegenüber schreit dich an. Es beschimpft dich und beschuldigt dich eines Fehlers, den du gar nicht begangen hast. Stell dir diese Situation sehr bildlich vor: Du siehst, wie die Zornesfalte auf der Stirn deines Gegenübers sich vertieft, die Augen funkeln böse, und die Muskulatur an seinem Körper ist angespannt. Du siehst hin, eine Sekunde, zwei Sekunden - und sammelst dich. Du schreist nicht zurück, lässt dich auf die Schimpfattacke nicht ein, aber du denkst bereits über die Strategie der Abwehr nach. Und bevor du parierst, verneigst du dich im Geiste. Du wirst ab sofort den Kampf aufnehmen, um diesem Schreihals zu demonstrieren, dass es auch mit einer überlegenen Taktik und einer inneren Gelassenheit geht. Setz dann deine Worte

Demut und gesunde Bescheidenheit, Ordnung

Bei den Worten »Demut« und »Bescheidenheit« zucken Manager zurück. Sie sollen nicht augenblicklich ihr Gegenüber in die Schranken weisen, wenn es Fehler macht, eine Regel bricht oder keine Leistung bringt? Wo bleibt die Autorität, für die sie bezahlt werden und die sie sich über viele Jahre hart im Team erarbeitet haben? Erst ein Schweigen und dann ein ruhiges Wort, das würden Mitarbeiter als Schwäche auslegen, und wo kämen wir da hin? So und ähnlich klingen die Einwände.

Wer Karriere machen will, so lautet die Devise in deutschen Unternehmen, der muss auffallen, laut sein, sich Gehör verschaffen und auch die längsten Redezeiten am Meeting-Tisch für sich beanspruchen. Demut passe da nicht ins Aufsteigerkonzept, und überhaupt werde Bescheidenheit oft mit Anspruchslosigkeit gleichgesetzt.

In solchen Diskussionen erläutere ich gern meine Art der Führung als Sporttrainer. Auch hier geht es um Leistung und Lob, manchmal sogar um die Lorbeeren eines Weltmeisters. Es lassen sich also durchaus Parallelen zwischen Management und Kampfsport ziehen. Sehen wir genauer hin: Sportler, die nach langjährigem Training kurz vor dem Durchbruch stehen, die haben viel Schweiß der Leistung geopfert. Und dann gibt es diesen Punkt auf dem Karriereweg, an dem angehende Weltmeister sich sagen, es habe sich jeder Schritt gelohnt. Meist befindet sich dieser Punkt kurz vor dem Sieg. Man ist auf den jungen Kampfsportler aufmerksam geworden, erkennt das Talent. Man handelt ihn bereits als Champion, bevor er seinen großen Kampf gemeistert hat. Die Fangemeinde wächst, manchmal winken Sponsoren- und Werbeverträge. Erfolg übt eine hohe Anziehungskraft aus. Das schmeichelt den Sportlern.

In meiner Zeit als Bundestrainer habe ich einige dieser Ausnahmeathleten begleitet. Und aus dieser Erfahrung weiß ich, es gibt zwei Weltmeisterpersönlichkeiten:

- Die einen wollen den Glanz des Siegens erleben. – Einige sind dem Hochmut verfallen. Sie haben ihre gesunde Bescheidenheit, ihre Demut vor ihrem Können an den Haken gehängt, um fortan der Star zu sein, den die Fans und Werbestrategen in ihnen sehen.
- Die anderen wollen den Sieg im Einklang mit ihren Werten erreichen. – Sie trainieren weiter mit Disziplin und Fleiß und halten Ordnung in ihrem Erfolgsplan. Werbeverträge vor dem großen Sieg kommen für sie nicht infrage. Das würde den Fokus auf den Kampf verzerren. Genau diese Sportler kommen weiter, erreichen die Spitze, an der nur einer stehen kann.

→ Die Tugenden Bescheidenheit, Demut und Ordnung bedeuten, nicht übermütig zu werden, sich nicht zu schade zu sein für einen Schritt zurück, wenn es der Sache dient. Kein Kampfkünstler würde zum Beispiel seine Dojos, seine Übungsräume, unordentlich verlassen, auch wenn er den Weltmeistertitel mit sich trägt. Man wischt den Boden gemeinsam, unabhängig von

Status und Rang. Wer im Außen Ordnung hält und Strukturen wahrt, der räumt auch innerlich auf.

Wenn ein werteorientierter Kampfsportler Weltmeister wird, dann ist das einer der glücklichsten Momente in seinem Leben. Es erfüllt ihn mit Stolz! Aber er wird von diesem Gefühl nicht süchtig. Er kann wieder loslassen, sich wieder in seine Mitte begeben. Er weiß, er hat sein Bestes gegeben, an seiner Fähigkeit ist er selbst und auch der Gegner gewachsen. Gekämpft aber hat er nicht für Lob, nicht für die Begeisterung der anderen. Er hat nur für sich selbst gekämpft, hat sich einhundert Prozent seiner Leistung abverlangt. Er weiß ebenso, dass zu seinem Sieg zweierlei zählte: zum einen seine Fähigkeit, zum anderen aber auch eine Portion Glück. Hätten sich die Umstände nur ein kleines bisschen verschoben, das Ergebnis wäre vielleicht nicht zu seinen Gunsten ausgefallen. Deshalb wird er nie laut, nie überheblich. In einem nächsten Kampf, so sagt er sich, wird er nach den irdischen Gesetzen wieder ein Verlierer sein.

In der Psychologie nennt man diesen Wechsel »Regression zur Mitte«. Dieser Ausdruck besagt, dass nach einer Niederlage ein Sieg folgt, nach einem Sieg eine Niederlage. Am Ende bleibt das Konto stets ausgeglichen. Es gibt also nie, wirklich niemals einen Anlass zum geistigen Höhenflug.

Laotse sagte: »Ich habe drei Schätze, die ich hüte und hege: Der eine ist die Liebe, der zweite ist die Genügsamkeit, der dritte ist die Demut.«

In der Mitte bleiben

Stell dir vor, du erreichst dein Herzensziel. Mal dir mit allen Sinnen aus, wie du dich dann fühlst. Riech, sieh, hör, spür dieses schöne Gefühl, lass es groß werden in deinem Herzen, atme dort hinein. Dein Herz wird warm, die Wärme weitet sich über den gesamten Körper aus. Halt das Gefühl in dir fest. Und dann drehst du dich um, siehst in eine andere Richtung. Stell dir vor, du erleidest eine Niederlage, du scheiterst kurz vor deinem Ziel. Verneig dich dennoch vor dir selbst und vor deinem Umfeld. Du hast alles gegeben. Mehr war nicht möglich. Es lag vielleicht an deiner Tagesform oder an den äußeren Umständen. Fest steht: Der andere war besser, schneller, dynamischer als du.
Schließ nun die Augen. Hol dir das Gefühl des Siegens zurück. Atme noch einmal dort hinein, und sei gewiss: Es gibt dieses Wechselspiel von Sieg und Niederlage, und das nächste Mal wirst du der Sieger sein!

Höflichkeit und Etikette

Wenn Höflichkeit und Etikette einen Ursprung haben, dann liegt dieser in Asien. In diesen Gesellschaften ist beides von außerordentlichem Rang, um ein Miteinander zu pflegen. Und oftmals scheint es mir, als sollten wir in hiesigen Regionen im Kleinen wie im Großen von diesen Gepflogenheiten lernen. Alte Menschen zum Beispiel werden in China geschätzt. Aufgrund ihrer Lebenserfahrung wird ihnen Weisheit zugesprochen, aufgrund der erfahrenen Schmerzen und Freuden gelten sie wie ein geschliffener Diamant. Nun liegt es mir fern, einen missionarischen Ton anzuschlagen, aber es macht mich traurig, wenn ich sehe, wie in Deutschland alte Menschen im Straßenabfall nach Essen oder Pfandflaschen suchen. Wie viel Einsamkeit und Leid mag hinter solchen Handlungen stehen? In China gäbe es so etwas nicht. Alte Menschen kehren nach einem Arbeitsleben in den Schutz ihrer Familie zurück.

Aber auch im Business-Umfeld erleichtern Höflichkeit und Etikette den Umgang miteinander. Niemand würde in Asien in einem Restaurant den Schritt beschleunigen, um einen bequemen, aussichtsreichen Platz am Tisch zu ergattern. Man überlässt in unausgesprochener Weise dem Älteren oder Ranghöheren den Vortritt, ohne sich selbst dabei übervorteilt zu fühlen. Und in Verhandlungen entstehen Verträge nicht durch Feilschen um Vorteile. In der asiatischen Kommunikation gilt es zunächst, das Gegenüber kennenzulernen, einzuschätzen, man will erkennen, dass man nach den gleichen Werten und Prinzipien handelt, erst dann entsteht Vertrauen.

Mir kommt in solchen Situationen der Gedanke, dass sich in dieser Business-Welt die Zeit entschleunigt. Während wir von Termin zu Termin hetzen, den einen noch nicht abgehakt haben und bereits den nächsten im Sinn, verweilt man in Japan zum Beispiel im Hier und Jetzt. Jetzt ist Zeit für das Gespräch, für die Begegnung. Hier findet das Treffen statt und fordert die gesamte Kraft und Aufmerksamkeit. Blickkontakt wird gepflegt. Zugewandtheit ist eine Selbstverständlichkeit. Unterbrechungen oder das Hineinplatzen in Worte gibt es nicht. Übrigens erkennen Sie das Interesse eines Japaners daran, dass er seinem Partner Fragen stellt – und die Antworten fügt er für sich zu einem Bild zusammen.

Übung

Denk bitte einmal nach

- Wann bist du zuletzt einem Gesprächspartner ins Wort gefallen?
- Wann hast du deinen eigenen Vorteil beachtet, obwohl dein Gegenüber einen Nachteil dadurch hinnehmen musste?
- Wann hast du auf Zahlen, Daten, Fakten geachtet und die Sorgen und Beweggründe deines Verhandlungspartners bewusst ausgeblendet?
- Wann hast du dich über die Fehler und Missgeschicke anderer lustig gemacht und dich auf deren Kosten amüsiert?
- Wann hast du aus egoistischen Gründen einen Termin kurzfristig abgesagt?
- Wann hast du das letzte Mal dein Wort gebrochen?

Yi – 正義 Gerechtigkeit

Mit den Tugenden des Tigers
勇氣 Mut
毅力 Disziplin und Durchhaltewille

Kein anderes Tier steht derart für innere Kraft wie der Tiger. Entschlossen, mutig, konsequent geht er seinen Weg zum Ziel. Dabei verschleudert der Tiger keine Kraft durch Zweifel und Eitelkeit. Ausgestattet mit einem hohen Maß an Entscheidungswillen, setzt er um, was ihm zum Vorteil gereicht.

Für seine Kampfkunst benötigt er übrigens keine Waffen. Sein muskulöser Körper und sein klarer Geist leiten ihn zum Sieg; und nie, wirklich nie würde ein Tiger wegen einer Konfrontation zurückschrecken. Das würde seinem Sinn für Tapferkeit zuwiderlaufen.

Was den Tiger in der Kampfkunst auszeichnet, das sind seine geschmeidigen Bewegungen, die Sanftmut vermuten lassen. Aber Achtung! Von einer Millisekunde zur anderen kann er seine explosive Stärke aktivieren, wenn eine Situation es verlangt. Übrigens vergisst ein Tiger nichts! Er ist nachtragend. Er will Vergeltung! Er kann auf seine Chance warten. Dann zieht er sich zurück, um im günstigen Moment mit ganzer Kraft den Angriff zu setzen. Draufgängertum ist ihm fremd, ihm eigen ist dagegen das unbedingte Fokussieren des Ziels.

Der Legende nach entstand das Kung-Fu des Tigers im Kloster Shaolin vor vielen Tausend Jahren. Es diente den Mönchen dazu, die Gelenke und Knochen zu stärken und eine geistige Haltung von Sanftmut, Gerechtigkeit, Tapferkeit und Mut zu perfektionieren. Diese Übungen pflegen sie bis heute – deshalb prägt das Bild des Tigers ihr Emblem.

→ Kampfstil des Tigers: geduldig; niemals ungerecht gegenüber dem Feind, aber stets entscheidungswillig, majestätisch, körper- und charakterstark.

Setzen wir an dieser Stelle Gerechtigkeit mit Fairness gleich, dann trifft Yi auf alle beruflichen und privaten Bereiche zu. Yi ist das Motiv für unser Handeln, um die Welt ein wenig besser zu machen. Gut so. Denn würden wir den Wert der Gerechtigkeit und der Fairness in unserem täglichen Handeln missachten, verlören unsere Beziehungen zu Mensch und Natur an Kraft. Dann würde durch unser Verhalten das Ego in uns aufgepumpt, und zwar so lange, bis es narzisstische Züge erhielte. Jeder wäre dann in einer selbstverliebten Weise auf seinen Vorteil bedacht, würde kalt, unzuverlässig und empathielos reagieren. Nach dem Motto »Was interessiert mich mein Geschwätz von gestern« wäre nichts von Dauer, keine Verlässlichkeit würde je existieren. In solch einer Welt möchte ich nicht sein.

Kampfkünstler, die sich gegenüberstehen, die wollen siegen. Aber bitte nicht um den Preis, den Gegner zu erniedrigen. Ein fairer Kampf bedeutet immer einen Kampf mit gleichen Waffen. Beide dürfen sich auf Regeln und Riten verlassen, und genau diese Marker stehen für Fairness. Übertragen auf den Alltag, in dem es nicht um Leben und Tod geht, sondern um das Sammeln kleiner Erfolgsperlen im Leben, heißt das: Bleiben Sie fair, unter allen Umständen.

Erinnern Sie sich an die Fair-Play-Geste von Miroslav Klose im Spiel bei Lazio Rom gegen SSC Neapel? In der dritten Spielminute schoss Klose ein Tor. Das Stadion tobte. Die Mitspieler jubelten. 1 : 0! Wie groß war der Jubel. Aber Klose hielt inne. Er hatte das Tor per Hand geschossen, und der Schiedsrichter hatte diesen Regelverstoß nicht gesehen. Klose selbst meldete ihn an.

Fairness ist nicht abhängig von den Blicken der anderen, sie ist ein Wert, den ein Sportler in sich trägt. Die gegnerische Mannschaft feierte ihn dafür wie einen Helden, und der Verband der Deutschen Sportjournalisten zeichnete Miroslav Klose mit der Fair-Play-Trophäe aus. Ein einziges Tor wäre schnell vergessen gewesen in dieser Ausnahmekarriere, seine Fairness aber umweht ihn zeit seines Lebens wie ein schönes Image.

Übung

Fair denken und handeln

Denk einmal nach: Warst du in letzter Zeit immer fair, oder gab es Situationen, in denen du fünfe gerade sein ließest, um dein Ziel zu erreichen, auch wenn es anderen schadete? Einsicht ist auch hier der erste Schritt zur Besserung. Um dein Denken und Handeln wie ein asiatischer Kampfkünstler auf Fairness auszurichten, bedarf es einer geistigen Klarheit und dann einer Entschlusskraft. Daher beantworte bitte die folgenden Fragen:

- Bedeutet mein Verhalten eine Investition in Beziehungen? Lege ich Wert darauf, dass meine Beziehungskonten ausgeglichen sind, oder nehme ich mehr, als ich gebe?
- Halte ich mich immer und unbedingt an getroffene Verabredungen und Vereinbarungen?
- Verletze ich mit meinem Verhalten mein Gegenüber, oder bin ich fähig, seine Perspektive einzunehmen?
- Wie würde ich mich fühlen, würde der andere mich behandeln, wie ich ihn behandle?

Mut

Wer will nicht mutig und entschlussfreudig sein? Diese Tugenden sind von außerordentlicher Akzeptanz, und besonders Führungskräfte schleifen an diesen Tugenden, denn sie wissen: Genau hier entscheidet sich das Tempo einer Karriere. Für mich hat Mut viele Gesichter. Er kann sich in kleinen Gesten und Worten zeigen, und ebenso kann er die Welt verändern, wenn mutige Menschen ihre Stimme erheben gegen Restriktion und Unrecht. Wenn ich an die Lebensleistung von Nelson Mandela, von Mahatma Gandhi, von Martin Luther King und aktuell von Seiner Heiligkeit dem Dalai Lama denke, dann läuft mir vor Ehrfurcht ein Schauer über den Rücken. Es sind Kämpfer aus Liebe und Hingabe. Keiner dieser großen Männer hat je auf Gewalt gesetzt, hat die Fäuste in die Luft gereckt und Parolen gebrüllt. Im Gegenteil. Sie haben in ihrer Sprache Worte der Versöhnung und Zuversicht genutzt.

Sprache kann eine Waffe sein oder aber ein Filter für eine friedliche Zukunft. Die Worte, die wir sprechen, die hinterlassen Bilder in unserem Kopf. Sie setzen Absichten und Handlungen frei. Sie können uns selbst motivieren, die letzten Sekunden zum Ziel trotz fehlender Kraft durchzuhalten. Sie können sogar Feinde besänftigen – vorausgesetzt diese Worte bewegen sich im Spektrum von Fairness, Mut und Durchhaltewillen sowie Geduld. Trainieren Sie diese Tugenden, um zu siegen.

Übung

Den Mut triggern

Vor dieser Übung scheuen sich viele meiner Schüler, auch Weltmeister, die auf der Spitze ihrer Karriere stehen, und zucken zurück. Ich will sie dir dennoch ans Herz legen, weil sie wie keine andere den Mut in dir triggert.

Stell dir vor, du liegst auf dem Sterbebett. Wenige Minuten bleiben dir, dich von deinen Liebsten und von diesem irdischen Leben zu verabschieden. Du schließt die Augen, Bilder in loser Reihenfolge flackern auf, es sind Bilder der Meilensteine auf deinem Lebensweg. Und dann entdeckst du die Lücken. Viele Meilensteine, die du setzen wolltest, gibt es nicht! Du hast niemals den Mut gefunden, dir Zeit freizuschaufeln für Dinge, die dir wirklich am Herzen lagen. Du hast nicht Nein gesagt, um an dich selbst zu denken. Du hast verschoben, was deine Wünsche waren, weil du dachtest, wenn erst das Haus gebaut, das Auto bezahlt, wenn die Kinder groß sind, dann käme die Zeit für das, was in deinem Herzen schlummerte.

So lief die Zeit dahin, und mit der Zeit verkam der Mut zu einer Marginalie. Und nun, während du in den letzten Atemzügen liegst, bereust du: nie einen Berg bestiegen, nie barfuß durch den Schnee gelaufen, nie unter freiem Sternenhimmel am Strand geschlafen, nie einen Tiger gesehen, nie getaucht im Indischen Ozean, nie der heimlichen Liebe die Wahrheit gestanden, nie mit dem Kind einen Handstand geübt und lachend auf Löwenzahn gelandet, nie, nie, nie. Zu spät.

Viele kleine Dinge, die in der Rückschau ungemein bedeutend werden, aber für die du nie den Mut fandest, sie zu deiner Sammlung der Erinnerungen hinzuzufügen.

Warum? Steh auf! Du liegst noch lange nicht auf dem Sterbebett! Du lebst.

Schreib *jetzt* auf, welchen Meilenstein du setzen willst. Und mit *jetzt* meine ich die nächsten drei Sekunden, denn so lange nimmt das Gehirn eine Gegenwart und damit den Impuls zum Handeln wahr. Danach ist der Wunsch schon Vergangenheit, aufgeschoben und vielleicht niemals erfüllt. Nimm also Stift und Heft zur Hand: Welcher Wunsch erfordert den Mut, Routine loszulassen und einmal einen Sidestep in die Unvernunft zu wagen?

Schreib diesen Satz auf, *jetzt*.

Und wenn du diesen Satz aufgeschrieben hast, dann beginn in diesen drei Sekunden mit dem ersten Schritt, auf jenes unvernünftige und so verdammt lebensfrohe Terrain zuzugehen.

Disziplin und Durchhaltewille

Haben Sie jemals dieses wunderbare Gefühl des Flows erlebt? Das ist jener Raum, den wir nur betreten dürfen, wenn Fleiß, Disziplin und Durchhaltewillen vorausgegangen sind. Dann nämlich öffnen sich Türen in uns, und eine helle Energie fließt durch den gesamten Körper. Ich habe solche Momente erlebt, als ich dieses Buch schrieb. Lange zuvor hegte ich diese Absicht, recherchierte und notierte, glich meine Idee von Erfolg mit meiner Taktik der Kampfkünste ab. Ich wollte auf die Seiten bringen, was Ihnen meiner Ansicht nach Leichtigkeit und Freude vermitteln, was Sie zu einem entschlossenen Menschen in jeder Lebenslage machen könnte.

Ich wusste, dass ein Buch zu schreiben eine große Herausforderung sein würde, zumal ich diese Herzensaufgabe auf die Nachtstunden verlegen musste. Tagsüber bin ich Trainer, Sportler und Berater, und so fragte ich mich ernsthaft: Kann ich diese Zusatzaufgabe stemmen? Ja, mit Disziplin und Fokus würde es gelingen, war ich mir sicher.

Disziplin übrigens, eine oftmals als verstaubt angesehene Tugend, bildet für mich den Beat in meinem Tun. Ich aktivierte also diese Tugend und schrieb und schrieb gegen die Ungeduld, gegen die Müdigkeit und auch gegen die Nacht. Auf den letzten Seiten geriet ich in einen Flow – und verstand, dass Autoren diesen Zustand als Sternstunde des Schreibens empfinden. Völlig emotionslos, losgelöst von Eitelkeiten, bewegte ich mich durch mein Thema. Nur der Inhalt zählte, nicht mein Gefühl. Und am Ende, als ich erschöpft und dennoch glücklich wieder auftauchte, da empfand ich eine tiefe Dankbarkeit mir selbst gegenüber. Ich hatte durchgehalten, meinen Plan erledigt. Jede Zeile hat mich dem

Schlusspunkt entgegengebracht, und ob Sie es glauben oder nicht: Mit nur wenigen Stunden Schlaf war ich am nächsten Tag fit für meine Kernaufgaben.

Ich habe erfahren, dass Stress beflügeln kann, wenn wir den Sinn in unserem Tun erkennen. Natürlich kann dieses Mehr an Arbeit nur eine gewisse Zeit gesund sein, irgendwann sollte einer Anspannung die Entspannung folgen. Dennoch sind Sie stärker, leistungsfähiger und belastbarer, als Sie vermuten. Es gibt diesen Tiger in Ihnen. Wer seinem Kämpfen Durchhaltewillen und Disziplin voranstellt, der wird auch siegen. Und damit komme ich zur Geduld. Pflegen Sie diese. Noch nie ist ein Meister vom Himmel gefallen. Bis Sie eine Sache gut beherrschen, bis Sie Ihre Fähigkeiten zur Perfektion geschliffen haben, können 10 000 Stunden und mehr vergehen.

→ Wenn Sie wenig Lust und Hingabe für eine Aufgabe spüren, dann bleiben Sie trotzdem dran, geben Sie nicht auf, kein großes Ziel ist ohne ein Stolpern zu erreichen. »Ohne die Kälte der Trostlosigkeit des Winters gäbe es die Wärme und die Pracht des Frühlings nicht«, sagte Laotse.

Durchhalten und dranbleiben

» Atme tief ein und aus. Leer deinen Geist.

» Es gibt nichts, was dich ablenken kann, nichts, was deine Aufgabe durchkreuzt. Du schiebst all die verführerischen Gedankenwolken in deinem Kopf zur Seite, fokussierst, was wichtig ist, was dich deinem Ziel näherbringt.

» Du atmest weiter, bis du innerlich ruhig wirst.

» Nun richtest du die Aufmerksamkeit auf das, was vor dir liegt: die Aufgabe. Du sagst dir: Die Energie folgt der Aufmerksamkeit.

» Du wirst Kraft und Ausdauer einsetzen, um heute besser zu werden, als du es gestern warst.

» Du wirst nichts aufschieben, keine Ausrede erfinden.

» Du bleibst dran. Atme dreimal in dieses Versprechen hinein.

» Du hältst durch. Du bleibst dran. Du hast diese Kraft des Tigers in dir.

Zhi – 智慧 Weisheit

Mit den Tugenden des Drachen
知識 Wissen
原因 Vernunft

Der Drache ist in China ein Glückssymbol, und in der Kampfsportkunst steht er für geistige Stärke. Wachsamkeit und Selbstvertrauen umwehen dieses geheimnisvolle Tier, das auch der Kaiser höchstpersönlich als ein Zeichen seiner Stellung im Land wählte.

Wissen und Vernunft

Ein Drache verfügt über geistige Stärke, Selbstvertrauen. Er ist fähig, zwischen Wasser und Wolken, zwischen Erde und Luft zu schweben. Das mag der Grund sein, warum der Drache als unbesiegbar gilt und seine Kampfbereitschaft weltweit gefürchtet ist. Er nutzt sein Wissen, das eine unendliche Dimension annimmt. Er pocht auf Vernunft, auf Logik, auf die Energie des gesamten Universums. Wer will sich mit solch einer nicht fassbaren Größe messen? Wer sich einem Drachen nähert, behutsam und mit einem Maß an Spiritualität, der wird, so die Überzeugung chinesischer Kampfkünstler, die Befreiung des Geistes erfahren. Der Sage nach wählten die Kaiser Chinas den Drachen als Glückszeichen, weil der Drache in sich Harmoniestreben und Klugheit vereint.

Wenn jedoch Gefahr im Verzug ist, dann greift er an, aus der Luft, dem Wasser, auf der Erde, durchs Feuer. Und diese allumfassende Energie macht den Drachen unbesiegbar.

→ Der Kampfstil des Drachen: geheimnisvoll, verwandlungs-
fähig, spirituell und getragen von der Weisheit des Universums)

Weisheit ist der angestrebte Wert im Buddhismus, Konfuzia-
nismus und Daoismus und nimmt in den Schätzen des WUDE
daher eine herausragende Bedeutung ein. So jedenfalls finden
wir die Hinweise in den Schriften des Laotse, der den Kodex erstmals zusammentrug, und zwar in Werken aus über
5000 altchinesischen Schriftzeichen. Das geschah im Jahre
600 vor Christi Geburt.

Der Überlieferung nach lebte Laotse als Schreiber am Hofe
des Königs Zhou, es war die Zeit, als China aus zahlreichen
Kleinstaaten bestand, das Reich war noch nicht als Land der
aufgehenden Sonne vereint. Vielmehr stritten die Regionen
um Macht und Anerkennung. Laotse, so die Geschichte,
wurde müde an den ständig neuen Gesetzen, Erlassen und
Richtlinien, die er übersetzen und dokumentieren sollte, und
auch die Arbeit in den Archiven ließ ihn an Verstand und
Vernunft der Menschen zweifeln. Heute würden wir sagen:
Der Philosoph brannte aus. Er sah keinen Sinn mehr in seiner
Arbeit und fragte sich, was für ein Leben das für die Menschen sei, das nur Krieg und Totschlag kannte.

Derart erschöpft von seiner Trübsal, bat er den König um
Entlassung. Er wollte sich zurückziehen in sich selbst, dachte,
wenn der Friede im Äußeren nicht zu finden sei, so werde er
vielleicht zu einer inneren Ruhe finden. Und weil das Schreiben nicht nur sein Beruf, sondern auch seine Leidenschaft
war, begann er in der Bergidylle sein Werk: Er zeichnete mit
Pinsel und Tusche auf, was er gelernt hatte in den Jahren des

Hofschreibers, was er reflektiert und meditiert hatte, was sein Schatz der Erkenntnis war. Dabei stützte er sich auf die Werte und Tugenden des WUDE, die schon große Denker vor ihm als Richtschnur im Leben empfahlen.

Laotse ersann Sätze, die bis heute funkeln, er brachte auf den Punkt, was Frieden den Menschen bedeutete. So entstand sein *Tao te King*, das besonderen Anklang bei Kriegern, Adeligen und Kaufleuten fand. Es war seine Anleitung für Glück im Leben, und aus seinen formulierten Riten und Weisheiten sollte sich später der Daoismus ableiten. Im Kern seines Werks ging es darum, Überheblichkeit zu überwinden, Temperamente zu zügeln, Ehrgeiz zu zähmen.

Die Lehre des Laotse erzählt von Zurückhaltung und Bescheidenheit, von der Bereitschaft zu kämpfen, wenn ein Kampf der Charakterbildung dient. Viele Schüler schlossen sich Laotse an, sahen in ihm einen Weisen. Selbst Konfuzius verneigte sich vor diesem Meister. Laotse übrigens soll sich in hohem Alter erst von all seinen Pflichten zurückgezogen haben. Da verschwand er in der Weite Chinas, nicht mehr auffindbar für seine Anhänger. Der Überlieferung nach ist er 160 Jahre alt geworden. Seine Werke aber überdauern die Zeit, und seine Reflexionen zur Weisheit, die immer mit Wissen und Vernunft einhergeht, sind moderner denn je.

Weisheit

Aber wie gelangen wir zu dieser Weisheit? Wie finden wir Lösungen, die sich für uns richtig anfühlen und auch unsere Umwelt bereichern? Ich denke, wir suchen oft am falschen Ort. Wenn es Probleme im Beruf gibt, dann fragen wir Berater, und diese Berater bieten Standardmodelle, breiten probate Managementstrategien vor uns aus. Nur: Diese Strategien mögen alltagstauglich sein, indem sie ein wenig an der Oberfläche kratzen. Wirkliche Lösungen, die Ihnen Glück und Sieg versprechen, die können solche Strategien nicht bieten. Weil niemand Ihren Erfahrungsschatz kennt, niemand die Welt aus Ihrem Blickwinkel betrachten kann. Sie wissen, worauf ich hinauswill?

Vor langer Zeit überlegten die Götter, wo sie die Weisheit des Universums verstecken könnten. Die Menschen nämlich sollten diese kostbare Gabe erst entdecken, wenn sie reif genug wären, den Wert zu erfassen. Die Götter diskutierten lange, ließen ihrer Fantasie freien Lauf. Einer schlug vor, die Weisheit des Universums auf den höchsten Berg der Erde zu legen. Aber schnell kamen die Götter zu dem Ergebnis, dass viele Menschen bald schon körperlich und taktisch in der Lage wären, alle hohen Berge der Erde zu erklimmen. Da schlug einer der Götter vor, die Weisheit des Universums in dem tiefsten Meer zu versenken. Aber auch hier sahen die Götter nach langer Überlegung die Gefahr, die Menschen könnten sie zu früh und zu leicht bergen.
Daraufhin erhob der weiseste der Götter seine Stimme. Er sprach:»Lasst uns die Weisheit des Universums im Menschen selbst verstecken. Er wird erst danach suchen, wenn er selbst reif ist, denn er muss den Weg in sein Inneres wagen.«
Die anderen Götter stimmten begeistert zu, und seither steckt in jedem Menschen selbst die Weisheit des Universums.

Ein Kampfkünstler, der Weisheit in sich trägt, weil er Tausende Kämpfe gefochten hat, Niederlagen und Siege zu einem Anker in sich zusammengefügt hat, der wird an jeder Weggabelung innehalten. Bevor er entscheidet, sendet er die Aufmerksamkeit in seine Mitte. Durch Atmen und Leeren des Geistes. Er wartet geduldig auf die Eingebung, die dann zu seiner Entscheidung wird. Er geht diesen Weg, ohne sich umzusehen und zu hadern.

→ Die Weisheit des Drachen ermöglicht, intuitives und logisches Denken miteinander zu verbinden, aus beiden Quellen zu schöpfen. Greifen Sie auf diese Schätze in sich zu, sie werden wie ein Erfolgsgeheimnis sein.

Übung

Die innere Stimme wahrnehmen

- Trainiere deine innere Stimme. Hör genau hin. Sie erklingt, sobald du danach fragst. Sie antwortet, sobald du in deine Mitte eintauchst.
- Atme in den Bauch, sammle deine Intuition.
- Atme in dein Herz, lass diese hellen Gefühle leuchten.
- Atme in deinen Kopf, nimm die Gedanken wahr.
- Verbinde diesen Dreiklang zu einer Melodie in dir.
- Halt diese Energie, atme dort hinein.

- Sei dir bewusst: Jede Chance, jede Antwort auf deine Frage ist bereits in dir.
- Atme weiter. Lächle, lass los von Zweifeln.

Xin - 诚意 Aufrichtigkeit

Mit den Tugenden des Leoparden
信誉度 Glaubwürdigkeit
耐心 Geduld
忠誠 Loyalität und Freundschaft

Das Symbol für Xin, die Aufrichtigkeit, ist der Leopard. Die kleine, kräftige Wildkatze bewegt sich anmutig und leicht, kennt keine Furcht. Das macht den Leoparden zu einem aufrichtigen Charakter, der es nicht nötig hat, aus dem Hinterhalt anzugreifen oder andere in eine Falle zu locken. Vielmehr vertraut der Leopard auf seine Fähigkeiten, die aus einer wohlkalkulierten Deckung und einem geschickten Ausweichmanöver bestehen. Seine Kampftechnik ist geradlinig, weich und schnell.

Geduld und Ehrlichkeit

Die Geschichte der Kampfkünste entstand, als die Mönche begannen, ihren Körper und ihren Geist zu trainieren, als sie die Erleuchtung Buddhas mit der Dynamik des Kampfsports vereinten. Ihr Kampf beruht auf Entschlusskraft, Riten und Regeln. Ihr Geist ist erfüllt von Klarheit und Wissen. Es geht keinem Kampfkünstler um Angriff, stets dient die Kunst der

Verteidigung – und hier bietet der Leopard ein vorbildliches
Verhalten. Ohne Aggression und Absicht beobachtet er geduldig, bevor er zuschlägt. Wenn er sich jedoch dazu entscheidet, wird der Leopard mutig und zäh sein, er wird verteidigen, was ihm wichtig ist.

→ Die Kampfkunst des Leoparden: geduldig, aufrichtig; nie
bösartig oder aggressiv. Wenn es jedoch darum geht, seine
Werte zu verteidigen, geht er weit, sehr weit, dann nimmt er
sogar den Tod des Gegners hin.

Aufrichtigkeit will ich mit Ehrlichkeit gleichsetzen. Denn
Ehrlichkeit ist jener Wert, der Ihnen garantiert, dass Sie
sich jederzeit mit einem Lächeln im Spiegel begegnen können. Ehrlich sich selbst und anderen gegenüber zu sein, das
schenkt Ihnen Milde. Sie dürfen akzeptieren, dass Sie Schwächen haben! Niemand ist perfekt. Stellen Sie sich bitte einmal vor, wie viel Zeit Sie in diesem schönen Leben verlören,
würden Sie dem Druck Ihres Egos nachgeben, ständig zu
glänzen. Wie anstrengend wäre das, und wie schnell würden
Sie ermüden! Sie würden einem fremden Bild hinterherjagen,
das Ihrer inneren Haltung nicht entspricht. Sie versuchten
sanftmütig zu sein, auch wenn Ihnen nach Schimpfen zumute
wäre. Sie versuchten, freundlich zu sein, auch wenn Sie am
liebsten die Bettdecke über den Kopf zögen, um nichts zu hören und nichts zu sehen. Sie würden Ihre Stimmungen unterdrücken und nur als Glanzabzug Ihrer selbst durch die Welt
marschieren. Das aber wäre eine Maskerade. Das würde kein
Kampfkünstler zulassen, ihm ist Authentizität wichtig.

Wenn Menschen sich verbiegen, dann bleiben auf Dauer hässliche Dellen in der Persönlichkeit zurück. Im schlimmsten Falle nimmt das Verhalten narzisstische Züge an, die besagen: Ich bin gut, ich bin besser, ich bin fehlerfrei. Solch ein Polieren an Äußerlichkeiten hat neben verschleuderter Kraft einen weiteren ganz erheblichen Nachteil: Sie verlassen Ihre Mitte, Sie hören nicht mehr auf Ihr Herz. Am Ende versteinert ihre Selbstliebe und auch die Gabe, andere Menschen zu lieben.

Aufrichtigkeit fängt an einem schmerzhaften Punkt an, nämlich mit der klaren Sicht auf die eigene Unvollkommenheit. Sie sind trotz Schwächen und Fehler schön, liebens- und begehrenswert. Sie dürfen Ihre Wunden, Schmerzen, Ihre Niederlagen zeigen. Sie müssen nicht über den Dingen schweben wie ein Gott. Sie sind ein Mensch mit Makeln, und das ist gut so. Diese Ehrlichkeit sich selbst gegenüber gehört für mich zur Bodenständigkeit und auch zu der Einsicht, dass sich nicht alles perfekt im Leben fügen kann. Manchmal geht es genau darum, an Widerständen zu scheitern, um die eigenen Grenzen zu spüren. Ein chinesisches Sprichwort sagt: »Über Wolken führen keine Pfade, wir müssen schon den Weg auf der Erde nehmen.«

Glaubwürdigkeit

In China und im gesamten asiatischen Raum gibt es eine erste Spielregel für Kommunikation, und die lautet: Achte darauf, dass dein Gegenüber sein Gesicht nicht verliert. Niemals wird ein Asiate die eigene oder die fremde Schutzhülle verletzen.

Dass Asiaten ihr wahres Gesicht einem Fremden nicht zeigen, hat nichts mit fehlender Aufrichtigkeit oder einem Mangel an Glaubwürdigkeit zu tun. Sondern es drückt den Respekt vor der Eigenart des anderen aus. Und doch prüfen sie während einer Verhandlung, ob ein Deal möglich wäre. Sie interpretieren die Werte und Tugenden des anderen, erkennen Hinweise zwischen den Worten. Man prüft gegenseitig den Wertehimmel. Und sollte dieser nicht zusammenpassen, dann findet man zu einem freundlichen, aber dauerhaften Abschied. Wenn hingegen Aufrichtigkeit und Glaubwürdigkeit erkannt werden, dann ist das der Beginn eines sich aufbauenden Vertrauens. Auf dieser Grundlage funktionieren die Unternehmenskulturen in Asien und auch der private Umgang unter Kollegen und Freunden. Bereits für die Samurai-Krieger war Vertrauen ein edler Wert, und der verbot es, Vereinbarungen in Verträgen festzuhalten. Sie sagten: »Das gesprochene Wort ist gleichzusetzen mit der Tat.«

In Deutschland, so merke ich, ist das gesprochene Wort ein flüchtiges. Das führt zu einer wahren Vertragswut. Schon ein Mietvertrag für eine Zweizimmerwohnung kann zwanzig Seiten umfassen, und dem Abschluss einer Versicherung geht umfassendes Kleingedrucktes voraus, sodass nur ein Fachanwalt all diese Formulierungen in der Tragweite erfassen könnte. Bei diesen Gepflogenheiten wundert es, dass die Wertekommission in ihrer Management-Umfrage von 2015 den Wert des Vertrauens als Leitwert in deutschen Unternehmen ermittelte. »Die Forderung nach verantwortungsvoller Führung ist keine Modeerscheinung, sondern zwingende Voraussetzung für nachhaltigen Erfolg«, sagt der Vorsitzende der Wertekommission.[4]

→ Nun höre ich die Kritiker sagen, Vertrauen sei gut, Kontrolle sei besser, denn Vertrauen könne auch missbraucht werden. Ja, das ist richtig. Dennoch kann sich ein Vertrauensvorschuss auf die Ethik in den Unternehmen positiv auswirken, und auch im Privaten funktioniert der spirituelle Satz, dass die Energie stets der Aufmerksamkeit folgt. Senden Sie Vertrauen voraus, wird die Energie diese Absicht materialisieren. Das hat sich seit Tausenden von Jahren bewahrheitet und das wird sich auch in digitalen Zeiten nicht ändern. Deshalb empfehle ich in meinen Managementberatungen zur Unternehmenskultur: Geben Sie so viel Vertrauen wie möglich und etablieren Sie nur so viel Kontrolle wie nötig.

Übung

Aufrichtig und verlässlich bleiben

- Bevor du eine Zusage machst, nimm dir Bedenkzeit.
- Überleg, ob du alle Konsequenzen dieser Zusage tragen und erfüllen möchtest. Und dann triffst du deine Entscheidung ohne ein verzögertes Wenn und Aber.
- Vertrau, auch wenn du mit diesem Wert negative Erfahrungen gemacht hast. Es ist unwahrscheinlich, dass sich Gleiches wiederholt. Bleib achtsam, aber verzichte niemals darauf, einem Menschen einen Vertrauensvorschuss zu geben. Trainiere dieses positive Gefühl des Gebens.
- Vermeide Verstrickungen und Vertuschungen. Steh zu deinen Fehlern. Wenn du eine Zeitschiene nicht einhalten kannst, such keinen anderen Schuldigen. Bitte um Hilfe bei der Lösungsfindung. Bleib ehrlich.

Kapitel 5

Wandel annehmen, gelassen bleiben

Es gibt nur wenige Fakten, die unabänderlich sind, zumindest solange wir leben. Sie dürfen sich zum Beispiel darauf verlassen, dass die Erde sich in einem immer gleichen Rhythmus um die Sonne dreht. Niemals lässt die Anziehungskraft nach. Hier gibt es keinen Wandel, keine Veränderung. Alles andere wäre auch fatal – unser Planet fiele in die Unendlichkeit, würde Temperatur und Konsistenz verlieren.

Und doch gehen auch diesem scheinbar fixen Faktum viele Jahre des Wandels voraus. Als die Erde nämlich aus Staub und Gas, aus Sternentrümmern entstand, gab es keine Kruste und keinen Kern, keine Kontinente und Ozeane. Erst mit dem Wandel bot sie einen Lebensraum, konnten sich Sauerstoff und Wasser bilden. Einzeller entstanden vor rund vier Milliarden Jahren, und im Folgenden kamen Fische, Amphibien, Reptilien hinzu. Die gingen irgendwann an Land und mutierten zu Dinosauriern. Als diese vermutlich durch eine Naturkatastrophe ausstarben, ging der Wandel weiter. Säugetiere entwickelten sich bis zum Primaten, zum Hominiden. Sie richteten sich auf, jagten, sammelten, begannen zu wandern, weiter zu denken, klüger zu werden, wurden über mehr als zwei Millionen Jahre zu den Menschen mit heutiger Intelligenz.

Welch ein Wandel! Und auch wenn sich die Erde in immer gleicher Folge um die Sonne dreht, wenn Tag und Nacht, Sommer und Winter sich abwechseln, so bleibt jedes Entstehen und Vergehen von Veränderung geprägt. Das gilt im großen Ganzen und auch für all die kleinen Begebenheiten in Ihrem Alltag: Nichts ist so sicher wie der Wandel.

Bleiben Sie also gelassen, wenn Sie gerade scheitern, wenn ein Sieg weit wie ein Stern entfernt zu liegen scheint. Es kann sich morgen schon verändern. Niemand bleibt als Verlierer zurück, der natürliche Wandel sorgt für das Pendeln zwischen den Polaritäten. Wahrscheinlich kommt Ihnen dieses Auf und Ab im Alltag anstrengend vor. Ich verstehe das! Besonders wenn alles gerade perfekt zu laufen scheint, würde man am liebsten die Augen schließen, tief durchatmen und die Gegenwart einschweißen. Erfolg ist nun einmal sexy, und niemand würde freiwillig dieses schöne Gefühl von Stolz und Freude hergeben, um kurz danach zu scheitern. Und doch wird das geschehen. Und je mehr Sie diesen Schmerz des Scheiterns vorwegnehmen, auch nach einem Sieg, desto weniger wird die Zukunft Sie verletzen. Es lebt sich einfacher, wenn Sie den Wandel vorhersehen und als Gegebenheit betrachten.

Als Kampfsportler habe ich gelernt, genau diese Einstellung zu meiner Maxime zu machen. Ich nehme jede Situation an. Ich bleibe gelassen und erwartungsfrei. Wenn ich in den Ring steige, dann weiß ich nicht um die Stimmung des Gegners, ich kenne nicht die Hindernisse, die im Außen geschehen. Ich kann nur meine eigene Mitte stählen, meine Aufmerksamkeit auf den Moment richten, meine Energie dort hineingeben, wo ich den Sieg vermute. Den Gegner aber kann ich nicht beeinflussen. Er kann zu Höchstleistungen aufdrehen, er kann seine Taktik verändern, ich habe das nicht in der Hand. Ich kalkuliere deshalb immer auch eine Niederlage ein und sage mir, dass ich auch daran wachsen werde. Denn mein Meister hat mich gelehrt, dass sich mit jedem Atemzug die Welt verändert. Nichts bleibt, wie es ist.

»Wenn der Wind der Veränderung weht«, so sagt ein chinesisches Sprichwort, »bauen die einen Schutzmauern und die anderen Windmühlen.«

Sich nach jedem Scheitern zum Sieg zurückdenken

Wenn die Wissenschaft heute weiß, dass selbst Ihre Gene sich verändern durch Ihr Denken, Fühlen und Erfahren, dann ist das eine großartige Erkenntnis. Stellen Sie sich bitte einmal vor, Sie können kraft Ihrer Aufmerksamkeit, kraft Ihrer Energie Ihren Lebensweg beeinflussen und selbst Ihr Schicksal steuern. Stellen Sie sich bitte weiter vor, dass Sie es sind, der dem Leben zu jeder Zeit einen Schub in jene Richtung geben kann, die Sie sich von Herzen wünschen. Der Forscher und Autor Joachim Bauer zeigt in seinem lesenswerten Buch *Das Gedächtnis des Körpers*: »Die Fähigkeit des Körpers, die Aktivität seiner Gene an die momentane Situation bzw. an die jeweiligen Umweltbedingungen anzupassen, wird als Genregulation bezeichnet.«[5] Wie schade wäre es, würden Sie diese Einflussnahme nicht nutzen! Wie das funktioniert? Sie vermeiden Stress und Angst. Sie fürchten sich nicht vor einem

Schmerz. Sie stellen sich vor, dass Sie niemals mehr leiden, was immer geschieht. Regulieren Sie Ihre Gene durch solche Vorstellungsbilder. Bleiben Sie neugierig – und dankbar für jede Entwicklung. Fließen Sie wie Wasser, auch über Niederlagen hinweg.

Im Kampfsport wäre es dramatisch, Situationen nicht anzunehmen. Der Gegner würde das sofort als Schwäche erkennen. Deshalb hat der Sportler bereits vor dem Kampf seine feinsten Antennen hochgestellt. Er geht davon aus, dass er Angriffe auf verschiedenen Ebenen parieren wird. Mal wird er sie wie ein Fels abwehren, mal wird er wie eine Schlange ausweichen, mal wird er mit dem Mut des Tigers angreifen. Er passt sich der Situation an, indem er ein reiches Repertoire bedient, und weiß: Am Ende wird er nicht mehr derselbe sein, der er vor diesem Duell war. Enttäuschung, Niederlage, Geschicklichkeit oder Sieg werden seine Landkarte der Erfahrungen beeinflussen, werden seinem Gehirn weitere Lösungsmöglichkeiten hinzufügen. Er wird dazu beigetragen haben, dass seine Gene sich in vornehmster Form ein wenig anders sortieren, weil er seine charakterlichen Merkmale gestärkt oder sie verändert hat. Denn auch in der Niederlage sieht sich ein Kampfkünstler niemals als Opfer! Er bleibt stark! Er nimmt den Schmerz an – und gibt seine Zuversicht auf einen nächsten Sieg nicht auf.

Ich will Ihnen hierzu eine Geschichte erzählen. Vor einigen Jahren bereitete ich Conny auf die Weltmeisterschaft im Kickboxen vor. Sie war eine temperamentvolle junge Frau, und es schien, als hätte diese Sportwelt auf solch ein Ausnahmetalent gewartet. Nun ist es mit dem Talent so eine Sache: Wer ständig hört, er sei begabt, der kann zu früh abheben, sich schon dort wähnen, wo er längst noch nicht steht. Ich nahm mir vor, Conny im Training ihre Grenzen aufzuzeigen, ihr durch Herausforderung klar zu machen, dass sie diese mit Fleiß, Disziplin und auch mit Schmerz verschieben müsse.

Das Training war hart, und Conny merkte, dass sie an den Rand ihrer Kraft gelangte. Sie beschwerte sich, wollte ihr bisheriges Programm abspulen. Aber ich blieb bei meinem Plan, ihre Grenzen herunterzureißen, sie auf das nächste Level zu bringen. Das erklärte ich ihr, aber sie warf wütend die Boxhandschuhe durch den Trainingsraum in die Ecke. »Es reicht!«, brüllte sie wütend. Ich antwortete ruhig: »Okay. Das Training ist zu Ende. Du kannst gehen. Wut hat hier keinen Raum.« Sie sah mich irritiert an, fragte, was das bedeuten solle, und ich wiederholte, dass sie gehen könne, die Stunde sei beendet und ich würde überlegen, ob ich sie überhaupt weiter begleiten wollte. »Du hast dich nicht unter Kontrolle. Das nehme ich nicht hin.«

Conny stutzte, zog schweigsam die Boxhandschuhe wieder an und reagierte sich am Sandsack ab. Dann entschuldigte sie sich, fragte, ob wir weitermachen könnten, sie sei bereit, alles zu geben für diese bevorstehende Weltmeisterschaft. Ich nickte und nahm das Training wieder auf. Es waren nur noch wenige Wochen bis zur Weltmeisterschaft 2004 in Basel, und jeder aus der Szene setzte auf Conny, sie war die Favoritin für den Titel. Sie gewann ihn nicht.

Eine Welt stürzte für Conny ein, und mit Distanz betrachtet, wurde sie von den Schiedsrichtern nicht gerecht behandelt. Aber was nutzte es? Das Ziel war verfehlt, der Schmerz groß. Wer nun einen Wutanfall und Tränen erwartet hatte, der wurde enttäuscht. Conny hatte ihre Lektion gelernt. Sie blieb beherrscht. Trainierte weiter – und das Gesetz der Veränderung bestätigte sich: Nach einer Niederlage folgt ein

Sieg. 2005 wurde sie in Kanada Vizeweltmeisterin. 2006 holte sie sich in Spanien ihre Trophäe: doppelte Weltmeisterin im Kickboxen.

Ich wusste, dass dieser Titel ein Sieg über ihre Emotionen war. Wenn ich an ihren Ausnahmekampf in Spanien zurückdenke, dann kommt mir in den Sinn, dass jeder Sieg seine Zeit hat. Es muss sich erst zusammenfügen, was Leistung und Gelassenheit ausmacht. Als Conny ihre Wut bezwungen hatte, hatte sie den ersten Schritt in die richtige Richtung gesetzt, und ihr Kampf in Spanien war wie eine Belohnung für all die vergangenen Schmerzen. Dieser eine Sieg war die Summe all ihrer Entbehrungen und Erfahrungen: Jeder Schlag war wohlkalkuliert, ein Treffer. Keine Bewegung zu viel. Die Schwachstelle des Gegners erkannt und genutzt. Sie war eine Schlange, wirkte mit Präzision. Und als ich ihr gratulierte, da grinste sie und wiederholte unser Motto, das uns durch die Jahre des Trainings getragen hatte: »Schmerz ist vergänglich, Erfolg bleibt immer.«

Warum ich Ihnen diese Geschichte erzähle? Jeder Mensch erkämpft sich seine eigene Weltmeisterschaft im Leben. Nichts wird uns geschenkt. Keine Leistung entsteht durch einen Zauberspruch, und kein charakterliches Wachsen wäre ohne Niederlagen möglich. Im Umkehrschluss heißt das: Aufgeben, die Boxhandschuhe in die Ecke knallen, das ist die schlechteste Alternative, um dieses Leben bis zur Meisterschaft zu bringen. Es wäre wie die Abkehr von der Selbstwirksamkeit.

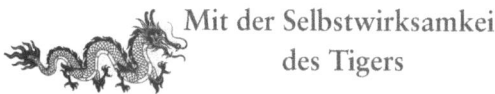# Mit der Selbstwirksamkeit
des Tigers

Wer selbstwirksam ist, der fühlt sich niemals als Opfer. Er sieht sich verantwortlich für das, was er tut, und für das, was er lässt. Sein Mut und seine Kraft verbieten es, die Eigenverantwortung abzugeben. Nie würde er einen Fehler der Umwelt, der Kultur, dem Gegner anlasten. Vielmehr würde er mit allen Kräften diesen Fehler selbst korrigieren.

Nach der Philosophie des Tigers tragen die folgenden sechs Kräfte zur Selbstwirksamkeit bei:

1. **Glaubenskraft – Glaube ist das erste Puzzleteilchen zur Selbstwirksamkeit.** Durch den Glauben an sich selbst setzen Sie Dopamin im Gehirn frei. Sie empfinden Glück, dass Sie Ihre Talente besitzen. Sie haben Freude daran, an jedem Tag diese Kompetenz in Ihnen zu stärken.

2. **Entscheidungskraft – entscheiden Sie sich immer gegen eine Opferhaltung.** Wer sich zum Handeln entschließt, vermeidet Hilflosigkeit. Sie können jede Situation bewältigen, wenn Sie das wirklich wollen. Rufen Sie sich Ihre Erfolge in Erinnerung. Sehen Sie die Strategien vor sich, durch deren Einsatz Sie gesiegt haben. Vertrauen Sie Ihrer Kompetenz. Sich für eine Handlungsoption zu entscheiden ist bereits die halbe Strecke zum Ziel.

3. **Sinnkraft – Sinnhaftigkeit im eigenen Handeln zu erkennen, das ist wie Balsam für Ihr Wirken.** Um einen Sieg zu genießen, sollte er sich gut anfühlen! Machen Sie sich klar, was Sie mit Ihrem Handeln erreichen

werden. Wie wird es Ihr Leben beeinflussen? Wie verbessern Sie das Leben der Menschen, für die Sie verantwortlich sind? Stellen Sie sich die Konsequenz Ihres Handelns in allen Facetten vor – und erkennen Sie Sinn darin.

4. **Mentalkraft – ein Mantra für die Seele.** Haben Sie sich Gedanken darüber gemacht, welche positiven Glaubenssätze, welche Bilder in Ihrem Herzen Sie nahezu beflügeln? Die Gehirnforschung lehrt uns, dass bereits die Vorstellung eines Ereignisses die Synapsen stärkt und neue neuronale Verbindungen wachsen lässt. Nutzen Sie diese Plastizität des Gehirns. Stellen Sie sich als Sieger vor, den keine Veränderung auf seinem Weg aufhalten kann. Mit positiven Affirmationen entstehen Gefühle der Freude und Zufriedenheit. Sie sind der Herrscher über Ihre Gedanken, nutzen Sie diese Macht.

5. **Unterstützerkraft – suchen Sie sich wohlwollende Unterstützer.** Lernen Sie von Vorbildern, die den von Ihnen angestrebten Weg bereits erfolgreich gegangen sind. Lassen Sie sich von Menschen begleiten, die Ihnen Gutes wünschen. Vermeiden Sie bitte den Kontakt zu Pessimisten und Neinsagern. Von ihnen geht eine negative und hinderliche Energie aus. Solche Menschen betrachten jede Veränderung als Jammertal. Ein Tiger hingegen springt darüber hinweg und weiß: Nichts hält ihn auf.

6. **Erfahrungskraft – sammeln Sie Erfahrungen, und lernen Sie daraus.** Erfahrungen sind Ihr ganz persönlicher Schatz, einzigartig wie Sie selbst. Niemand sonst auf der Welt verfügt über genau die gleichen Erlebnisse, Einsichten, Schmerzen und Freuden. Nur Sie können

zu jeder Zeit, an jedem Ort, bei jeder Veränderung darauf zurückgreifen. Das beeinflusst Ihre Selbstwirksamkeit erheblich. Sie dürfen sich sagen: Ich gebe nicht auf, denn die Lösung für ein Problem, die liegt in mir.

Kein Raum für Angst

Der größte Feind eines Siegers ist nicht der Gegner, sondern die Angst. Die nämlich hat die verflixte Angewohnheit, sich just in dem Moment auszubreiten, in dem es auf einen kühlen Kopf und Reaktionsschnelle ankommt. Dann brüllt die Angst: Stopp! Erst einmal totstellen. Augenblicklicher Kräfte- und Energieschwund ist das Ergebnis.

Sobald eine ungewohnte Situation entsteht, rollt sich diese Angst in Ihnen aus und deckt die Leichtigkeit zu. Und damit dreht sich eine gefährliche Spirale in Ihnen hoch. Dann wird der Atem flach, das Herz flattert, die Muskeln verspannen, die Organe werden unterversorgt. Der Stress steigt auf ein ungesundes Niveau. Deshalb rate ich meinen Schülern: Nehmt die Angst hin. Sie ist da. Begrüßt sie kurz, lächelt ihr zu, aber schenkt ihr keine weitere Bedeutung.

→ Angst ist nicht mehr als ein Gefühl, das sich vor eine ungewohnte Situation schiebt. Sie ist ein Zeichen dafür, dass Sie sich jenseits der Routine bewegen. Das ist sehr gut, denn das hält Sie flexibel und jung. Neue Handlungsmuster entstehen, und kräftige Synapsen sind die Folge! Freuen Sie sich auf Ihre Angst, auf Veränderung, auf jede Überraschung am Tag.

Wenn Sie morgens aufwachen, dann tun Sie das in der Gewissheit, dass der gestrige Tag nicht zu wiederholen ist, dass Ihr heutiger Atem ein anderer sein wird, mit frischer Energie. Sie können sich dagegen nicht wehren. Es ist der Lauf der Zeit. Sie können nichts betreiben, nichts verzweifelt herbeischreien. Sie müssen annehmen, was ist. Die Mönche in Shaolin haben es sich zu eigen gemacht, in ungewohnt anmutenden Situationen die Perspektive zu wechseln. Sie gehen mental auf Abstand, indem sie eine neutrale Haltung einnehmen und sich auf den Atem konzentrieren. Sie entfernen sich im Geiste und betrachten die Situation aus einer weiten Distanz. Und plötzlich lichtet sich, was unlösbar erschien, weil sich das gesamte Panorama in der Vorstellungskraft entfaltet.

→ Nehmen Sie in schwierigen Situationen die Rolle eines Meisters ein: Ein Meister will, dass sein Schüler die Tugenden des WUDE anwendet, dass er den gesamten Spielraum seiner charakterlichen und technischen Fähigkeiten nutzt. Er wird ihn mit Klugheit und Weitsicht auf aktuelle Fehler hinweisen und ihm auch die Konsequenzen seines Verhaltens vor Augen führen.

Erinnern Sie sich an die Geschichte, die ich Ihnen am Anfang dieses Kapitels erzählt habe. Conny warf aus Wut ihre Boxhandschuhe durch die Halle – und ich habe sie an die Tugenden des Tigers erinnert, der im WUDE für Respekt, Mut, Durchhaltewillen und Disziplin steht. Sie folgte mir. War es auch bis zum Weltmeistertitel noch ein weiter Weg, so hatte sie doch gelernt, dass vor dem Erfolg der Schmerz und die Frage »Was ist heute meine Aufgabe?« stehen. Es ist gut und richtig, sich diese Frage zu stellen, anders wird kein Sieg möglich sein. Aber bitte gehen Sie mit Bedacht vor. Arbeiten Sie Ihre Ziele Schritt für Schritt ab. Überfordern Sie sich nicht. Auch Sieger haben Grenzen, und auch für sie gilt am Ende nur ein einziger Satz: »Mit leerer Hand kommst du, mit leerer Hand gehst du, und zwischen Nichts und Nichts bist du verrückt genug zu glauben, etwas zu besitzen.« Deshalb wägen Sie ab, welche Ziele Sie von Herzen gern verfolgen wollen, für welchen Kampf es sich lohnt zu streiten.

Übung

Am Ende bleibt nichts

Weißt du, wie viele Leben es seit Menschengedenken auf unserem Planeten Erde gab? Wissenschaftler benennen diese Zahl mit 104 Milliarden, ungefähr so viele, wie man Sterne im Universum vermutet. Und du dazwischen, welch ein Geschenk. Du darfst nach der Statistik 84 Sommer genießen, 84-mal den Wandel der Natur durch die Jahreszeiten bewundern. So lange nämlich dauert ein durchschnittliches Leben. Mit einem Wimpernschlag an Zeit wird dein Leben zu Ende sein, wird nichts bleiben von all den Veränderungen, Kämpfen, Widerständen, die du leistest. Egal, wie viel Reichtum du mit dir schleppst, du kannst damit dieses eine irdische Leben nicht verlängern!
Mach dir das bitte bewusst:
» Wo stehst du auf dieser Strecke mit 84 Jahrespfosten?
» Dreh dich um! Sieh zurück.

Hinter dir liegen gute und weniger gute Abschnitte, geprägt von einem stetigen Wandel. Du hast dich entwickelt mit diesen Abschnitten, hast Leid überwunden, Glück gespürt. Zum Leben gehört genau diese Polarität aus Plus und Minus, aus Yin und Yang. Ohne Schatten kein Licht. Ohne Wandel kein Fortschreiten.

» Du hast all das gemeistert, denn du lebst noch.

» Und nun dreh dich wieder um, sieh nach vorn.

» Von diesem Moment an beginnt deine Zukunft.

» Geh erwartungsfrei dort hinein. Betreibe nichts.

» Mache dir klar, dass auch die Zukunft nicht perfekt sein wird, dass auch hier Einsamkeit, Schmerz, Freude und Glück auf dich warten. Plus und Minus. Yin und Yang.

» Blick dieser Tatsache ins Auge.

» Was heute geschieht, kann morgen schon anders sein, das ist das Gesetz der Polarität. Und genau dieser Schwung macht dein Leben überraschend und bunt.

» Wenn du in einen Sturm gerätst, dann halt das aus! Kämpf dich da durch.

» Gib nicht auf, geh nicht in die Knie.

» Lächle und bewahre Ruhe. Bleib gelassen.

» Bewerte die Situation aus einer distanzierten Perspektive. Steuere sie mit deinem Verstand.

» Finde stets den Zugang zu deiner inneren Weisheit, die dir sagt: Auch für diese veränderte Situation gibt es in dir eine Lösung.

Kapitel 6

Keine Angst vor Schmerz

Stellen Sie sich vor, Sie haben den Abend mit Freunden verbracht. Man hat viel gelacht und auch einige Gläser Wein getrunken, selten war die Stimmung derart leicht und lustig gewesen. Nun, zu fortgeschrittener Stunde, die Uhr zeigt zwei Uhr nachts, verabschieden Sie sich von Ihrem Gastgeber. Der fragt, ob er Ihnen ein Taxi rufen solle. Sie zögern kurz. Dann antworten Sie: »Nein, ich gehe zu Fuß, ein kleiner Spaziergang an der frischen Luft wird mir guttun. Ich nehme den Uferweg am See.« Ihr Gastgeber umarmt Sie, sagt, Sie sollten vorsichtig sein, da stromerten manchmal düstere Gestalten im Dunkeln herum. Sie aber winken lachend ab: »Ich bin stark wie ein Tiger«, und klappen den Mantelkragen hoch, um dann schnellen Schrittes davonzueilen.

Sie fühlen die Müdigkeit in den Knochen, merken ein Wanken im Gang. Sie denken an das warme kuschelige Bett. Und doch zeigt die Warnung Ihres Freundes eine Wirkung. Haben Sie zuvor nie darüber nachgedacht, dass diese idyllische Gegend gefährlich sein könnte, so bleiben Sie jetzt stehen und überlegen: Was könnte am Ufer passieren? Nichts, denken Sie. Weder leben dort wilde Tiere, noch hausen da Räuberbanden, beruhigen Sie sich. Überhaupt: Würden Sie an der beleuchteten Straße entlanggehen, Sie wären zwanzig Minuten länger unterwegs. Also entscheiden Sie sich für die Abkürzung – und biegen zum Ufer ab.

Über Ihnen scheint der Mond und wirft ein silbriges Licht auf die Wasserfläche, die Umrisse der Hecken und Bäume entlang des Weges stechen scharf hervor. Ein Panorama wie im Film, denken Sie, und atmen genüsslich in die Stille. Und plötzlich hören Sie ein Rascheln und dann ein leises Plätschern im Wasser. Sie bleiben stehen, sehen sich um. Sie ziehen die Schultern hoch, den Kopf ein, verkrampfen. Plötzlich gibt es keine romantische Anmutung mehr. Die Szenerie wird eine andere: Der Mond verschwindet hinter einer Wolke, Wind kommt auf. Die Baumwipfel beginnen sich zu wiegen, die Hecken rauschen bedrohlich.

Wie in einem Thriller, denken Sie und hören wieder die Stimme Ihres Freundes: »Da stromern düstere Gestalten herum.« Ihnen wird klar, würden Sie jetzt angegriffen, es gäbe keine Hilfe. Sie wären ausgeliefert. Nur fort hier, sagen Sie sich, beschleunigen den Schritt. Kaum mehr spüren Sie den Alkohol, Ihr Geist ist wieder klar, Ihre Gedanken sind messerscharf. Gab es da nicht diesen Ausbruch aus dem Gefängnis in der Nachbarstadt? In Ihrem Bauch entsteht ein dumpfes Gefühl. Sie drehen sich hektisch zu allen Seiten um, während Sie noch schneller gehen, angetrieben von ängstlichen Gedanken. Am Ende laufen Sie, schwitzen Sie, Ihr Herz scheint sich zu überschlagen.

Außer Atem erreichen Sie Ihr Haus, und als Sie den Mantel an den Haken hängen, blicken Sie in den Dielenspiegel. Was Sie sehen, gefällt Ihnen nicht. Ein blasses Gesicht, geweitete Pupillen, kalter Schweißfilm auf der Stirn. Sie fühlen sich, als wären Sie gerade um Ihr Leben gelaufen, dabei zog lediglich ein Gewitter auf.

Es gab keinen Anlass für Ihre Angst, nichts, was Sie hätte beunruhigen müssen. Da war niemand außer Ihnen am See, Sie wurden nicht belästigt, nicht bedroht. Einzig Ihr Kopfkino startete diesen Film und triggerte das, was wir eine fiktive Angst nennen. In diesem Moment haben Sie der Gegenwart eine negative Energie vorausgesendet. Sie sind in Ihrer Fantasie in einem Katastrophendenken gelandet. Und damit haben Sie Ihren sicheren Stand verloren.

→ Fiktive Angst, also unbegründete negative Gefühle, sind wie Gift für Geist und Körper. Wir stellen uns vor, dass ein Unheil eintreten könnte, obwohl es im Moment keinerlei Anzeichen dafür gibt. Damit ersticken wir die Vernunft und sehen nicht mehr, was faktisch ist. Sehen wir noch einmal hin: Das Ufer lag im Mondlicht, alles sah friedlich aus. Es reichte lediglich ein kleiner Windstoß aus als Vorbote für ein Gewitter. Mehr war nicht geschehen. Keine realistische Gefahr, kein Angriff fand statt. Und doch sind Sie gelaufen, als wäre eine versammelte Räuberbande hinter Ihnen her. Was wäre, würde ich überfallen? Niemand könnte mir helfen. Ich wäre verloren an diesem Ufer, so und ähnlich dachten Sie. Der Konjunktiv ist als Treiber der Angst ein gefährliches Gift. Er zieht Sie raus aus der Wirklichkeit und versetzt Sie in einen schädlichen Stress.

Natürlich gibt es Situationen, die real gefährlich sind. Dann kann die Angst überlebensnotwendig sein. Für solche Fälle hat unser Gehirn schnellste Reaktionen parat: Wir denken nicht an den Schmerz, nicht an die Konsequenz, wir retten unser Leben. Adrenalin und Noradrenalin fluten augenblicklich den Körper. Sofort wird eine Kettenreaktion ausgelöst. Der Atem wird flach, das Herz schlägt schnell, Muskeln spannen sich. Es läuft auf Hochtouren, was der Rettung dient, alle anderen Funktionen laufen im Ruhemodus. Wir werden kampfbereit, kennen kein Zögern.

Dieser sinnvolle Alarm auf allen Ebenen entspringt in Angstsituationen der ältesten Region im Kopf, dem Stammhirn. Dort sitzt der Menschen Erinnerung an tief verankerte Lebensgefahren, die den Tod bedeuten können, wenn keine sofortige Reaktion erfolgt. Nur kann das alte Stammhirn in uns nicht die wirklich lebensbedrohlichen von den fiktiven Ängsten unterscheiden. Es reagiert in einem immer gleichen, stets zuverlässigen Ablauf. Sobald Sie das Signal von Angst senden, setzen Sie diese Stresskettenreaktion in Gang. Es genügt bereits die Vorstellung, eine realistische Situation ist nicht erforderlich. Und nun überlegen Sie sich bitte einmal, wie Sie damit auf Dauer Ihren Körper schwächen!

Raus aus der Fiktion!

Wir stellen uns vor, was geschähe, würden wir den Job verlieren, würde die Frau sich von uns trennen, den Kindern etwas zustoßen. Wir begeben uns in eine Fantasiegefahr, für die es aktuell keine Anzeichen gibt. Und doch können diese Ängste derart groß werden, dass sie unseren Alltag beherrschen.

Lassen Sie das nicht zu! Solche Gedanken reißen an Ihren Nerven, hetzen Sie auf Dauer in einen Burn-out. Besser ist es, die Ängste zu relativieren, bevor sie Ihr Gehirn in Alarmbereitschaft setzen. Wie das funktioniert? Indem Sie die Augen schließen, atmen. Drei Takte einatmen, sechs Takte ausatmen.

Nehmen Sie den Angstgedanken kurz an, er ist da, ignorieren Sie ihn nicht. Aber dann lassen Sie ihn bitte weiterziehen, geben Sie ihm weder Raum noch Macht. Bewerten Sie diesen Angstgedanken also nicht, er ist vorhanden, ja, aber in einer neutralen Weise, denn er beeinflusst Ihre Stimmung nicht! Wecken Sie den Drachen in sich. Er wird Ihnen von Erfahrung und Weisheit berichten, er wird Sie auf der sachlichen Ebene halten, denn Wissen ist sein Ding – und nicht die Fiktion.

Diese neutrale Haltung gegenüber einer fiktiven Angst können Sie immer wieder abrufen. Wenn Sie in ein Flugzeug steigen und in Turbulenzen geraten, dann werden Sie Angst spüren. Nehmen Sie das kurz an. Ihr Körper sendet Ihnen dieses Signal. Atmen Sie also in die Angst hinein, nehmen Sie eine neutrale Haltung ein. Sagen Sie sich: »Ich habe Angst, das ist okay. Aber ich lasse mich von dieser Angst jetzt nicht beherrschen. Ich lasse sie weiterziehen und gehe in meine Vernunft. Ich aktiviere den Drachen in mir.« Dieser Drache wird auf der Vernunftebene zu Ihnen sprechen. Er wird Ihnen sagen, dass die Wahrscheinlichkeit eines Absturzes bei 1 : 9 000 000 liegt. Lächeln Sie ihm zu.

Und sollten Sie Angst vor Gewitter haben, nehmen Sie den Stich im Bauch wahr, aber bleiben Sie ruhig, und rufen Sie den Drachen in sich auf den Plan. Er wird Ihnen sagen, dass die Wahrscheinlichkeit, von einem Blitz getroffen zu werden, bei 1 : 6 000 000 liegt. Lächeln Sie ihm zu.

Sie haben Angst vor Hausspinnen? Nun, außer der Vogelspinne im Urwald wird keine, wirklich keine nach Ihrem Leben trachten. Und auch Ihre nächtliche Abkürzung auf dem Uferweg des Sees erscheint in der Rückbetrachtung eher friedlich. Als vor rund 600 Jahren noch Räuberbanden und Wegelagerer in den Gräben lauerten, um Reisende zu überfallen und auszuplündern, da war für solches Unterfangen Angst angesagt. Im Mittelalter, wo die Gesetzlosen vor den Toren der Städte lungerten, da galt tatsächlich als leichtsinnig, wer sich nach Einbruch der Dunkelheit außerhalb der Stadt aufhielt. Selbst Ihr Drache, der die Angst weglächelt, hätte Ihnen nicht zu solch einem Spaziergang geraten.

Aber heute? Es gibt keine Räuberbanden und keine Seuchenfelder mehr vor der Stadt. Und doch gibt es noch immer diese alten neuronalen Bahnen der Angst in uns. Die Gehirne vergessen nichts, sie geben weiter, was unsere Vorfahren erlebten. Wie ein Urgefühl sind diese Gefahren und Ängste in unseren Gehirnen verankert. Was irgendwann der Menschheit zur Rettung diente, bleibt wie eine unauslöschliche Spur in den tiefen Schichten bestehen. Deshalb: Halten Sie maß. Setzen Sie immer die Angst ins Verhältnis zum Moment. Denn das Erbe der Angst hat an vielen Stellen seine Bedeutung verloren. Laotse sagte:

Wenn du Depressionen hast, lebst du in der Vergangenheit.
Wenn du Angst hast, lebst du in der Zukunft.
Wenn du in Frieden bist, lebst du in der Gegenwart.

Ein Kampfkünstler lässt keine fiktiven Ängste zu. Er drückt sie zur Seite. Was nicht im Moment geschieht, findet in seinem Kopf und in seinem Herzen keinen Widerhall. Haben Sie jemals Shaolin-Mönche gesehen, die sich gegenüberstehen und nach der Verneigung ihre Schwerter erheben? Was aussieht wie ein Tanz, das ist harte Realität. Wenn die Klinge die Luft durchschneidet, ist der Gegner nur eine Mikrosekunde vom Tod entfernt. Das Metall schlägt nieder, und kein Moment des Zögerns darf sein. Reaktionsstark bleibt nur, wer weder Angst vor dem Gegner noch vor dem Schmerz hat. Kein Mönch wird in dieser Situation daran denken, dass vor ihm bereits Kämpfer ihr Leben ließen, keiner wird über Verletzungen nachdenken. Ein Shaolin ist präsent, reaktionsstark im Moment, den Schmerz nimmt er hin, die Angst schaltet er aus. Wer wirklich siegen will, der strahlt eine aggressionsfreie Entschlusskraft aus – und sonst nichts.

Affen vor den Augen

Es war im Jahr 2002, als ich im Süden Thailands mein Muay-Thai-Training absolvierte. Damals galt Thailand im Vergleich zu heute noch als Geheimtipp für Reisende. Lediglich Backpacker-Touristen wanderten durch das Land, dessen Vegetation üppig und dessen Tierwelt noch unberührt schien. Da auch mich diese Schönheit der Natur faszinierte, beschloss ich an einem trainingsfreien, sonnigen Morgen, einen Spaziergang durch den Dschungel zu unternehmen. Wer einmal dieses laute Zirpen, Zwitschern, Schreiten, Knacken, Rascheln gehört hat, der versteht, dass ich davon beeindruckt war, mich weiter in das undurchsichtige Wuchern der Pflanzen wagte. Ich war neugierig, aber aufmerksam, scannte den Weg nach giftigen Pflanzen und Tieren. Sobald ich stehen blieb, krochen Insekten an den Beinen hoch, und vor mir an den Lianen wippten kleine Tiere, die ich nie zuvor gesehen hatte.

So ging ich in einer neugierigen Haltung tiefer und tiefer in das Gelände. Bis ich plötzlich ein beunruhigendes Gefühl spürte. Es war, als würde mich eine innere Stimme warnen umzukehren, auf keinen Fall einen Schritt weiter zu setzen. Ich aber sagte mir damals, dass ein Kampfsportler keine

Angst kennen sollte, dass sie abzutrainieren sei wie auch andere taktische Fehler – und ging weiter. Dennoch achtete ich noch aufmerksamer auf Gefahren, vornehmlich auf die gefährliche Königskobra, die sich vielleicht um einen Ast schlängeln könnte, bereit, sich auf ein Opfer fallen zu lassen und es zu beißen und zu würgen. Vor meinem Bungalow im Trainingscamp hatte ich bereits ein Prachtexemplar gesehen, zum Glück schlafend und friedfertig.

Ich sollte in dieser Wildnis keiner begegnen, die Gefahr, die sich mir eröffnete, sah gänzlich anders aus: Eine aggressive Makaken-Affenbande kreischte auf und baute sich vor mir auf, ich war scheinbar in ihr Gebiet eingedrungen. Es starrten die gierigen, wütenden Augen des bärigen Anführers auf mich. Hinter diesem Affen versammelten sich viele weitere! Eine Affenmutter hielt ihr Baby fest im Arm, andere formierten sich um sie, schrien und fixierten mich. Zwanzig Affen, bereit zum Angriff.

Ich wusste, dass diese Primaten zuerst das Gesicht des Gegners zerbeißen, dann die Genitalien. Das würde augenblicklich passieren, wenn ich Angst ausströmte, denn ich wusste um die sensiblen Riechorgane der Affen und auch darum, dass Angst einen eigenen Duft verströmt, der den Gegner ermutigt, anzugreifen, zu siegen. Das war keine Fiktion! Das war eine brutale Wahrheit.

Wenn ich Ihnen nun verrate, welche mentale Kraft es verlangte, in dieser Situation fokussiert zu bleiben, nicht panisch zu werden, dann wird Sie das sicherlich nicht verwundern. Ich blieb stehen, flüchtete nicht, so wie es mein erster Impuls war. Ich schrie, schlug, kämpfte nicht, so wie es das Stammhirn kommandierte. Durch ein bewusstes Atmen beruhigte ich den Herzschlag, beeinflusste den Muskeltonus. Ich versuchte, mein vegetatives Nervennetz auf einen Normalzustand zu bringen. Das alles gelang mir in Sekundenschnelle, während sich der Blick des Affen wie die Mittagssonne in mein Gehirn einbrannte. Ich nahm die Situation an. Hielt den Körper aufrecht, begegnete dem Affenblick, ohne ihm direkt in die Pupillen zu sehen. Denn das hätte ihn gereizt. Ich sah durch den Anführer hindurch. Das zeigte ihm, dass ich seine Warnung respektierte, mich aber nicht unterwarf. Innerlich war ich wie magnetisiert, äußerlich in einer konzentrierten Art gelassen. So standen wir uns gegenüber, die Affenbande und ich, hielten zwei Minuten diese Gefahrensituation aus. Für mich war es eine Ewigkeit, für die Affen wahrscheinlich nur ein Wimpernschlag. Dann zogen sich die Makaken zurück in das Dickicht.

Ängste auszuhalten, Gefahren standzuhalten, das ist wie ein Sieg über sich selbst.

Zu unserem Glück sind die meisten Ängste jedoch reine Fantasiegebilde. Nur selten stehen wir einer Affenbande gegenüber. Das lehrte mich mein buddhistischer Lehrer Lharampa Tenzin. Während einer Meditationspraxis bezeichnete er den menschlichen Geist als Affentheater. Ähnlich wie das Wesen der Affen sei er unruhig und unkontrolliert, er neige zu Affekten. Ohne Übung werde sich der Geist nur schwer kontrollieren lassen. Er hatte recht. Wie schnell steigern wir uns in eine Hilflosigkeit hinein, machen uns selbst durch Schwarzmalerei und Mangeldenken zum Opfer unseres eigenen Lebens. Hier wünsche ich Ihnen, dass Sie immer und überall, in jeder kleinen und großen Gefahr die Haltung eines Kampfkünstlers einnehmen:

Stehen Sie aufrecht mit natürlichem Muskeltonus und wahren Sie Haltung. Sehen Sie der Gefahr ins Gesicht, beherrschen Sie sich und geben Sie dem ersten Affekt nicht nach.

 Die harmlosen
Gesichter der Angst

Sobald eine Situation wirklich lebensbedrohend ist, emp-
finden wir Furcht. Um dieser realen Gefahr willen hat die
Natur rettende Mechanismen in unserem Gehirn-Körper-
System etabliert. Wenn ein Geisterfahrer auf der Autobahn
Ihnen entgegenrast, dann denken Sie nicht darüber nach,
welche Beweggründe ihn veranlasst haben könnten, sondern Sie reißen völlig unreflektiert das Steuer herum, um
auszuweichen. Wenn ein Ziegelstein beim Sturm sich vom
Dach löst und genau auf Sie zuknallt, dann gehen Sie in
Deckung. Sie sinnieren nicht über die Wahrscheinlichkeit,
dass dieser Stein neben Ihnen einschlagen könnte, sondern
Sie springen zur Seite! Wenn ein Kind vor offenem Fenster
auf einen Stuhl klettert, dann stürzen Sie herbei und reißen
es zurück, ohne zu überlegen, ob Sie dieses fremde Kind
anfassen dürfen ohne Erlaubnis der Mutter. Furcht versetzt
uns in die Lage, Leben zu retten. Nur haben wir uns leider
antrainiert, eine fiktive Angst mit begründeter Furcht
gleichzusetzen. Wir reagieren bei Unwägbarkeiten mit
ähnlichen Impulsen und Körperaktionen. Denn leider ist
uns in den vergangenen mehreren hunderttausend Jahren
das Feingefühl für Situationen verloren gegangen.
Sehen wir einmal genauer hin, welche fiktiven Ängste unseren Überlebensmodus ankurbeln – und doch mit Kalkül
und Gelassenheit besser zu verarbeiten wären:

Angst vor Fehlern
Machen Sie sich klar: Sie wachsen an diesen kleinen ge-
meinen Fehltritten! Fehler sind ein Zeichen für Entwick-

lung. Unternehmern rate ich sogar, die Fehler der Mitarbeiter wertzuschätzen, denn diese Fehler haben ihnen wichtige Einsichten beschert. Was Sie jedoch vermeiden sollten, ist die Wiederholung von Fehlern.

Ein chinesisches Sprichwort sagt: »Ist eine Sache geschehen, dann rede nicht darüber. Es ist schwer, verschüttetes Wasser wieder zu sammeln.«

Angst vor Veränderung

Sie wissen, dass alles fließt, nichts beständig ist. Der Wandel ist ein Teil des Lebens, er wird immer stattfinden, ob Sie wollen oder nicht. Und wenn Sie sich in stetig verändernden Zeiten etwas mehr Sicherheit wünschen, dann entwerfen Sie für Ihren Weg einen Plan B und stecken den ins Gepäck. Auch ich hinterfrage hin und wieder meine Richtung, spüre nach, ob meine Begleiter, ob Umgebung und Tempo noch stimmig sind. Und wenn das nicht der Fall ist, dann hole ich diesen Plan B hervor und biege ab, lasse mich auf eine andere Herausforderung ein. Denn ich allein bin verantwortlich für mein Wohlgefühl.

»Fordere viel von dir selbst, und erwarte wenig von anderen, so wird dir Ärger erspart«, riet Konfuzius.

Angst vor Vorurteilen, Missgunst und Neid

Es gibt genau zwei Techniken, mit denen Sie Ihre Angst vor diesem dunklen Dreiklang zur Seite schieben können: erstens Empathie und zweitens Taktgefühl. Beides zeichnet Sieger aus, und beides verhindert, dass Sie Vorurteile pflegen, Missgunst und Neid kultivieren. Ein Kampfkünstler respektiert den anderen, er verneigt sich vor ihm.

Und wenn er diese Verneigung nicht ausführen kann, dann handelt es sich nicht um einen adäquaten Gegner. Deshalb achten Sie auf eine offene und verbindliche Haltung der Menschen, die Sie umgeben. Sunzi meinte dazu: »Wer mich korrekterweise kritisiert, ist mein Lehrer. Wer mir fälschlich schmeichelt, ist mein Feind.«

Angst vor der Zukunft

Sie wissen nicht, was morgen, übermorgen, nächstes Jahr geschieht. Niemand kann Ihnen die Zukunft für Ihr Leben vorhersagen. Es ist nur eine Annahme, dass Gesundheit, Liebe, Friede, dass Ihr Besitz, Vermögen, Ihre Sicherheit von Bestand sein werden. Nehmen Sie das an. Sagen Sie sich, im Moment sei alles gut, und dann aktivieren Sie Ihre Zuversicht, dass auch die Zukunft gut wird. Sagen Sie sich: Solange ich kämpfen kann, kann ich Einfluss nehmen. Damit gelingt es Ihnen, Mangeldenken zu verhindern. Sie sind stark und stehen mit beiden Beinen in der Gegenwart. Sie wissen, dass Krisen über Sie hinwegziehen können wie ein bedrohlicher Sturm. Dann verdunkelt sich für eine Weile Ihr Alltag, aber immer wird diese Dunkelheit wieder von der Sonne durchbrochen werden, immer wird es wieder Licht und werden sich neue Chancen für Sie auftun. Daran unerschütterlich zu glauben, das ist wie ein Handlauf entlang Ihres Weges. In China heißt es: »Ein Lächeln löscht tausend Sorgen aus.«

Angst vor Niederlagen

Warum fürchten wir uns vor Niederlagen? Ist es der Schmerz, oder ist es die Häme der anderen, die uns abhält, in Situationen hineinzugehen, deren Ausgang nicht kalkulierbar ist? Ich vermute: beides. Dabei gibt es keinen Sieger, der nicht zuvor gestrauchelt ist, keinen Meister, der nicht aus Niederlagen lernen durfte. Ich betrachte Niederlagen deshalb wie Stufen zum Erfolg. Wer sie meidet, wird nicht nach oben gelangen. Mit diesem Blick wird eine Niederlage eine Vorbereitung für den Sieg sein. Von Bruce Lee stammt der Satz: »Fürchte nicht die Niederlagen. Es ist kein Verbrechen zu scheitern, sondern es gar nicht erst versucht zu haben.«

Schmerz annehmen, Schmerz verabschieden

Wissen Sie, was einem Sieg vorausgeht? Es ist natürlich das Training, das unentwegte Feilen an den Stärken. Aber noch einen anderen Aspekt will ich Ihnen nennen: Sieger denken sich den Sieg herbei. Sie malen sich Bilder aus, in denen sie die Hände über den Kopf strecken und jubeln und stolz sind, und dieses Bild tragen sie in jeder Situation in sich. Irgendwann, so ihre Ahnung, wird sich dieses Bild vom Siegen materialisieren. Sie haben die Wahl, in dieser Fantasiewelt aufzutrumpfen, tun Sie es! Denn Sie wissen ja: Die Energie folgt der Aufmerksamkeit.

Viele Sieger, die ich kenne, halten in dieser Weise ihre Ängste klein. Wie wäre es also, würden Sie sich vorstellen, nie wieder eine Situation zu vermeiden, Ihre Dinge ab sofort allein zu regeln, ohne andere um Unterstützung zu fragen und somit in eine Abhängigkeit zu geraten. Sie dürfen zu jeder Zeit die Augen auf dem heimischen Sofa schließen und sich ausmalen, wie Sie sich selbst überflügeln. Jetzt könnten Sie mir sagen, dass Sie bereits auf Ihrem Sofa von Siegen träumen, aber dass diese bislang nicht eingetreten sind. Nun, dann fehlte der zweite Schritt. Der erste ist das Träumen, der zweite das Umsetzen dieses Traums in die Wirklichkeit. Und genau hier verläuft die feine Linie zwischen Siegern und solchen, die es gern wären.

Was hält Sie davon ab, Ihre schönen Bilder in die Wirklichkeit zu übertragen? Ich kann es Ihnen sagen. Es ist der Schmerz. Niemand will ihn spüren. Jeder will ihn vermeiden. Schmerz gehört in den Bereich, mit dem wir nach Möglichkeit niemals in Berührung kommen wollen. Das ist auf der einen Seite verständlich, denn er erzeugt kein angenehmes Gefühl. Auf der anderen Seite aber bleibt es eine Wahrheit, dass es niemandem gelingt, ohne Schmerz durch dieses Leben zu kommen. Selbst wenn jemand das Haus nicht verließe, staub- und bakterienfrei lebte, sich nur äußerst gesund ernährte und die perfekte Schlafhygiene etablierte, selbst wenn er weder Konflikte noch Krisen ausföchte, er würde Schmerz empfinden.

Wahrscheinlich würde er durch die komplette Sterilität im Alltag seine Vital- und Abwehrkräfte derart schonen, dass diese schläfrig würden und auf eine Zellmutation nicht mehr reagieren könnten. Er würde krank. Aus der Onkologie wissen wir, dass sich Zellen ständig verändern und einige zerstörerische Formen annehmen. Dann sind wir auf unsere Abwehrkräfte angewiesen, um diese entarteten Zellen zu bekämpfen, um ein gesundes Gleichgewicht wiederzustellen, die Gefahr zu bannen. Wir brauchen also ein gewisses Maß an Herausforderung, um die Harmonie des Seins zu erhalten. Deshalb sollten Sie, wenn Schmerz droht, nicht per se zurückschrecken, sondern sich sagen: Schmerz kann eine reinigende Wirkung haben. Er bringt Ordnung in Ihre geistigen und körperlichen Systeme, denn er fördert den natürlichen Heilungsprozess.

Nehmen Sie den Schmerz als etwas Gegebenes hin, denn niemand wurde jemals auf dieser Erde davon verschont. Und doch sind es Situationen, die Ihre Lebenslust zerschlagen können. Der Tod eines geliebten Menschen, Krankheit, Ehescheidung, große Geldsorgen, Jobverlust oder Mobbing am Arbeitsplatz gehören dazu. Kaum jemand ist dann spontan in der Lage, den Schmerz einzuladen, ihn willkommen zu heißen, denn dieses dunkle Gefühl scheint alle Kräfte zu unterhöhlen. Ich rate Ihnen: Stemmen Sie sich nicht dagegen, nehmen Sie ihn in seiner gesamten Intensität an – und dann gehen Sie bewusst raus aus dieser Situation. Werden Sie nicht starr, verharren Sie nicht im Schmerz, er darf keine Chance haben, eine tiefe Spur in Ihrem Gehirn zu hinterlassen! Mein selbst erprobter Rat für Sie ist der folgende.

Übung

Mit Schmerzen umgehen

- **Klopf den Schmerz vom Körper.** Diese Übung kommt aus der chinesischen Medizin. Wie eine Akupressur bringt sie die blockierte Energie, das Chi, wieder zum Fließen. Verbinde das leichte Klopfen mit der Hohlhand - vornehmlich auf dem Oberkopf, zwischen den Augenbrauen, an der Thymusdrüse auf dem oberen Brustbein sowie auf Schultern, Oberarmen, Handrücken und dann entlang des gesamten Körpers – mit einer Affirmation wie: »Im Moment erleide ich einen Schmerz, aber ich weiß, er geht vorüber. Ich werde bald wieder glücklich sein.« Schließ dabei die Tore zum Außen, also Ohren, Augen und Mund. Lausch auf deine Gefühle. Durch das rund zwanzigminütige Klopfen lenkst du deine Schmerzwahrnehmung um und verhinderst, dass sich dauerhafte Spuren im Gehirn bilden (siehe auch die »Körperübungen für Sieger« im Anhang, Übung 1).

- **Akzeptier den Schmerz – und schrei dagegen an.** Du bist kein Opfer! Du hast eine starke Präsenz, trotz des Schmerzes. Das teilst du dir und der Außenwelt mithilfe deiner Stimme mit. Denn die Stimme ist ein Takt- und Kraftgeber im Leben. Sie verleiht dir Ausdruck. Nutz das auch in Schmerzsituationen. Besonders die japanischen Kampfkünste machen sich diese Einsicht zunutze. Die Sportler ziehen vor einem Schlag die Luft ein und pressen sie mit einem K-Laut wieder aus. »Ki!« und »Ka!« sind die Kampfrufe, die eine Kompressionswirkung über das Zwerchfell erzeugen und negative Energie entweichen lassen. Wenn das Schicksal dich im Moment arg beutelt, dann verbinde diese Laute mit gezielten Schlägen gegen einen Sandsack. Schrei, schlag, schrei »Ki!«, »Ka!« gegen den Schmerz an! Such dir ein Ventil. Der Schmerz hat in deinen Zellen dauerhaft nichts verloren. Er darf deine Vitalfelder nicht angreifen.

- **Such dir für eine gewisse Zeit einen schmerzfreien Raum.** Es kann sinnvoll sein, bei allzu großen Krisen den Raum zu wechseln. Ein neues Umfeld, andere Menschen, veränderte Themen können Wunder wirken. Wenn du es während einer Schmerzzeit einrichten kannst, dann verreise. Setz neue Impulse, lass dich auf einen Umweg ein. Ich bevorzuge Reisen nach Asien, um mich zu sammeln und umzuorientieren. In der üppigen Vegetation, begleitet von der Weisheit meines Meisters und dem Lächeln vieler Menschen, die dort leben, kann ich wieder frei atmen; und wie von Zauberhand geleitet, eröffnen sich in mir Lösungen, die ohne dieses inspirierende Umfeld nicht entstanden wären.

Keine Angst vor Blessuren

Sie dürfen sicher sein: Wer erfolgreich ist, der hat einige Dellen im Herzen. Ich würde Ihnen gern etwas anderes erzählen, aber das wäre nur ein Märchen. Ein guter Freund und Unternehmer sagte einmal: »Du wirst so erfolgreich, wie du Schmerz ertragen kannst.« Und das ist eine Wahrheit.

In der Komfortzone gibt es so gut wie keine Entwicklung, da herrscht die Routine, und aus der wird bekanntlich keine Geschichte mit Spannung und Überraschung und mit Schmerz. Das war auch der Grund, warum ich mir selbst in Zeiten, in denen mir die Pleite drohte, das Lächeln nicht abgewöhnt habe und auch den Glauben daran, ich könne diese Zeit überstehen.

Ein Lächeln für den Feind

Es war am Anfang meiner Karriere als Trainer und Studiobesitzer. Trotz meines Enthusiasmus während der Aufbauphase und des immensen zeitlichen Aufwands stand die Kampfsportschule in den ersten Jahren wirtschaftlich nicht gut da. Die Zahlen spiegelten die Wahrheit, und ich musste mir etwas einfallen lassen, um nicht in der Pleite zu landen. Also überlegte ich, wie ich sehr kurzfristig Geld dazuverdienen könnte.

Was war naheliegender, als meine Kenntnisse im Kampfsport zu nutzen? Ich organisierte Security-Absicherungen für Veranstaltungen – und arbeitete nachts als Türsteher vor Diskotheken. Dort wurde mit fortschreitender Nacht und Alkoholkonsum die Aggression manch abgewiesener Gäste angehoben. Sie pöbelten, provozierten, es war nicht vorherzusehen, ob sie sogar Hieb- und Stichwaffen bei sich trugen und bereit waren, diese zu nutzen. In diesen Situationen hatte ich Angst. Vor Verletzungen. Vor Schmerz. Denn ein solcher Kampf, das war mir klar, würde nicht mit Respekt beginnen, nicht mit einem Lächeln und einer Verneigung und auch nicht mit der Gewissheit, sich nach dem Kodex des WUDE zu begegnen.

Dass es selten zu solch unkalkulierbaren Kämpfen kam, schreibe ich meiner Haltung zu. Ich zeigte Entschlossenheit – und auch Respekt. Ich lächelte mit einem gleichzeitigen Fokus auf die Gefahr des Moments. Man wusste: Ich würde vor dem Schmerz nicht zurückzucken, wenn er unvermeidlich wäre. Diese unausgesprochene und auch gelassene Drohung ließ den Gegner irritiert zurück. Denn seine Beschimpfungen prallten ab, und er erhielt eine Ahnung davon, was es heißt, wie ein Tiger zu sein: wartend, beobachtend, die Schwäche des anderen erkennend – und zuzuschlagen, wo es schmerzt.

Ich weiß heute, dass ich diesen Job nicht wieder annehmen würde, aber in der Not gelten andere Entscheidungen. Meine Kampfsportschule wies bald schwarze Zahlen auf, die Schülerzahl nahm zu, deren Erfolge auch. Rückblickend war es diese Angst vor der Pleite, die mich wachsen ließ. Mein Meister sagte einmal: »Angst ist wie ein Drache, der einen Schatz bewacht. Besiege den Drachen, und finde den Schatz.« Das hat auch einer meiner Sportler, Eric, erfahren, als er acht Muay-Thai-Kämpfe in Folge verlor. So manch einer hätte aufgegeben, wäre an diesem inneren und äußeren Schmerz fast zerbrochen. Nicht so Eric. Er glaubte an sich zu jeder Zeit, selbst als er unten lag. Und dann geschah es. Der neunte Kampf war sein Sieg, die Goldmedaille im Europacup. Er setzte sich gegen die Favoriten aus Bulgarien und den Niederlanden durch. Selten habe ich einen Sportler mehr strahlen sehen.

Gib nie, wirklich niemals auf!

Übung

Den Schmerz überwinden

Um ein Sieger zu werden, gilt es zunächst, die Angst vor dem Schmerz zu überwinden. Die folgenden sechs meditativen Schritte weisen dir den Weg:

- **Finde Ruhe und Gelassenheit:** Geh gedanklich an einen Ort, den du magst. Erinnere dich an den Duft, den Geschmack, den Geruch, den du dort einst empfunden hast.

Atme in das gute Gefühl der inneren Ruhe hinein. Drei Takte ein, sechs Takte aus. Gib dich diesem Atemrhythmus hin, und spüre, wie dein Herz nun langsamer schlägt und dein Geist wieder klar wird. Lächle.

- **Akzeptiere, was ist:** Nimm die Angst als gegeben hin. Drück sie nicht fort. Sie ist da, sie wird wieder vergehen. Atme mit der Angst – und nicht dagegen. Du weißt: Druck erzeugt Gegendruck. Sei wie Wasser, fließe mit der Situation.
- **Nimm die Perspektive eines Meisters ein:** Beobachte dich aus einem Abstand und mit einer neutralen Haltung. Frag dich: Warum bin ich ängstlich? Wovor will diese Angst mich schützen? Was wird sich hinter dieser Angst für mich eröffnen? Stell dir vor, wie du den Weg hinter der Angst wiederfindest, und zwar als gereifter und gestärkter Mensch.
- **Worst- und Best-Case-Check:** Frag dich, was im schlimmsten und was im besten Falle am Ende der Angst geschehen wird. Schreib es auf. Halt dann den Blick auf das bestmögliche Geschehnis. Ein Sieger hat immer den Vorteil vor Augen.
- **Geh in dein Urvertrauen:** Dass du erfolgreich, glücklich, gesund und zufrieden sein wirst, das steht in deinem Lebensskript geschrieben. Es ist dir von Geburt an mitgegeben worden. Schreib daran weiter. Schreib dich immer deinem persönlichen Happy End entgegen, stell immer dieses Urvertrauen in dir in den Mittelpunkt. Dein Vertrauen in dieses Leben ist stärker als die Angst.
- **Und nun lass los:** Lass Angst und Schmerz ziehen wie eine Wolke am Himmel.

Kapitel 7

Wir-Ego statt Ich-Ego

Als junger Mann – ich stand am Anfang meiner Sportkarriere – war ich ein ungestümer Zeitgenosse. Ich habe rausgehauen, was mich störte, habe zur Seite gedrückt, was mir im Weg war. Weder mit Angriff und Abwehr noch mit Worten ging ich zimperlich um. Wo ich Impulse spürte, gab ich ihnen nach. Ich genoss geradezu meine Fähigkeit, die Muskeln spielen zu lassen. Und vor allem wollte ich überlegen sein im Kampf, wollte siegen ohne Rücksicht auf Verluste. Ich malte mir aus, dass eine Karriere schnell und steil sein müsse, dass die Zeit der Feind der Sieger sei. Der Erfolg sollte her, und zwar sofort, und für dieses Ziel war ich bereit, im Training weit über meine Grenzen zu gehen – wenn's sein sollte, bis in die Hölle.

Mehr Kraft, mehr Technik, mehr Wettkampf, das war der Dreiklang von morgens bis nachts in mir. Denn Ehrgeiz, so verteidigte ich mich, passte nicht zu weichen Gemütern. Im Sport und auch im sonstigen Leben betete ich die Devise herunter, dass entweder der Gegner oder ich selbst in die Knie gehen werde, eine andere Sichtweise gab es nicht, also hart sein und dranbleiben am Sieg! Wer mich eines anderen belehren wollte, dem erklärte ich, dass es im Kampf nur Rivalen gab und ein Schulterschluss nicht möglich sei. Ein Kampf war nun mal kein Hippiefest, und die Beteuerung gegenseitiger Liebe wirkte auf mich wie ein Hohn.

Es waren, wie gesagt, die allerersten Jahre meiner Karriere – ich hatte das zweite Lebensjahrzehnt noch nicht erreicht. Heute schmunzle ich darüber, schreibe diese Sichtweise einer jugendlichen, erfahrungsarmen Attitüde zu. Wenn ich jedoch ehrlich bin, dann muss ich eingestehen, dass damals bereits der Zweifel durch meine Art zu siegen schimmerte. Ich fragte mich in einer stillen Stunde, ob es wirklich nur Siege geben konnte, in denen einer schmerzvoll zu Boden ging, um am Ende seine Gefühle einzusammeln und seine Wunden beschämt zu lecken. Denn natürlich geschah es, dass auch ich als Verlierer unten lag, und ich muss zugeben, ich hätte mir gewünscht, da wäre einer gewesen, der mir die Hand gereicht hätte, damit ich aufstehe, der mir zugelächelt hätte, damit ich wieder Mut empfinde. Ich wünschte, da wäre einer gewesen, der gesagt hätte: Gut gemacht, alles gegeben, zu verlieren ist auch nicht mehr als eine Momentaufnahme.

Und dann ging ich in die buddhistische Lehre.

Zunächst gehörte dieser Schritt für mich schlichtweg zu einer ganzheitlichen Ausbildung. Mein großes Vorbild, Bruce Lee, vermittelte diesen Ansatz, und ich dachte, es sei nun an der Zeit, auch meinen Charakter zu formen und zudem meiner Sportschule eine Philosophie hinzuzufügen. Ich reiste mit einem zweigeteilten Gefühl dorthin. Auf der einen Seite schob mich die Neugierde an, und auf der anderen Seite fühlte ich eine Unsicherheit, ob ich als draufgängerischer, lebensfroher Typ einen Zugang zu dieser stillen, tiefen Lehre finden könnte. Denn die buddhistische Lehre mutete für mich zuweilen fremd an. Da ist von Mitgefühl die Rede, von Gewaltfreiheit, von allumfassender Liebe und überhaupt von einem selbstlosen Handeln. Das konnte ich schwerlich mit meinem Bild vom Siegen vereinbaren.

Denn seien wir mal ehrlich: In unserem westlich geprägten Denken geht es vordergründig um den eigenen Vorteil. Punkt. Im asiatischen Denken – jedenfalls wenn es der reinen Lesart entspricht – dreht sich alles um das Wir-Gefühl. Und ich fragte mich, was von mir übrig bliebe, würde ich mein Ego auf den Aspekt der Liebe zurechtstutzen.

So begab ich mich mit einem etwas mulmigen Gefühl in diese ersten tibetischen Unterweisungen, befürchtete, ich müsste meinen Eigensinn einer weltumspannenden Sanftmut opfern. Eine Mutter Teresa wollte ich weiß Gott nicht werden als angehender Weltmeister im Kickboxen und als Muay-Thai-Kämpfer im Vollkontakt. Ich brauchte meine Impulse, meine Wut, einen Siegeswillen.

Mein geistiger Lehrer, der tibetische Mönch Lharampa Tenzin Kalden, sollte mich vom Gegenteil überzeugen. Rückblickend kann ich sagen: Seine Unterweisungen haben mein Leben verändert. Ich kam als egoistischer junger Mann mit dem Lied auf den Lippen, das fragte: Was kostet die Welt für mich und meine Ziele? Und ich ging in einer Haltung in Demut und pfiff eine andere Melodie. Die kam direkt aus dem Herzen, ließ meinen Blick weicher werden. Ich sah die Welt um mich herum nicht mehr in der Art, dass ich mich fragte, wo für mich der nächste Vorteil wäre. Vielmehr öffnete ich mich für das, was um mich herum geschah, was der Gegner fühlte. Plötzlich stand die folgende Frage im Vordergrund: Ist mein Handeln sinnvoll für mich – und für den anderen?

Verstehen Sie mich richtig – ich wollte und will nicht die Welt retten. Und sogenannte Gutmenschen bis zur Selbstaufgabe waren mir immer schon suspekt. Und doch denke ich, dass wir einen Mehrwert erreichen, sobald wir empathisch, nachhaltig und ökologisch handeln. Die buddhistische Seite des asiatischen Kampfsports justiert das Ego neu. Sie weitet den Geist, bietet Klarheit. Sie ermuntert uns, positive Absichten größer werden zu lassen, mehr Gutes aufzuschichten, sich vor der Natur und der Leistung anderer ebenso zu verneigen wie vor sich selbst. Aus dem Ich-Ego wird ein Wir-Ego, und damit baut sich das gute Karma in uns auf.

Auch wenn heute manche Trainingsstätten auf die buddhistische Lehre verzichten, um ausschließlich Technik zu vermitteln, so bin ich der Überzeugung, dass beide Aspekte zusammengehören, nämlich körperliche Grenzerfahrung und das Fühlen und Handeln nach Mitgefühl.

Das Gesetz des Karmas ist das Gesetz der Anziehung

Wenn Ihnen der Sprung vom Ich-Ego ins Wir-Ego gelingt, dann ist das ein Sprung in eine tiefe, innere Zufriedenheit. Denn ein Wir-Ego stärkte Ihre Mitte. Sie kommen bei sich selbst an, und kein Gefühl dieser Welt kann Ihnen mehr Wirksamkeit und Autarkie schenken. Sie vergleichen sich nicht mehr. Gier und Neid werden nicht mehr bedient. Es ist Ihnen nicht mehr wichtig, ob des Nachbarn Auto schneller ist, ob die Kollegin mehr Lob erhält, ob Ihr Freund bereits auf der Karriereleiter nach kurzer Zeit dort steht, wo auch Sie hingelangen wollen. Sie bleiben bei alldem gelassen und lächeln, denn Sie gönnen den anderen die Freude.

Auch wissen Sie, dass Ihr Stolpern vorübergehend sein wird, dass Fehler, Niederlagen, Krankheiten und Schicksalsschläge kein dauerhafter Zustand sein werden. Ihnen ist klar, dass Sie morgen schon wieder siegen. Eine negative Grundhaltung kennen Sie nicht mehr. Sie denken positiv. Sie bleiben zuversichtlich. Sie akzeptieren Ihren Zeittakt, Ihre Stärken. Sie wissen um Ihre Schwächen. Sie lassen sich weder vom Nachbarn noch vom Schicksal ärgern, denn in Ihrem Bewusstsein hat sich verankert, was Mahatma Gandhi auf den Punkt brachte: »Zuerst ignorieren sie dich, dann lachen sie über dich, dann bekämpfen sie dich, und dann gewinnst du.«

→ Wenn Sie mich nun fragen, was solch eine fließende, widerstandslose Haltung mit einem Sieger gemein hat, dann darf ich Ihnen antworten: alles! Es ist genau dieses erfrischende Denken, das Sie im Leben gewinnen lässt.

In der asiatischen Kampfkunst geht es in erster Linie darum, sich selbst zu besiegen – und dann erst mit diesem Wissen um die eigene Stärke den Gegner auf ein höheres Level zu heben. Das hat übrigens wenig gemein mit den Boxkämpfen nach europäischen Regeln, in denen man überwiegend den Gegner möglichst brutal treffen will, damit er seinen Stil nicht zeigen darf, seine Leistung nicht einsetzen kann. Mancher will den Gegner voller Hass und Zorn zu Boden bringen. Das ist weder elegant fürs Auge, noch ist es sportlich, und das mag der Grund sein, warum Boxen lange Zeit hierzulande keinen guten Ruf genoss. Es war ein Sport für Außenseiter.

Diesem Image setzte Henry Maske ein Ende. Erinnern Sie sich, als er mit dem Habitus eines Gentlemans in den Ring trat? Weich und wenig brutal wirkte er. Er trat mit Stil auf, war bemüht um Etikette. Ihm zu eigen war eine akkurate Technik, nie gab es eine Spur von Hass und Zorn in seinem Gesicht. Maskes Stärke war eher die Defensive, nie das wilde Spiel mit Fäusten. Kühl, berechnend, überlegend kämpfte er, und mit einem Lächeln vermied er die Treffer des Gegners – er wurde zum Helden. Man könnte sagen, er machte den Boxsport salonfähig in Deutschland.

Wer erinnert sich nicht an das Ende seiner Karriere, als zum Abschied »Time To Say Goodbye« von Andrea Bocelli gespielt wurde. Das war 1996, und hinter ihm lagen 32 Kämpfe als Profi, von denen der Perfektionist im Ring nur einen einzigen verlor. Er war Olympiasieger, Weltmeister, er blieb ein Menschenfreund. Als Henry Maske sich dann nach den letzten Klängen seines gewählten Abschiedslieds tief verneigte, da sahen sechzehn Millionen Menschen weltweit zu und applaudierten nicht nur mit den Händen. Ihr Herz wurde warm. Sie waren dankbar. Dankbar für sein Vorbild, für seine offene, respektvolle Art während der Kämpfe. Er hatte ihnen Sternstunden in diesem Sport geschenkt, weil er sich nie an einem Hype beteiligte, den die Medien gern anstachelten, um die Quote zu erhöhen. Das hätte auch seinem Wir-Ego widersprochen.

Nach seiner Karriere gründete er eine Stiftung für benachteiligte Kinder. Und gefragt nach den Gründen, beschreibt er das, was ich Wir-Ego nenne. »Was unseren Sport fördert, ist definitiv Fairness, ist definitiv auch die Haltung, sich selbst zu hinterfragen und zu begreifen, dass man doch nicht alles kann, dass man doch für etwas arbeiten muss, dass man auch mit Niederlagen zurechtkommt, dass es sich lohnt zu kämpfen, dass man seinen Gegner respektiert, dass man ihn auch sportlich fair behandelt und dass nur faire Siege wirklich wert sind.«[6]

→ Ein Wir-Ego verfolgt den Sieg – aber es würde nie den Preis dafür zahlen, dass andere an diesem Sieg zerbrechen. Im Gegenteil: Das Wir-Ego fragt, bevor es zur Höchstleistung aufdreht: Was kann ich für dich tun, damit du besser wirst? Wie kann ich dich unterstützen? Und dabei strahlt es doch eine unabdingbare Haltung aus, die keinen Zweifel daran lässt, dass es sein Bestes geben wird, um ein Sieger zu sein. Und wenn der andere ihm folgen kann, wenn er im Schatten des Siegers größer und kräftiger und sichtbarer wird, dann erst ist das Wir-Ego zufrieden. Es verneigt sich in den Applaus, empfindet Demut. Es dankt dem Gegner, der vielleicht morgen schon ihn besiegen könnte. In diesem Sinne wird ein Sieg zu einem Lichtgefühl. Es stapelt das Karma hoch und höher. Weil nur helle Gedanken den Sieg begleiten. Damit das gelingt, müssen Sie kein Kampfkünstler sein. Jede Alltagsgeste reicht, um das Karma durchlässig zu halten.

Sicherlich haben Sie dieses erhabene Gefühl erlebt, wenn es Ihnen gelungen ist, Ihrem Karma eine weitere Schicht hinzuzufügen. Vielleicht haben Sie einen Mitarbeiter gelobt für seinen Einsatz, haben Ihrem Partner einfach einmal von Herzen Danke gesagt, haben einen Menschen unterstützt, der gerade einen Schicksalsschlag erlitten hat. Vielleicht haben Sie gespendet, ein Tier gerettet, einen Baum gepflanzt. Vielleicht haben Sie die Einkäufe für den alten Nachbarn erledigt oder an einer gemeinnützigen freiwilligen Aktion teilgenommen. Vielleicht haben Sie auch für einen Menschen, der Ihnen wertvoll ist, gebetet.

Wofür auch immer Sie sich engagieren, um die Welt ein wenig besser zu machen, es wird sich auf Ihr Karma, auf Ihre

Gedanken und Zellen, auf Ihr Wohlgefühl niederschlagen. Sie werden gelassener. Sie werden weitsichtiger. Sie werden durchlässiger für Glück.

 **Von Tat und Wirkung**

Als Buddha seine Erleuchtung erfuhr, da erkannte er das karmische Gesetz von Tat und Wirkung. Seither gilt diese Einsicht als spirituelles Konzept im Leben. Es besagt, dass jede Tat, ob physisch oder geistig ausgeführt, ein direktes oder zeitverzögertes Echo erzeugt. Jeder Wirkung geht eine Tat, jeder Tat geht eine Handlung und jeder Handlung geht ein Empfinden voraus. Nach dieser Kausalität sind wir selbst Bestimmer über Glück und Leid.

Deshalb zählt für einen Sportler zum körperlichen Training ebenso die Meditation, um den Geist zu klären. Denn er weiß um den Dominoeffekt vernebelter Gedanken:

- Achte auf deine Gedanken, denn sie werden Worte.
- Achte auf deine Worte, denn sie werden Handlungen.
- Achte auf deine Handlungen, denn sie werden Gewohnheit.
- Achte auf deine Gewohnheiten, denn sie werden dein Charakter.
- Achte auf deinen Charakter, denn er wird dein Schicksal.

→ Ein Kämpfer nutzt neben seinen körperlichen Fähigkeiten die wirkungsvollste Waffe, seinen eigenen Geist! Und es ist alte Weisheit in dieser Sportkunst, dass Anhaftung schwächt. Sie führt geradewegs in eine Niederlage.

Anhaftung aufgeben und innerlich frei sein

Besonders in deutschen Unternehmen erkenne ich oft ein Vorteilsdenken, leider auch im Management. Es geht dann nicht um die Sache, nicht um den allgemeinen Unternehmenserfolg, sondern um den persönlichen Benefit wie Bonus oder Beförderung. Ich halte das für zu kurz gedacht, denn der Manager steckt dann im Ich-Ego fest.

Von einer Führungskraft eines Automobilkonzerns hörte ich Folgendes: In einem Werk passierte ein Fehler, der sehr aufwendig und kostenintensiv zu beheben war. In einem vertraulichen Gespräch mit einem Kollegen wurde deutlich, dass auch das Schwesterwerk mit diesem Fehler konfrontiert worden war. Man hatte dort nach teurer Recherche ein IT-Modul entwickeln können, das ein Frühwarnsystem auslöste, um diesen Fehler zukünftig zu vermeiden.

Nun wäre es ein Einfaches gewesen, diese Expertise des Schwesterwerks zu nutzen, um Kosten zu sparen. Das geschah nicht. Unser Manager hatte Angst, er könnte als inkompetent gelten, wenn er nach einem Copy-Paste-Verfahren vorginge. Er versah dieses Gespräch mit einem Vertraulichkeitsvermerk und kündigte an, selbst tätig zu werden, um eine eigene Lösung zu finden.

Auch um den Preis des Zeit- und Geldverlustes war er nicht fähig, ein Wir-Ego einzunehmen! Stattdessen recherchierte er mit Nachdruck, welche Lösung es noch gäbe, und beschäftigte dafür eine Gruppe Experten. Keinesfalls sollte ans Tageslicht, dass die Kollegen im Schwesterwerk pfiffiger waren, effizienter reagiert hatten, um den Fehler zu beheben. Eine Delle im Manager-Nimbus wollte er unter keinen Umständen riskieren!

Was er aber riskierte, das war Vertrauen auf ganzer Managementebene und auch den persönlichen Stress. Denn niemand geht schadlos aus einer unehrenhaften Position hervor. Meist ist es der Körper, der rebelliert, weil Gewissensbisse sich in Gedankenschleifen hochdrehen und ein Ventil suchen. Das äußert sich durch Verspannung am Tag, durch Zähneknirschen in der Nacht, durch eine Inkohärenz zwischen Herz, Körper und Gehirn. Der Grund, dass wir Probleme mit in die Nacht nehmen und am Ende unter Schlaflosigkeit und Erschöpfung leiden, liegt darin, dass wir im Ich-Ego agieren. Mit dem Fokus auf den eigenen vermeintlichen Vorteil. Nachteile der anderen nehmen wir dann in Kauf.

In meinen Beratungen ermutige ich dann zum Sidestep. Ich wechsle die Perspektive. Motiviere mein Gegenüber, die Kampfstätte zu verlassen und die Emotionen zu neutralisieren. Aus dieser Distanz können Sie erkennen, wo Schwachstellen im Denken liegen, wo Nachteile sich auf Dauer auftürmen werden, die am Ende Ihnen das Leben erschweren.

Besser ist es, dem Ich-Ego eine Grenze zu setzen. Besser ist es, das Wir-Ego zu aktivieren und sich auf seine mentale Stärke zu besinnen. Dann lautet die Frage, die wir uns stellen: Wo ist für uns alle der größtmögliche Benefit? Die Antwort liegt auf der Hand, oder? Der nächste Schritt wäre es, mit einer gelassenen und selbstbewussten Ausstrahlung und einer gesunden Bescheidenheit vor das Team zu treten und zuzugeben: Die anderen waren aufmerksamer, schneller als wir. Wir können von den Kollegen und Kolleginnen lernen. Wir können gemeinsam auf ein höheres Level gelangen, wenn wir hier zusammenarbeiten.

Eine solche Reaktion setzt voraus, dass Sie die Anhaftung an Erfolg aufgeben. Es gehört besonders für Sportler und Karrieristen zu den schwierigsten Herausforderungen, sich zu sagen: Ich lasse los, ich trete zur Seite. Ich gebe mir einen weiten emotionslosen Gedankenraum, in dem das Siegen im Moment keine Priorität erhält.

Nun könnten Sie als erfolgsverwöhnter Mensch fragen, warum Sie das tun sollten. Ich würde Ihnen antworten: Weil Sie sich wieder zur eigenen Mitte bringen. Sie etablieren Ihr Wir-Ego, das auf einem unerschütterlichen Boden aus Urvertrauen steht. Dann lautet Ihre Frage nicht mehr: Wie kann ich mich selbst füttern? Sondern Sie sagen sich: Das Leben meint es gut mit mir. Ich darf auf meine Stärken vertrauen. Ich darf meine Zuversicht mit anderen teilen. Mit dieser positiven Absicht wird nach buddhistischer Art auch Positives wieder auf Sie zurückstrahlen. Eine solche Haltung schont Ihre Ressourcen ungemein.

Als mein Meister mir diesen Hinweis gab, spürte ich zunächst einen kleinen inneren Widerstand. Ich entgegnete, dass es mir befremdlich erscheine, meine Leistung einem Urvertrauen unterzuordnen. Ich würde die Dinge doch lieber selbst steuern. Da erzählte er mir eine Geschichte. Sie wird seit Generationen in China weitergegeben, und vielleicht ist das der Grund, warum dort so viele Menschen lächeln, wenn sich scheinbar eine Situation für sie nicht gut fügt. Es ist die Geschichte des Bauern Wang, die ich frei nacherzähle.

In einem chinesischen Dorf lebte der Bauer Wang. Eines Tages lief sein Pferd davon. Dieses Unglück sprach sich schnell herum, und die Dorfbewohner kamen, um dem Bauern ihr Mitleid auszusprechen. Sie sagten: »Wang, wir haben es gehört, dein Pferd ist weg. Das muss schlimm für dich sein. Was willst du nun tun?« Einige der Dorfbewohner fühlten Betroffenheit, andere lachten heimlich vor Schadenfreude.

Der Bauer Wang antwortete: »Wir werden sehen!«

Am darauffolgenden Tag trabte das scheinbar verlorene Pferd zurück. Sieben Wildpferde liefen hinter ihm mit. Auch das sprach sich schnell im Dorf herum. Die Bewohner kamen und sagten: »Nun besitzt du acht Pferde. Du hast so ein großes Glück.« Einige freuten sich aufrichtig mit Wang, bei anderen schwang der Neid mit.

Der Bauer antwortete: »Wir werden sehen!«

Am dritten Tag versuchte Tao, der älteste Bauernsohn, eines der Wildpferde zu zähmen. Aber kaum saß Tao auf dem Rücken des Pferdes, warf es ihn ab, und Tao brach sich beide Beine. Als am Abend die Nachbarn von dem Unfall erfuhren, kamen sie herbei, bedauerten Wang und seinen Sohn: »Wie konnte das nur geschehen! Was für ein Unglück.« Einige meinten es ernst, andere empfanden Häme.

Der Bauer antwortete nur: »Wir werden sehen!«

Und dann hörte man die Trommeln der kaiserlichen Armee in der Ferne. Ein Gesandter ritt in das Dorf, um die jungen Männer zur Armee zu rufen. Sie nahmen jeden Jungen im wehrpflichtigen Alter mit, außer Tao. Ihn verschonte man aufgrund seiner gebrochenen Beine. Wieder kamen die Dorfbewohner angerannt, sprachen: »Unsere Söhne sind im Krieg. Nur du durftest deinen Sohn bei dir behalten. Was für

ein Glück du hast.« *Manche sprachen in Sorge, andere mit Missgunst.*
Der Bauer antwortete: »Wir werden sehen!«

→ Was uns auch im Leben passiert, es bleibt das Gesetz der Polarität bestehen. Es besagt: Wo es dunkel ist, wird es wieder hell. Einem Schatten folgt Licht. Aus einer Niederlage wird ein Sieg. Jeder Moment hat seine eigene Note. Diese zu erkennen ist die Aufgabe eines Kampfkünstlers.

Übung

Die Verneigung vor dem Moment

Ein Wir-Ego zu äußern setzt Respekt vor dem Übungspartner, dem Gegner, der Umwelt, dem Moment voraus. Um all das einzufangen, gibt es in der Kampfkunst ein Ritual – es ist die Verneigung. In der buddhistisch geprägten Sportwelt werden dazu die Handflächen vor dem Herzen zusammengelegt, und die Stirn neigt sich den Händen entgegen. Diese Geste geht auf die Erkenntnisse der Yogatradition zurück. Sie weist auf die Kultivierung von Körper und Geist hin, auf das bewusste Wahrnehmen der fließenden Energie. Im Yoga verbindet man mit dieser Verneigung eine Absicht. In einer aufrechten Haltung drückt man aus: Ich gebe mein Bestes in der nun folgenden Yogapraxis.

Auch der Kampfsport nutzt diesen innigen, stillen Moment vor dem Kampf. Je nach Kampfkunststil findet die Verneigung ohne das Falten der Hände statt; das Nicken erfolgt mit Blickkontakt. Du schaust in die Augen des Gegners, erkennst seine Intention, seine gesamte Empfindungswelt. In genau diesem einen Moment siehst du in seine Seele, drei Blicksekunden lang entscheidest du, dass du siegen wirst! Alles, was kommt, ist die Konsequenz aus einem einzigen Moment:

- Du hältst den Moment fest, atmest hinein.
- Du fängst die Energie des Gegners auf.
- Du erkennst seine Emotionen und auch seine Absicht.
- Du schwörst dir, dass du dem Gegner nichts schenkst, dass du keinen Schritt von deinem Siegeswillen zurückweichen wirst.
- Halt deinen inneren hohen Status!
- Nichts und niemand, keine fremde Energie, kein ungünstiges Umfeld, nichts kann deinen Siegeswillen brechen. Und wenn sich in diesem Moment die Erde auftäte und alles in einem einzigen Spalt versänke, du würdest kämpfen!
- Du weißt: Du bist stark. Stärker als jeder Gegner, stärker als jeder Schmerz.
- Du greifst an, du übernimmst die Führung. Und sonst nichts. Jede Quote, jede Sympathie ist dir egal. Kein Geld kann dich locken. Du willst nur eines: siegen. Das ist deine Initialzündung.

→ Denken Sie daran: Die ersten Sekunden entscheiden über Sieg oder Niederlage. Geben Sie alles in diese kleine Sequenz an Zeit, die mit einer Verneigung vor dem Gegner beginnt. Und deshalb lautet mein Rat: Kämpfen Sie nur gegen jemanden, der es wert ist, an Ihrer Seite zu wachsen, der es wert ist, dass Sie sich vor ihm verneigen. Ein Wir-Ego ist wählerisch in Sachen Werte, Tugenden und Fairness.

Kapitel 8

Die Ehre des Siegers

Für einen, der siegen will, ist Ehre keine Eintagsfliege. Sie ist das, was ihn durch die Zeit trägt, was ihm Niederlagen erleichtert. Wer Ehrgefühl hat, kämpft niemals gegen jemanden, der nicht seinem Niveau entspricht. Der vergeudet keine Kraft und riskiert nicht unnötig, verletzt zu werden, sondern er wählt mit einem langen Atem jene Kämpfe aus, die ihn nach vorn bringen. Was wie ein Kalkül klingt, ist jedoch schlichtweg nur eines: eine Frage der Ehre.

Erinnern Sie sich an die Niederlage, die Henry Maske in jenem Kampf im Jahr 1996 erlitt? Was ein fulminanter Abschluss in seiner Karriere werden sollte, brachte ihm kein Happy End. Maske verlor in der Münchner Olympiahalle gegen Virgil Hill. Mir verschlug es den Atem, denn kaum jemandem hätte ich einen Sieg mehr gewünscht als diesem fairen deutschen Boxer. Aber, so lehrte uns diese Szene, zu siegen ist niemals in Gänze planbar. Egal wie perfekt das Umfeld organisiert ist, es bleibt am Ende jenes Quäntchen Schicksal, das wir nicht beeinflussen können: Maske hängte seine Boxhandschuhe als Verlierer an den Nagel.

Nun machte solch ein Verlieren keine 25-jährige Karriere zunichte, doch es blieb wohl bei jedem seiner Fans ein trauriges Gefühl zurück. Und ich fragte mich damals, ob er unabhängig von den Medienberichten einen Knacks in seiner Ehre empfand. Die Antwort erhielt ich genau 3748 Tage später. Am 31. März 2007, nach fast elfjähriger Pause vom Boxsport, sollte er noch einmal gegen Virgil Hill antreten. Er hatte sich genau 54 Wochen vorbereitet und mit seiner Ankündigung einer Revanche die gesamte Boxsportwelt in Atem gehalten. Unter dem Motto »The Impossible Dream« lockte er sechzehn Millionen Fans vor den Bildschirm. Und er schlug rein in seinen Traum vom Sieg, zeigte seine Taktik in Reinform, kämpfte – und gewann.

Ich kam damals von einem Retreat in Thailand zurück und stürzte nach der Landung als Erstes auf einen Kiosk zu und las die Schlagzeile. Und da stand es schwarz auf weiß: klarer Sieg nach Punkten. Und ich war mir sicher, er hatte es nicht für die Show, nicht für Geld getan, sondern einzig seine Ehre trieb ihn an. Was äußerlich wie ein medienträchtiges Sahnehäubchen auf einer Karriere erschien, war in Wahrheit ein Zurechtzurren eines inneren Selbstverständnisses als Sportler. Und das nenne ich den feinen Stil eines Siegers. Der wird nicht beeinflusst von Äußerlichkeiten! Der geht ausschließlich einher mit dem guten Gefühl, sich selbst treu zu bleiben. Einzig die Verbindlichkeit und die Weitsicht sind der Motor für Erfolg.

Besonders in der westlichen Business-Kultur können wir von dieser Haltung lernen: Wie oft verschieben wir Entscheidungen, um ein Risiko zu minimieren? Wie oft sitzen wir Dinge tatenlos aus in der Hoffnung, sie würden sich von selbst verflüchtigen? Wie oft halten wir Verabredungen nicht ein, weil sie lästig sind? Wie oft vertuschen wir Fehler, weil wir uns davon einen Vorteil erhoffen? Aber Achtung: Das alles sind kleine Attacken gegen die eigene Ehre – und damit schwächen Sie am Ende nur sich selbst. Ehre nämlich klingt nicht nur wie ein großes Wort, dahinter verbirgt sich Ihr innerer Diamant. Seine Facetten bestehen aus Ihrem Denken und Fühlen, aus Ihrem Selbstverständnis und Ihrer Integrität. Ehre stellt die Summe der WUDE-Prinzipien dar und erlaubt es Ihnen, bei allem, was Sie tun, zu strahlen und Ihr Potenzial der Welt zu zeigen.

Würde ein asiatischer Kampfkünstler seine Ehre verlieren, es bliebe nur ein Haudegen zurück. Und ein Manager ohne Ehrgefühl würde respektlos agieren wie ein Narzisst, ohne Wertschätzung für andere und mit einer Leere im Herzen. Haben Sie einmal über die Konsequenzen nachgedacht? Nun, ein ehrloser Mensch achtet nicht mehr auf sein Benehmen, auf sein Umfeld, er rutscht ab auf ein tieferes Level seiner Leistung, und auf Dauer wird sich kein würdiger Gegner mehr mit ihm messen wollen. Besonders im Kampfsport gibt es zunehmend solche Kandidaten: Sie geben sich nicht die Zeit, um zu reifen, charaktervoll zu werden, sich mit Demut einem verdienten Sieg auf hoher Ebene entgegenzutrainieren. Sie wollen abkürzen. Geben ihrem Ego-Druck nach. Lassen sich von schlechten Beratern vorantreiben.

Dass solche Siege aber letztendlich die wirkliche Karriere kosten, das bedenken sie nicht. Wahre Champions würden sich auf solch einen Sprint nicht einlassen. Sie trainieren, um irgendwann ein Vorbild zu sein! Sie wissen, dass solch ein Ziel nicht von heute auf morgen verwirklicht werden kann, dass erst nach 10 000 Stunden ihr Talent zur Stärke wird. Das jedenfalls behauptete Malcolm Gladwell in seinem Bestseller *Überflieger. Warum manche Menschen erfolgreich sind – und andere nicht.* Ich folge in meiner Einschätzung dem Autor und kann nur betonen: Sie brauchen Zeit, um ein Sieger zu werden.

Gladwell beruft sich in seinem Buch auf ein Experiment, das der Psychologe K. Anders Ericsson zu Beginn der Neunzigerjahre vornahm. Gemeinsam mit Kollegen testete er scheinbar begabte Violinisten, indem er sie in drei Gruppen einteilte. Die Musiker der ersten Gruppe zeigten ein auffälliges Talent. Man sagte ihnen eine große Karriere an ihren Instrumenten voraus. Die zweite Gruppe erhielt das Siegel »gut«. Der dritten Gruppe traute niemand eine herausragende Konzertleistung zu, die Fähigkeiten reichten nur für den Beruf eines Musikschullehrers, so die Einschätzung der Wissenschaftler. Allen Gruppenmitgliedern gemein war, dass sie bereits als Kinder von fünf Jahren mit dem Musizieren begannen. Anfangs übten sie im gleichen Umfang, und zwar zwei bis drei Stunden wöchentlich. Aber nach rund drei Jahren öffnete sich die Leistungsschere: Diejenigen, die heute zur ersten Gruppe gehörten, hatten ihr Training gesteigert und taten es im Laufe der Jahre weiterhin: Im Alter von vierzehn Jahren übten sie sechzehn Stunden in der Woche, im Alter von zwanzig Jahren übten sie gar dreißig Stunden in der Woche.

Gladwell leitet daraus in seinem Buch Folgendes ab: »Im Alter von 20 Jahren hatten diese Elitemusiker und -musikerinnen insgesamt rund 10 000 Stunden geübt. Im Gegensatz dazu kamen die ›guten‹ Studierenden nur auf etwa 8000 Stunden Spielpraxis und die künftigen Musiklehrer auf knapp über 4000.«[7]

Zeit und Talent und Disziplin, das sind demnach die Eckpfeiler für Sieger. Für mich aber zählt noch ein Merkmal dazu – es ist die Ehre und somit das tiefe und verbindliche

Verständnis für das eigene Wirken. Ein Mensch, dem Ehre ein Wert ist, wird wegen eines schnellen Erfolges nicht abbiegen. Für ihn wird immer die Frage an erster Stelle stehen, ob er sein Talent nicht verrät und seine Prinzipien nicht verlässt, bevor er sich für eine Veränderung entscheidet. Wer abkürzt, der schwächt sein Potenzial. Wer die Stufen des Erfolgs mit einem Schritt überspringen will, der rutscht auf ein niedriges Niveau ab und begibt sich folglich in ein Umfeld, wo Gier und Tempo und oftmals auch Orientierungslosigkeit herrschen. Der akzeptiert jeden Kampf, jeden Gegner, wenn nur am Ende der schnelle Sieg steht. Er hofft auf einen Aufstieg danach, aber wird doch immer nur unten bleiben.

Fühlt sich nicht gut an, oder? In der Boxszene sagt man zu solcher Art Siegern naserümpfend: »Der steigt ab in der Ehre, der kämpft gegen Fallobst.« Ich weiß, das klingt böse, aber es trifft den Kern. Das bringt keine Freude. Das triggert keinen Stolz. Das erzeugt weder im Gehirn noch im Herzen ein Gefühl von Glück. Und irgendwann wird dieser ungeduldige Sieger dann in den Spiegel sehen und wird für sein Verhalten keine Entschuldigung mehr finden, denn er sieht in ein Gesicht, dessen Augen nicht mehr glänzen. Er wird sich sagen, dass er sein Talent verkauft für einen lumpigen Beifall, für ein wenig Geld und für ein Ansehen in einer Runde, aus der er mit mehr Ehre im Leib längst hinausgewachsen wäre. Das ist der Zeitpunkt, an dem erst die Würde eine Delle erhält und später die Gesundheit.

Glauben Sie mir, ich habe viele Kämpfer erlebt, die daran verzweifelt sind, dass sie einem schnellen Sieg ihre Ehre opferten. Diese Männer und Frauen hielten sich zunächst fest an einer Lüge, dass die Qualität der Siege unbedeutend sei. Einzig auf die Summe der Erfolge komme es an, dachten sie.

Das stimmt nicht. Im Gegenteil. Kämpfe zu bestreiten, die unterhalb der eigenen Talentlinie stattfinden, die kratzen mächtig am Charakter.

Übung

Die innere rote Linie markieren

Der wahre Champion sucht sich ehrenvolle würdige Gegner, nur dann hat ein Sieg eine Bedeutung. Gegen starke, taktisch kluge Kämpfer zu verlieren, das ist kein Verlust! Vielmehr bedeutet es, sein Wachstumspotenzial zu erkennen. Du solltest also jegliche Aufforderung zum Kampf verweigern, die unterhalb deiner Leistungsgrenze spielt. Damit ersparst du dir eine Entwicklungshemmung. Um nicht in die Falle der unnötigen Kämpfe zu tappen, um mit geistiger Klarheit und Entschlossenheit auf dem Karriereweg voranzuschreiten, bitte ich dich um folgende Übung:

- Schließ die Augen. Atme in dein Herz.
- Frag dich: Welche Werte in Beziehungen sind mir wirklich, wirklich wichtig?
- Halt die drei Hauptwerte gedanklich fest, lass sie vor dem geistigen Auge groß werden. Atme weiter in die Werte hinein.
- Öffne nun die Augen, schreib diese drei Werte in dein Notizheft.
- Schließ nun die Augen wieder, und frag dich, welchen Kampf du gerade mit Vorgesetzten, Kollegen, Partner(n), Freunden führst, welche Sorgen dich beschäftigen.

- Atme dort hinein. Fühl diese destruktive Energie. Atme sie laut hörbar durch den Mund aus.
- Öffne nun wieder die Augen, schreib diesen Kampf, der dich belastet, in drei Sätzen in dein Heft.
- Schließ die Augen wieder. Atme ein und aus. Stell dir nun eine rote Linie vor. Rechts von der Linie stehst du mit deinen drei wichtigsten Werten. Links von der Linie befindet sich ein Gebiet, das gefährlich ist, wie ein undurchdringlicher Dschungel weitet es sich aus. Atme weiter ein und aus.
- Wo spielt dein aktueller Kampf sich ab? Im Wertefeld? Dann entscheide nun, dich dem Gegner zu stellen, weil es ein fairer, wachstumsreicher Kampf sein wird.
- Wenn dieser Kampf jedoch jenseits deiner roten Linie stattfinden würde, dort, wo du deine Werte nicht erkennst, wo nur dichtes Unbehagen wuchert, dann sag jetzt laut und deutlich: Auf diesen Kampf gehe ich nicht ein! Es ist nicht meiner. Er passt nicht zu mir.
- Atme weiter in dein Wertefeld hinein. Öffne die Augen – zieh einen Schlussstrich in dein Heft. Vorbei.

→ Mit dem Festlegen deiner roten Linie bestimmst du, welches Verhalten unter deiner Würde liegt. Du wirst dir mit der Zeit ein sehr sensibles Gefühl dafür antrainieren, wer an dieser Linie zerrt. Und du wirst das nicht mehr zulassen. Im Gegenteil. Mit dem Wissen um diese Linie ist es in einer feinen Weise möglich, die eigenen Werte zu verteidigen, zu kämpfen für das, was dir wirklich wichtig ist.

Alle reden über Charisma,
Sie aber besitzen es!

»Es ist keine Ehre, von einem Narren gelobt zu werden«, sagte Konfuzius. Dieser Satz war früher im alten China wahr und ist es heute weltweit. Jeder Mensch braucht Anerkennung und gute Gefühle, er braucht liebevolle und auch gewinnbringende Beziehungen zu Menschen, denen er Respekt entgegenbringen kann. Ohne Zuwendung würden wir innerlich vertrocknen. Niemals würde das für unsere Zufriedenheit so wichtige Hormon Oxytocin angeregt. Das nämlich schwimmt immer dann durch unsere Blutbahnen, wenn wir uns angenommen und sogar geliebt fühlen.

Dieses Hormon erzeugt aber nur einen Nachhall, wenn es auf ehrlichen Umständen beruht. Ein gekauftes Lob verpufft schneller, als Oxytocin sich bilden kann. Wir werden auf Dauer nur glücklich, wenn wir unser Selbstverständnis stählen und Menschen in unserem Umfeld wissen, die es wirklich gut mit uns meinen, die bereit sind, uns langfristig auf dem Weg zum Sieger zu begleiten. Alles andere passiert nur aus Kalkül und nicht aus Wertschätzung. Deshalb lautet mein Rat: Geben Sie sich nicht mit Menschen ab, die nicht vorbehaltlos Ja zu Ihnen sagen. Verlassen Sie solche, die sich wegen des Erfolgs oder des Geldes oder der Macht in Ihren Schatten stellen. Meiden Sie Menschen, die von Ihren Siegen profitieren wollen und die Sie deshalb immerzu anfeuern, sich in neue Kämpfe zu begeben. Bleiben Sie unter keinen Umständen in für Sie schädlichen Gefilden stecken. Ein Sieg, ob im Sport, im Beruflichen oder im Privaten, geht immer einher mit dem guten Gefühl, am richtigen Platz im Leben zu stehen und sich mit den richtigen Menschen zu umgeben.

Der Platz ist übrigens dann für Sie richtig, wenn Sie morgens mit Freude an Ihre Aufgaben denken und abends mit einer positiven Spannung auf den nächsten Tag ins Bett gehen. Und die richtigen Personen? Nun, Sie wissen es: Es sind jene, die Ihnen mit Mut, Disziplin, Wertschätzung und Weisheit begegnen. Es sind jene, die eine hohe Verbindlichkeit im Handeln auszeichnet, weil Ehre auch für diese Menschen mehr zählt als ein fadenscheiniges Gestammel um Vorteil und Gunst. Dann übrigens schwappt Ihr Oxytocin durch Ihre Adern. Ihre Ausstrahlung wird weich und selbstbewusst, und irgendwie strahlen die Augen in einer ungemein einnehmenden Art. Das ist der Punkt, an dem jene Anziehungskraft ihren Anfang nimmt, die wir gemeinhin mit »Charisma« bezeichnen.

Sie kennen diese Menschen, die einen Raum betreten und dabei eine unverrückbare Würde ausstrahlen. Ihnen gehen die Dinge leicht von der Hand, und sie unterscheiden stets das Wichtige vom Unwichtigen. Sie teilen sich ihre Zeit perfekt ein, und was sie anfangen, bringen sie mit einem Lächeln zu Ende. Sie haben Familie, Freunde und fühlen sich in einem guten Umfeld zu Hause. Völlig unabhängig von Geld und Macht besitzen sie jene innere Kraft, für die andere sie bewundern. Keine Sorgen, keine Krisen können sie erschüttern, vielmehr scheinen sie gerade in schwierigen Situationen über sich hinauszuwachsen.

Wenn Sie solch einen Menschen in Ihrem Umfeld wissen, dann dürfen Sie dankbar sein, denn von ihm können Sie viel lernen. Und an dieser Stelle möchte ich mich für den charismatischen leisen Menschen in meinem Leben bedanken. Es ist mein tibetischer Lehrer Lharampa Tenzin Kalden. Er hat mich seit 2015 zum Meditationslehrer ausgebildet, und wenn ich an unsere erste Begegnung denke, dann war sie erfüllt von Würde und Zuversicht. Es bedurfte nicht vieler Worte, damit wir uns verstanden. Und bis heute bin ich beeindruckt von diesem besonderen Charisma, das ihn umhüllt. Es ist ein Stoff, den ich nur schwerlich benennen kann, denn er ist gänzlich anders gewebt als das, was wir in Europa gemeinhin unter Anziehungskraft verstehen. Denn das Charisma von Tenzin Kalden ist von einer sehr leisen Art. Er ist fähig, ein Band aus Atem zwischen Herz und Geist zu spannen, das nie mehr zu zerreißen scheint und damit ein immerwährender Ort für gute Gefühle bleibt. Und genau so soll sich Charisma verankern in Ihnen: leise, elastisch, untrennbar verbunden mit Ihrem guten Gefühl für dieses Leben. Sie dürfen, so hat es mein Meister gelehrt, diesen Ort immer besuchen, immer beatmen, er ist Ihre Quelle für ein tiefes Selbstverständnis und Wirken.

Während hierzulande zahlreiche Coaches versuchen, durch Programme und Methoden die Anziehungskraft von Führungskräften zu erhöhen, und mehr Erfolg, mehr Zufriedenheit, mehr Karriere versprechen, werden Sie unter den wahren Meistern keinen finden, der mit solchem Gebaren aufwartet. Ein Meister wie Lharampa Tenzin Kalden, der die höchste Stufe der spirituellen Theologie erreichte, wird nur eines tun: hinsehen, den Kern des Charakters erkennen und Sie auffordern, sich in sich selbst zu versenken. All das Gottgegebene ist bereits in Ihnen, so wird er sagen. Ihre Anziehungskraft bestehe nämlich in Ihren Werten und Tugenden, Ihren Talenten und Träumen. Nie könne eine Technik, eine Methode von außen je daran kratzen. Die kann lediglich Ihre Fertigkeiten verfeinern, das Gelernte auf ein nächstes Level heben. Die Charakterarbeit selbst, die findet nur im Stillen, nur in Ihnen statt.

Wenn Sie mit Ihrem Atem die Schätze des WUDE in Ihnen berühren, dann erst polieren Sie Ihr Charisma. Das ist für mich eine lebenslange und eine leise Aufgabe. Charisma dient nicht dazu, Menschen von den Stühlen zu reißen. Es will keinen Jubel, keinen Beifall. Vor allem ist es keine »Tschakka-Tschakka«-Allüre auf großer Bühne. Charisma im Sinne der Kampfkunst besitzt einen spirituellen Ausdruck, und der bedeutet, die eigene Ehre einem schnellen Erfolg und Beifall niemals preiszugeben. Schützen Sie also den göttlichen Funken in Ihnen. Er ist zu wertvoll, um für einen kurzen Vorteil verschleudert zu werden.

Mein tibetischer Meister sagt: »Kenne deinen Wert. Wisse um deine rote Linie, die du nie, wirklich niemals verlassen darfst. Und dann atme in deine innere Kraft. Glaub an dich. Das ist der Weg des Siegers.«

Die japanische Tradition der Ehre

In der Zeit der Samurai, im frühen Mittelalter, wurden diese Kriegsdiener des Kaisers zu Helden erhoben. Der Grund war ihre Kampfkunst und auch, so überliefern es die Geschichten, ihr ehrenhaftes Verhalten. Sie lebten nach dem Bushido-Kodex, der mit dem chinesischen WUDE zu vergleichen ist. Die Samurai handelten in Ehrfurcht vor dem Kaiser und vor dem obersten Diener, dem Shogun. Ihr Wort zählte so viel wie ihre Tat selbst; was sie versprachen, führten sie bis zum Ende aus. Nie kam es vor, dass sie eine Mission abbrachen, denn sie fürchteten keine Gefahr, keinen Schmerz. Und wer sein Wort je gebrochen hatte, der verlor nach dem Bushido-Kodex seine Ehre – und damit sein Leben. Was folgte, war die Selbsttötung mit einem Tanto, einem Dolch, durch einen Stich in den Bauch. Denn mitten im Bauch, so die Lehre der Samurai, befand sich das Energiezentrum des Menschen. Nach dieser Selbsttötung wurde der Samurai enthauptet. Man empfand weder Mitleid noch Trauer in der Gemeinschaft, vielmehr hoffte man auf ein folgendes reines Leben für den in Ungnade gefallenen Krieger.

Diese Überlieferungen jagen uns heute einen Schauer über den Rücken. Überhaupt ist das alte Versprechen, Wort zu halten, was immer geschehe, wie einer anderen Zeit entnommen. Gerade deshalb will ich hier kurz verweilen. Natürlich entbehrt es jeglicher Diskussion, dass diese Selbsttötung der Samurai ein schauerliches Ritual war, aus dem zahlreiche Filme entstanden, die einen Horroreffekt benötigen, um Spannung zu erzeugen. Schieben wir also diesen menschenverachtenden Aspekt zur Seite und sehen uns das Verständnis der Ehre dieser einstigen japanischen Krieger an.

Ein Wort, eine Tat. Diese Gleichung ist bei uns ziemlich aus der Mode gekommen. Selbst kleine, vermeintlich unbequeme Versprechen halten wir oftmals nicht ein, wir tänzeln mit einem Lächeln darüber hinweg, und dabei geht uns der Sinn für Verbindlichkeit verloren. Denken wir bitte einmal daran, wie wir einen Termin kurzfristig abgesagt, einen Freund versetzt, ein Meeting verschoben oder ein Wort mit einem Schulterzucken gebrochen haben.

Wir machen uns heute kaum noch Gedanken darüber, was diese Unzuverlässigkeiten bei anderen auslösen. Und umgekehrt nehmen wir unhöfliches Verhalten hin, als sei es eine Lappalie. Das ist es nicht. Denn jedes Verhalten erzeugt eine Energie, und die vervielfacht sich, je mehr Menschen in gleicher Weise agieren.

Das ist bis heute in Japan anders. Dort bleibt die Ehre ein Qualitätszeichen für jede Begegnung. In der Wirtschaft und in weiten Teilen der Gesellschaft findet sich der Bushido-Kodex als Philosophie für ein Miteinander wieder. Aus dieser Tradition gehen bis heute erfolgreiche Firmen hervor. So gründete der Samurai Iwasaki Yataro 1873 das Unternehmen Mitsubishi, der Samurai Ronin Honda das gleichnamige Unternehmen. Auch Finanzinstitute wie die Bank of Japan finden ihre Wurzeln in der Zeit der Samurai. Ihr Geist durchzieht an jedem Tag das Handeln zwischen Chef, Mitarbeiter und Kunde. Jeder will dem anderen ein Diener sein, um die eigene Ehre zu stärken. Niemand würde ein Projekt auf halbem Wege ruhen lassen, nur weil eine vermeintlich bessere Alternative lockt. Niemand würde Vertragsinhalte zum eigenen Vorteil verändern. Niemand würde sich auf Kosten des Gegenübers bereichern. Jeder gibt sein Bestes zu jeder Zeit, und das alles ist nicht eine Frage des Geldes, sondern der Ehre.

Genau diese innere Haltung verhindert in japanischen Unternehmen Mobbing, Profitsucht und narzisstisches Gebaren. Und umgekehrt schützt es den Einzelnen vor Untreue, Nachlässigkeit und Unstetigkeit. Jeder kennt seine innere rote Linie. Niemand übertritt sie. Und sollte es doch geschehen, so würde niemand aggressiv und auch nicht beleidigt reagieren, sondern man würde sich mit einem Lächeln und einer Verneigung aus dieser Beziehung zurückziehen. Nicht die Würde des anderen zerstören, aber doch die eigene unter allen Umständen schützen, das ist die Devise in dieser leisen Kultur des Miteinanders.

Identifiziere und stärke dein Ehrgefühl!

Wer sein Ehrgefühl täglich trainiert, der schützt sich vor Verletzungen und vor Verführungen durch andere. Er baut sich selbst ein unerschütterliches Fundament. Dein Ehrgefühl zu stärken lässt dich tiefer und weiter denken, als manch einer sich das erlaubt. Mit der folgenden Übung wirst du zum Drachen, dessen Merkmale Wissen und Weitsicht sind.

Werd dir zuerst bewusst, was Ehre für dich persönlich bedeutet:

- Was sind die drei wichtigsten positiven Eigenschaften, die ehrenvolle Menschen eint?
- Wen bezeichnest du als ehrenvollen und gleichsam charismatischen Menschen?
- In welcher Situation hast du dich wirklich ehrenhaft verhalten, und welches Gefühl hat das in dir erzeugt?

Schreib es auf.

Formuliere nun deinen kraftvollen Glaubenssatz zu deinem ehrenvollen Verhalten. Dieser Satz wird dein privater und beruflicher Leitsatz sein, er wird dir zu einer inneren Stärke verhelfen:

Ich bin ... und ... und ... Ich schätze diese gottgegebenen Gnaden an mir und werde sie zu meinem Wohl und zum Wohl der anderen stärken.

Integriere diesen Satz 21 Tage lang in deine tägliche Routine. Geh dabei in eine entspannte Grundhaltung. Achte auf eine ruhige, angenehme Atmosphäre.
Sprich diesen Satz am Morgen und am Abend jeweils siebenmal aus. Atme in diesen Satz hinein.

—→ Bis dieser Satz Synapsen im Gehirn erzeugt hat und sich in ein neuronales Netzwerk fügt, vergehen mindestens drei Wochen. Ich empfehle dir deshalb, den Satz an das Ende deiner Meditationen zu hängen und ihn so zu einem festen Bestandteil deiner mentalen Übungen zu machen.

Kapitel 9

Dreizehn Prinzipien der Kampfkunstmeister, um wahrhaftig zu sein

Sie und ich, wir leben in einem Land, das uns Frieden, Sicherheit und Wohlstand schenkt. Wir dürfen uns entfalten nach unseren Talenten. Wir dürfen wählen, mit welchen Aufgaben wir unsere Tage verbringen, welche Meinung wir äußern, welche Religion wir ausüben. Wir haben ein Recht auf Bildung und sind eingebettet in ein funktionierendes Gesundheitssystem. Kulturen können sich mischen, ein bunter Wertehimmel spannt sich über der Demokratie, und die Rechtsstaatlichkeit zieht um all das einen Rahmen. Kurzum: Die universellen Menschenrechte werden an jedem einzelnen Tag verwirklicht. Welch ein Glück!

Und doch steigt die Zahl der unzufriedenen Menschen. Im Schlaraffenland scheinen Visionen abhandenzukommen, Visionen von dem bestmöglichen Leben, das zu jedem Einzelnen von uns passt. Das ist kein guter Umstand, denn wer nicht mehr an sein Glück glaubt, der rutscht ab in ein Seelentief. Dort unten wird er traurig, antriebslos, müde. Er kämpft mit Schlafstörung, Appetitlosigkeit, Verspannung, Herz- und

Kreislaufstörungen. Er verliert zunehmend seine Mitte, seine Werte, seine Ziele. Die Krankenkasse AOK zum Beispiel beziffert die Zahl der Depressiven in unserem Land auf 5,3 Millionen.[8] Das kann ängstigen, wo doch die medizinische Versorgung vorbildlich ist und die wirtschaftliche Lage der Menschen zu den besten in der Welt zählt. 5,3 Millionen Menschen ohne Lust auf Leben, ohne den Wunsch, ein Sieger zu sein in ihrem ganz einzigartigen Leben!

Jedes Schicksal, das ich hinter dieser Zahl vermute, ist eines zu viel! Und ich frage mich seit Jahren, wo jene Nahtstelle zwischen einer alltäglichen Traurigkeit und einer sich verfestigenden Krankheit verläuft. Keine Frage: Eine Depression gehört in die Hände medizinischer Experten. Und doch denke ich, dass sehr früh Anzeichen entstehen, die wir auffangen und abwenden können, wenn wir sensibel für unseren Körper und Geist bleiben, wenn wir stärken, was unser Potenzial ist.

Auf all meinen Reisen rund um die Welt und überwiegend nach Asien durfte ich eines feststellen: Die Kultur Asiens verbietet das Jammern und auch das Mangeldenken. Sie ist nicht durchdrungen von Gier, und Reichtümer anzuhäufen hat dort kaum eine Bedeutung. Und wenn ich dann weiterzog, raus aus den Städten, durch Dörfer und Gebirgsorte, wenn ich die abgelegenen Klöster der buddhistischen Mönche besuchte und genau jene Ruhe der Zufriedenheit spürte, dann wurde mir klar: Die Nahtstelle der Traurigkeit vertieft sich dort, wo wir die Fähigkeit verlernen, fokussiert, achtsam und mitfühlend zu sein. Genau an dieser Stelle nämlich verändert sich unsere Energie, weil wir die Aufmerksamkeit auf Besitz richten statt auf inneres Wachstum. Wir versuchen, Schmerz zu vermeiden, Vorteile zu erhaschen, wir überrumpeln andere und uns selbst, nur um im besten Licht dazustehen und Lob zu ergattern. Mit diesem Verhalten wird unser Geist trüb, werden unsere Kräfte überstrapaziert, weil wir sie nicht nach unseren Werten trainieren.

In den asiatischen Klöstern, wo die Mönche Muskelkraft, Schnelligkeit und Achtsamkeit vereinen, wo der Geist so klar ist wie weißer Tee, dort gibt es keine Traurigkeit, keine Krankheit mit der Diagnose »Depression«. Dort stellt man sich mit Freude den Aufgaben – lässt Fehler und Ängste zu und auch den Schmerz, wie die folgende Geschichte zeigt.

Der junge chinesische Kung-Fu-Schüler mit dem Namen Sheng führte ein Gespräch mit seinem Großmeister über das Lernen, die Angst und den Schmerz. Er fragte erwartungs-voll: »*Großmeister Li, wie kann man seine Angst und seinen Schmerz für immer besiegen?*«

Der Meister Li schwieg einige Zeit und antwortete: »*Sheng, du wirst immer wieder im Leben Ängsten begegnen, wirst immer wieder Schmerz erfahren.*«

Li sagte weiter: »*Es sind die Prüfungen des Lebens, die zei-gen, aus welcher Stärke dein Lebensrad ist. Wie bei einem Wagenrad gleicht jeder überwundene Schmerz einer Spei-che, die das Rad stützt. Wenn das Rad im Laufe des Lebens mit Schwung den Berg hinabrollt und auf Hindernisse trifft, kann es entweder zerschellen oder darüber hinwegrollen. Es kann aber nicht ausweichen! Genauso ist es mit der Angst und dem Schmerz. Jedes Mal, wenn du eine Angst besiegt hast, wird das Rad um eine Speiche stärker.*«

In diesem Dialog liegt die Essenz der Kampfkunst: Sie nimmt ein Scheitern, einen Schmerz, einen Schicksalsschlag an. Sie ängstigt sich nicht vor dem Leben, und das ist wie eine Einladung zum Glück! In dem Moment, in dem Sie Ihre Angst vor der Zukunft verlieren, in dem Sie loslassen von Zweifel und Sorgen, werden Sie sich selbst in einer reinen Form erleben. Da gibt es keinen Stoff aus schlechten Gefühlen, mit dem Sie Ihre Seele bedecken. Sie sehen Gefahren und Freuden gleichermaßen entgegen. Sie erhalten eine Ahnung davon, wie Sie sein könnten, wenn Sie wahrhaftig wären. Wahrhaftig zu sein, das ist der reinste Zustand, den Sie Ihrer Seele darbieten können. Dieser Zustand ist frei von Traurigkeit, frei von Minderwertigkeitsgefühlen, frei von Überheblichkeit. Er ist der Zustand eines Siegers im Sinne der asiatischen Kampfkünste.

Was das bedeutet? Sie leben das Leben, das Ihres ist. Und zwar leben Sie es mit allen Konsequenzen und Hoffnungen, mit dem strahlendsten Blick in Ihre Zukunft. Sie lassen sich nicht unten halten von den gestrigen Fehlern, nicht aufhalten von Niederlagen. Sie nehmen Schicksalsschläge an, reagieren mit angemessenen Emotionen. Aber sehr bald schon sehen Sie wieder nach vorn, weil Sie wissen, dass Sie vor einer Herausforderung stehen, um das nächste Level zu erreichen. Ein Sieger geht weiter auf seinem Weg, bleibt niemals im Sumpf negativer Gefühle stecken, er hebt das Kinn, streckt den Rücken, glaubt an seine Fähigkeiten, vertraut auf das ihm in diesem Leben mitgegebene Glück.

Wahrhaftig zu sein bedeutet, das Gesetz der Polarität zu akzeptieren – auf Schatten folgt Licht, auf Schmerz folgt Freude. Es bleibt niemals immer dunkel und immer hell. Ein Sieger geht in diesem Rhythmus weiter, bleibt sich selbst in allen Lagen treu. Genau dreizehn Prinzipien leiten ihn, und keines würde er je missen wollen. Denn er weiß, dass diese Prinzipien ihn lehren, sich selbst in schwierigen Situationen zu besiegen. Ich will sie Ihnen ans Herz legen, weil ich weiß: Wenn Sie diese Prinzipien berücksichtigen, dann haut Sie nichts und niemand mehr um. Sie bleiben standhaft, wehrhaft und in einer ungemein beeindruckenden Weise optimistisch. Ich bin sicher, dass Sie einige dieser Prinzipien in Ihr Denken und Handeln bereits integriert haben; Wahrhaftigkeit jedoch, dieses wunderbare Gefühl, sich selbst wertzuschätzen, werden Sie erst erreichen, wenn Sie das gesamte Paket der Prinzipien schnüren.

Fangen wir an.

Verantwortung

Laotse sagte: »Pflichtbewusstsein ohne Liebe macht verdrießlich. / Verantwortung ohne Liebe macht rücksichtslos. / Gerechtigkeit ohne Liebe macht hart. / Wahrhaftigkeit ohne Liebe macht kritiksüchtig. / Klugheit ohne Liebe macht betrügerisch. / Freundlichkeit ohne Liebe macht heuchlerisch. / Ordnung ohne Liebe macht kleinlich. / Sachkenntnis ohne Liebe macht rechthaberisch. / Macht ohne Liebe macht grausam. / Ehre ohne Liebe macht hochmütig. / Besitz ohne Liebe macht geizig. / Glaube ohne Liebe macht fanatisch.«

In der Kampfkunst übernimmt der Sportler Verantwortung für den Übungspartner. Er meidet Schläge und Tritte, die verletzen. Er nimmt Rücksicht auf das schwächste Mitglied, bietet Unterstützung an. Ebenso pflegt er ein hohes Maß an Eigenverantwortung, denn er weiß, dass Selbstüberschätzung oder Selbstaufgabe schädigende Verhaltensweisen sind. Deshalb bleibt er realistisch in der Einschätzung seines Umfeldes und auch seiner eigenen Kraft. Er schützt sich selbst vor Enttäuschungen, indem er die Dinge betrachtet, wie sie sind – und nicht, wie er sie gern sehen möchte. Diese Eigenverantwortung ist ihm wichtig, denn sie ist wie ein Schutzfilm über dem persönlichen Glück.

→ Niemand in unserem erwachsenen Leben ist für uns verantwortlich außer wir selbst. Wenn wir uns in einer Partnerschaft befinden, wo die Flamme der Liebe erloschen ist, liegt es in unserer Eigenverantwortung, etwas zu tun, um das zu ändern. Arbeiten wir mit Kollegen, die unsere Werte nicht teilen, dann können wir das ändern, anstatt uns bei anderen darüber zu beschweren. Und wenn wir unglücklich sind, dann sind wir es selbst, die eine Veränderung durchführen können. Schönmalerei und Ausreden helfen nicht weiter! An diesen Stellen heißt es: Raus aus der Komfortzone und rein ins Leben! Fehler zu machen, das ist verzeihlich. Vor dem Unglück aber die Augen zu verschließen, das ist das Ende der Selbstwirksamkeit.

Innere Haltung

In China sagt man: »Ob die Teeschale halb voll oder halb leer ist, du hast recht.«

Unsere innere Haltung strahlt nach außen. Ein optimistischer Mensch wird versuchen, jeder Situation etwas Gutes abzugewinnen, und geduldig an einer Besserung der Umstände arbeiten. Ein negativer Mensch wird über die Umstände jammern und darüber seine Kraft verlieren. Je nach Blickwinkel auf diese chinesische Teetasse entscheiden Sie selbst, ob Sie sich gut oder schlecht fühlen.

Ein Sieger weiß um diesen Wimpernschlag der Entscheidung. Er blinzelt, erkennt die Situation und wirft ihr eine helle Energie voraus. Das gelingt ihm, indem er einen sicheren Stand einnimmt, seine innere Achse der Stabilität stramm zieht, Bauch, Herz und Geist verbindet. Das ist die Haltung des Siegers.

→ Sie werden niemals einen Kampfkünstler sehen, der in seinem Geiste nicht Hand in Hand mit dem Leben geht. Wenn Sie einen Meister fragen, wie er seine Leistung bis zum schwarzen Gürtel gebracht hat, dann wird er antworten, er habe mit dem ersten Training begonnen, dann das nächste angeschlossen, dann das nächste und weiter und weiter ...

Mitgefühl

Der Dalai Lama sagt: »Den Schmerz der anderen muss ich bekämpfen, weil es genauso Schmerz ist wie mein eigener. Die anderen sind fühlende Wesen genau wie ich. Deshalb muss ich zu ihrem Wohle handeln.«

Mitgefühl zu entwickeln zählt zu den elementaren Übungen im Buddhismus. Es öffnet uns das Herz für die Belange der anderen, und es trägt gleichermaßen dazu bei, unser eigenes Temperament zu zügeln.

In der Kampfkunst lernen die Schüler deshalb, mit dem gesamten Körper zu lauschen und für die Energie des Gegenübers durchlässig zu werden. Das stärkt die Wahrnehmung und lehrt uns, unterschiedliche Ansichten und Haltungen zu akzeptieren. Wir nehmen eine mitfühlende Haltung ein, trainieren die Empathie. Aber niemals verwechseln wir Mitgefühl mit Mitleid, docken nie an den Leidensgeschichten der anderen an, denn das würde unser Karma belasten, würde unsere Energie aufsaugen wie ein Vampir das Blut.

→ Ein Kämpfer, der ausschließlich schmerzbefreit mit maximaler Kraft kämpft, kann damit eine Zeit lang erfolgreich sein, doch die Lebenszeit arbeitet gegen ihn. Auf Dauer wird er ohne Mitgefühl verrohen und sich selbst verlieren. Mitgefühl ist das Tor zu sich selbst und zu anderen.

Emotionen

Der Dalai Lama sagt: »Intensive Emotionen verzerren unsere Wahrnehmung.«

Nach Ansicht tibetischer Mönche halten wir den Schlüssel zum Sieg in den Händen, wenn wir die Emotionen beherrschen. Denn unsere Emotionen bauen unsere Geschichten im Geiste. Wir hängen diesen Bildern nach, kommen lange Zeit nicht davon los, und so verfestigt sich zur Wahrheit, was doch nur eine Episode war.

In der Kampfkunst ist jeder Kampf die Chance im Moment. Jeder Moment ist einzigartig, jeder Moment kann sinnvoll genutzt werden. Was hat es also für einen Sinn, einem alten Moment nachzutrauern, wo sich doch längst ein neuer offenbart? Wer seinen Geist in dieser Art trainiert, der steuert seine Emotionen. Der wird nicht in einer Blockade landen, niemals unter mangelnder Selbstbeherrschung leiden, denn er weiß um den nächsten und nächsten und nächsten Moment und damit um eine Kette fortwährender Chancen.

→ Achten Sie stets auf die mentale Stabilität, denn sie schützt Sie vor vernebeltem Denken und unbeherrschtem Handeln. Besinnen Sie sich immer auf die absolute Klarheit des Moments, bleiben Sie gelassen in allen Färbungen Ihrer Emotionen. Nehmen Sie sie wahr, lassen Sie sie ziehen.

Gedankenhygiene

Buddha predigte inmitten seiner Anhänger, als ein Mann störte. Er kam auf den Meister zu, beschimpfte ihn aufs Übelste. Buddha aber blieb vollkommen ruhig und hörte gelassen zu. Als der Mann gegangen war, fragte einer seiner Anhänger, warum ihn solch ein ungehobeltes, unverschämtes Verhalten nicht störe.
Buddha antwortete: »Wenn ich dir ein Pferd schenke, du es aber nicht annimmst, wem gehört das Pferd dann?«
Der Schüler zögerte kurz und antwortete: »Wenn ich es nicht annehme, dann wäre es immer noch dein Pferd.«
Buddha nickte und erklärte: »Auch wenn einige Menschen ihre Zeit damit verschwenden, uns zu beleidigen, haben wir

immer die Wahl, diese Beleidigungen anzunehmen oder nicht.
Das verhält sich genauso wie mit einem Geschenk. Wenn du
es annimmst, akzeptierst du es. Und wenn nicht, bleibt derje-
nige, der dich beleidigt hat, einfach mit einer Beleidigung in
den Händen zurück.«

Unser Geist ist permanent übervoll und wir nehmen bewusst
oder unbewusst unzählige Informationen auf. Wir lernen
neue Methoden und sammeln Zertifikate, als würden die einen besseren Menschen aus uns machen. Wir entfliehen der
Monotonie des Alltags und hoffen auf Abwechslung, auf
Weiterkommen, vielleicht auf die Erleuchtung zum Glück.
Wir lassen uns begeistern von Themen, die doch nur ein
Strohfeuer für uns sind, wir brennen für etwas, das die Mühe
nicht lohnt – und landen am Ende in einer desorientierten Erschöpfung. Dann ist der Geist wie trübes Wasser, das ständig
aufgewühlt worden ist, keine Klarheit mehr möglich.

→ Gedankenhygiene ist Teil der Meisterschaft! Sie gibt uns
die Kraft zu innerer Klarheit und Entscheidungsfähigkeit mit
Herz und Verstand. Reinigen Sie Ihre Gedanken von überflüssi-
gem, beschwerendem Informationsmüll. Löschen Sie hinderliche Glaubenssätze, lästige Ratschläge, Ziele anderer, Zweifel
und Angst und niederdrückende Annahmen aus Ihrem Bewusstsein. Wählen Sie aus, was Sie durch Ihren gedanklichen
Filter lassen. Denken Sie daran: Unser Aura-Energiefeld hat
eine anziehende Wirkung, und so, wie Ihr Fühlen und Denken
beschaffen ist, findet es Resonanz im Äußeren. Das gilt im positiven und leider auch im negativen Sinne.

Fokus

Auf Paulo Coelho geht der Satz zurück, dass Träume nicht verhandelbar seien.

Sich zu fokussieren zählt zu den wichtigsten Fähigkeiten in der Kampfkunst. Was ist das Ziel? Was will ich wirklich, wirklich erreichen? Und dann geht es darum, genau in diese Richtung den ersten Schritt zu setzen, und zwar nur und ausschließlich in diese Richtung! Wer mehrere Ziele ansteuert, wer mehrere Gegner bekämpft, der schwächt seine Moral und sowieso seine Kraft. Er nimmt sich die Chance, ein Sieger zu sein.

Ich empfehle meinen Schülern, sich zu Beginn auf einen Kampfstil zu beschränken und diesen mit voller Hingabe zu erlernen. Denn wer zu viel will, zu hoch hinausstürmt, wer die Schritte nicht einzeln und nicht zielorientiert setzt, der wird stolpern. Es geht in der Kampfkunst und auch in jeder Karriere, überhaupt im Alltag darum, äußeren Reizen zu widerstehen und die eigene Aufmerksamkeit stets zu kontrollieren. Das erst bringt uns zur Willenskraft und zur Disziplin. Fokus auf das eine Ziel, auf den einen Traum, und dann mit aller Kraft vorwärts. Siegen setzt immer die Aufmerksamkeit auf den Moment voraus.

→ In den inneren chinesischen Kampfkünsten spricht man von Fajin, der explosionsartigen Entladung von Energie auf eine fokussierte Trefferfläche des Gegners. Diese impliziert Fokussierung, Atmung, Vorstellungskraft und maximale Bündelung der eigenen Energie aus der gesamten Kraft des Körpers, um sie gezielt wie einen Laserstrahl auf den möglichst schwächsten Punkt des Gegners abzufeuern. Halten Sie dieses Bild in sich fest, es ist das Bild zum Siegen.

Die Kraft der Wiederholung und die Macht der Disziplin

In Japan heißt es: »Die Entfernung zwischen deinen Träumen und der Realität nennt man Disziplin.«

Unzählige Übungsstunden sind nötig, um eine Fähigkeit derart zu trainieren, dass sie in einem Bruchteil einer Sekunde abrufbar wird. Dann erst ist eine Fähigkeit zu einer unbewussten Kompetenz geworden. Wie viel Disziplin geht dieser Leichtigkeit voraus! Wie viel Motivation ist nötig, um mehr als 10 000 Stunden eine Bewegung zu üben!

Kein Motivationstrainer auf großer Bühne kann diesen Willen der Umsetzung je in Ihnen wecken. Ich will Sie hier sogar vor diesen sogenannten Gurus warnen. Jede Begeisterung, die von außen getragen wird, ist nur ein kleiner Funke, der sprüht, niemals ein wirklich dauerhaftes inneres Licht. Motivation zum Lernen und Trainieren kann nur in Ihrem Inneren entstehen, auflodern, nicht wieder erlöschen. Sie selbst sind der, der den Fokus setzt, um einen Traum zu verwirklichen. Ein Meister kann Sie unterstützen, kann Sie mit seiner Weitsicht begleiten. Das Feuer in Ihnen aber entfachen Sie nur selbst. Und wenn Sie diese Kraft der Disziplin in sich einmal geweckt haben, dann kann Großes entstehen. Dann werden Sie Grenzen überwinden, weil Sie die hinderlichen Gedanken nicht mehr zulassen, falschen Ratgebern nicht mehr vertrauen. Sie stoßen vor bis zum Kern Ihres Potenzials.

→ Was ist Ihr größtes Ziel, das Sie erreichen wollen? Schreiben Sie es auf, atmen Sie hinein! Und dann schließen Sie mit sich selbst einen Vertrag. Sie treffen Ihre Entscheidung, alles zu tun, um Ihr Ziel zu erreichen. Ab sofort wird keine Ausrede, kein Schmerz, gar kein Grund Sie von Ihrem Training abhalten. Sie werden mit Disziplin trainieren, den Weg in kleine Abschnitte teilen, jeden Meilenstein feiern und dann weitergehen, ohne rechts und links nach Ablenkung zu suchen. Sie sagen sich morgens nach dem Aufstehen und abends vor dem Schlafengehen: Ich trainiere für dieses eine Ziel, ich erreiche es, weil ich die Kraft und das Potenzial in mir trage.

Denken Sie daran: Wenn Sie ein Meister und Sieger Ihres Lebens werden wollen, dann müssen Sie den einen Grund finden, der Sie dazu motiviert weiterzumachen, immer weiter! Dieser Grund ist wie ein Schatz in Ihrem Innersten – finden Sie ihn. Finden Sie Ihren Traum.

Die Magie des Moments

Mein Meister sagt: »Finde die Magie des Moments, finde deine Chance, und mach das Beste daraus.«

Wenn Sie die Magie des Moments erkennen, sind Vergangenheit und Zukunft bedeutungslos. Die Magie des Moments ist einzigartig, so wie der Sonnenaufgang am Horizont. Und er dauert nur drei Sekunden, denn nur so lange nimmt das Gehirn den Moment als Gegenwart wahr. Dann ist er bereits Vergangenheit und zählt zur Erinnerung. Deshalb nehmen Sie ihn in sich auf! Sensibilisieren Sie sich in Ihrer täglichen

Meditation für den Moment, und nutzen Sie diese dann entstehende Kraft in Ihnen für den Tag.

Mit dieser Bewusstheit stärken Sie Ihre Absicht, ein Sieger zu sein. Sie gehen mit wachem Verstand auf Ihrem Weg entlang, nehmen im Hier und Jetzt jede Schönheit, jede Veränderung wahr. Sie werden niemals einen Sonnenuntergang mit dem Handy einzufangen versuchen, weil Sie wissen: Keine Technik kann ein Abbild dieses immerwährenden Zaubers sein, er ist nur begreifbar im Hier und Jetzt mit all Ihren Sinnen.

→ Jede Situation im Leben, jeder einzelne Kampf birgt die Chance zu siegen. Finden Sie sie, und nutzen Sie sie!

Perspektivenwechsel

Ich sage meinen Schülern: »Wenn wir Dinge oder Situationen nicht ändern können, dann müssen wir unsere Sichtweise darauf verändern.«

Der Samurai Miyamoto Musashi war einer der bekanntesten Schwertkampfmeister des 17. Jahrhunderts in Japan. Sein Wissen und seine Erfahrungen aus vielen gewonnenen Kämpfen schrieb er im *Buch der fünf Ringe* nieder.[9] Die Strategie des Perspektivenwechsels gehörte zu Musashis Geheimnissen. So betrachtete er seinen Kampf immer aus der Sicht eines Berges mit einem anderen Blickwinkel, als die Realität schien. Frei von Emotionen und mit dem nötigen Abstand fand er auf diese Weise die Schwachstellen des Gegners und konnte dorthin die siegreichen Treffer setzen.

Die Strategie des Perspektivenwechsels bietet für jede Verhandlung, jeden Konflikt, für jeden inneren und äußeren Kampf einen ungemeinen Vorteil. Mit meinen Schülern sehe ich mir im Vorfeld den Gegner auf einem Video an. Wir analysieren seine Bewegung, versetzen uns in seine Taktik. Wir versuchen, zu fühlen, zu denken, wie wir annehmen, dass er es tut. Wir erkennen seine Ängste, seine Schwachstellen – um ihn im richtigen Moment genau dort zu treffen.

→ Wir sind oft gefangen in unserer eigenen Gedankenwelt und verlernen, flexibel und leicht mit Konflikten umzugehen. Lösen Sie diese Starre auf! Versuchen Sie, sich in die Gefühle und Gedanken des Gegenübers hineinzuversetzen, aktivieren Sie Ihre Empathie für das, was den anderen umtreibt. Sie bauen damit Überraschungen vor, parieren die Angriffe des Gegners mit Weitsicht. Variieren Sie deshalb Nähe und Distanz Ihres Blickes, werden Sie zum Drachen, der über den Dingen schwebt.

Die Chance zur Veränderung

Bruce Lee sagt: »Zielstrebig, aber nicht starrköpfig. Stark, aber nicht leblos. Widerstandsfähig, aber nicht verständnislos. Standhaft, aber nicht statisch.«

Wir wissen, dass sich die Zeit zunehmend beschleunigt und Veränderungen nie nötiger waren als heute. Und doch scheint es, als würden uns Lösungen fehlen, um jetzt erfolgreich zu sein und die komplexer werdenden Aufgaben zu lösen. Zu viele Ansichten, Wünsche, Systeme, Ziele spannen sich über uns auf, wir könnten uns darin verlieren. Die Ängste der Führungskräfte in den Unternehmen sind groß, diese Chancen der Veränderung nicht wahrzunehmen.

Die japanische Kultur hält dazu eine wirksame Methode bereit: die Nemawashi-Methode. Sie hilft bei der Entscheidungsfindung, bei der Suche nach lohnenden Chancen. Nemawashi wirkt im Einklang mit der Natur: Die ganzheitlich orientierte Methode lässt sich zurückführen auf den alten Grundsatz, einen Baum niemals ohne sein gesamtes Wurzelwerk zu verpflanzen. Ein Baum besteht aus Wurzeln, Stamm, Ästen, Blättern, Blüten und Früchten, und jedes Detail wird bei einer Veränderung liebevoll und aufmerksam betrachtet, keines zurückgelassen oder beschädigt. Jedes Detail hat seine Berechtigung, seine ganz besondere Wirkung. Und nur in Gänze bleibt dieser Baum gesund und überlebensfähig und kann der Zukunft entgegenwachsen.

Als ich im Jahr 2012 mein Unternehmen vergrößerte und auf ein nächstes Level brachte, da entstand aus der bisherigen Kampfsport-Akademie mein heutiges Unternehmen TAOFIT mit neuem Standort, weiteren Mitarbeitern, mit einem ganzheitlichen Konzept aus Sport und Philosophie und Beratung auf 2000 Quadratmetern und drei Ebenen. Diese Veränderung war tief greifend. Gemeinsam mit meinen Mitarbeitern ging ich nach der japanischen Methode Nemawashi vor, verpflanzte den bisher gewachsenen Unternehmensbaum in ein Umfeld, in dem er weiterwachsen und aufblühen konnte. Ich sah voraus, dass es zunächst zu Anpassungen, vielleicht sogar zu Einbrüchen kommen würde, die unserer besonderen Aufmerksamkeit bedurften. Ich sagte mir, dass nach der Lehre des Yin und Yang jede Herausforderung in Kurven verläuft, dass jede Chance auch dem Gesetz der Polarisierung unterliegt: Licht und Schatten. Abwärts und Aufwärts. Bangen und Hoffen. Ich hatte viel investiert, die Banken überzeugt, jeder Mitarbeiter gab sein Bestes. Wir hatten gemeinsam unsere Sinn-Vision entworfen, den WUDE-Kodex als Leitlinie etabliert. Ich meditierte jeden Tag in den Erfolg, der sich einstellen würde, ich glaubte daran, gab dorthin meine Aufmerksamkeit. Die Energie folgte. Meine 25 Mitarbeiter und ich, wir schafften es. Im Oktober 2019 wurde TAOFIT unter 9300 Sportanlagen vom Deutschen Sportstudio Verband als Unternehmen des Monats ausgezeichnet. Dass die Veränderung zur Chance wurde, davon bin ich überzeugt, lag an der sensiblen Strategie des japanischen Nemawashi.

→ Wenn Sie sich aktuell in einer angstvollen Situation befinden, dann glauben Sie an die Macht der Veränderung, an die Chance, die Sie wieder sehen werden. Halten Sie sich an dem Gesetz der Polarität fest, und sagen Sie sich: »Wenn ich mich gerade unten befinde, dann ist genau jetzt der richtige Zeitpunkt, sich wieder aufwärts zu bewegen.« Geben Sie nicht auf. Geben Sie niemals auf!

Das Prinzip von Kraft und Kraftvermeidung

Bruce Lee sagte: »Gewahrsein ist nie ausschließend, es schließt alles ein.«[10]

Die asiatische Kampfkunst basiert auf dem Prinzip von Kraft und Kraftvermeidung. Erst durch geschickte Schrittarbeit, durch kluges Ausweichen vor den Angriffen des Gegners, durch kalkulierten Krafteinsatz wird ein Siegen möglich. Gezielt und intuitiv werden die Schwachpunkte des Gegners angegriffen, um den Aggressor effektiv zu bezwingen. Damit das gelingen kann, greifen die äußeren Komponenten wie Kraft, Schnelligkeit, Beweglichkeit, Timing und Reflexe in die inneren Kampfkünste aus den Komponenten Achtsamkeit, Vorstellungskraft und Konzentration ein. Es gilt also, beides zu stärken. Der chinesische Stil des Taijiquan kultiviert diese Körper- und Geistsensibilisierung.

Auf das Leben mit all seinen Anstrengungen und Krafteinsätzen übertragen, bedeutet das Folgendes: Trainieren Sie Ihr Feingefühl, schärfen Sie Ihre Sinne wie die Klinge eines Schwertes. Erspüren Sie die Angriffsabsichten der anderen, denn ein unerwarteter Angriff ist für jeden Kämpfer der schlechteste Moment zur Verteidigung.

→ Und sollte ein Angriff für Sie unausweichlich sein, dann nehmen Sie die Siegerhaltung ein. Gehen Sie einen Schritt zur Seite, halten Sie inne. Atmen Sie in den Moment, spüren Sie den Zeitpunkt des Konters. Sammeln Sie mit all Ihrer geistigen und körperlichen Macht Ihre Kräfte ein. Lassen Sie den nächsten Schlag des Gegners ins Leere gehen. Vermeiden Sie Kraft gegen Kraft. Und dann setzen Sie gezielt Ihren Schlag.

Aktivität und Flexibilität

Ich sage meinen Schülern: »Wenn du dich bewegst, setzt du etwas in Bewegung.«

Das Geheimnis allen Überlebens ist Flexibilität und Anpassungsfähigkeit, anders wäre nie eine Evolution möglich. Wie wir mit dieser Zeit gehen, wie wir die Phasen unseres endlichen Lebens von der Geburt bis zum Tod gestalten – wir bestimmen darüber durch unser Denken und Fühlen und Handeln. Wir sollten nicht vergessen, wie mächtig wir sind, wie wir Krisen abwehren können und unsere Ziele erreichen, wenn wir nicht zulassen, dass Starre und Blockade uns hindern.

Im Taijiquan und Qigong trainieren wir genau diese Fähigkeit: unsere Energie im Fluss zu halten, den Körper und Geist auf die gegebene Situation einzustellen, die Lebenskraft zu erhalten. Wir entscheiden, ob wir mit fünfzig plus noch flexibel und fit sind, ob die Muskeln gekräftigt, die Sehnen und Bänder gedehnt sind. In dem Fall wirkt diese Flexibilität auf unseren Geist zurück, denn Körper und Geist sind durch unsere Systeme verbunden. Wir sind ganzheitliche Wesen, und je mehr es uns gelingt, in Kohärenz, im Gleichklang dieser Systeme zu sein, desto länger bleiben wir von einer jugendlichen Ausstrahlung gesegnet. Wir bleiben gesund. Umgekehrt erzeugt ein Verkrampfen der Muskeln und Sehnen auch eine Blockade im Geist. Nur aktives Trainieren, und zwar jeden Tag mindestens eine halbe Stunde, öffnet Ihnen zeitlebens den Zugang zu Ihrem Potenzial.

Im Anhang finden Sie meinen Trainingsplan mit Übungen aus dem Qigong, um das wunderbare Zusammenspiel zwischen Körper und Geist zu aktivieren.

→ Warum schränkt sich unsere Bewegungsfähigkeit mit dem Alter ein? Ein Sportwissenschaftler würde sagen, dass das Bindegewebe, die Knochenstruktur, die Dehnbarkeit der Bänder und Sehnen mit dem Alter nachlassen. Ein asiatischer Kampfkünstler aber sieht das anders. Er verweist auf die einhundertjährigen, überaus fitten daoistischen Mönche. Weitere Beispiele von hochelastischen Sportlern bis ins hohe Alter hinein geben ihnen recht, wenn sie eine andere These finden: Mit den Jahren sammelt der Mensch Narben, schlechte Erfahrung, dunkle Energie, emotionale Lasten an. Das macht ihn unbeweglich. Sieger lassen das nicht zu. Sie befreien sich davon, klären den Geist. Denn in einer gesunden Psyche liegt der Schlüssel zum ganzheitlichen Wohlbefinden.

Intuition

Konfuzius sagte: »Die tiefsten Erkenntnisse erreicht man nur durch höchste Sammlung des Geistes. Worte reichen nicht hinunter in diese letzten Gründe, nur intuitive Erleuchtung hilft zum Verständnis.«

Die Intuition ist unser sechster Sinn. Ob sie sich aus dem Bauchgefühl meldet oder aus den Tiefen unseres Unbewussten, mag dahingestellt bleiben, darüber streiten sich die Wissenschaftler, und ich vermute, es wird ein nie zu lösendes Geheimnis bleiben. Festhalten aber dürfen wir: Unser Unterbewusstsein hat erstaunliches Potenzial, denn es erfasst Situationen und Umstände schneller als unser Verstand. In Bruchteilen von Sekunden kann es Situationen analysieren, verarbeiten, Reaktionsmuster darbieten.

Ein Sieger weiß um diese kostbare Fähigkeit – und trainiert sie. Denn erst durch das Nutzen der Intuition erreicht er die höchste Stufe seiner Meisterschaft.

→ Intensives Kampfkunsttraining entwickelt die Intuition von der unbewussten Inkompetenz bis zur unbewussten Kompetenz. Es bleibt ein faszinierendes Feld, sich diesem Ziel zu nähern. Es wird Ihr Leben verändern, denn es verändert Ihr Selbstbewusstsein. Sie werden nicht länger in Konfliktsituationen unsicher nach Taktiken zur Reaktion suchen, Sie werden nicht mehr zulassen, dass Ihr Adrenalinspiegel steigt. Sie bleiben gelassen, denn Sie wissen, Ihre Intuition gibt den Takt in einer ruhigen, selbstverständlichen Weise vor.

Kapitel 10

Die wundersame Veränderung des Charakters

Sie kennen diese Kategorisierungen, wenn es etwa heißt: »Der Mann ist eben cholerisch«, »Die Frau ist eben wehleidig« oder »Das Kind ist eben schüchtern« … Ein Schulterzucken folgt, vielleicht ein mitleidiger Blick. Wie schnell sind wir mit solchen Etikettierungen für andere oder mit der Selbstannahme unserer Persönlichkeit zur Stelle. Dann meißeln wir in Stein, was mit einem bedächtigen Üben zu verändern wäre.

Ich halte wenig von sogenannten Charakterprofilen! Das Leben ist zu bunt, zu herausfordernd für solch ein Meißeln. In der Kampfkunst gehen wir von einem ständigen Wandel aus, von einem Steuern unserer Energie durch Atem und Absicht. In der Kampfkunst stellen wir uns vor, wie Wasser zu fließen. Mal sind wir Nebel, mal flüssige Materie, mal sind wir hart wie Eis. Wir passen uns den Umständen an, verändern die Form. Wir fokussieren uns auf den Sieg. Wenn dieser Sieg Härte erfordert, dann werden wir unnachgiebig. Wenn er Weichheit erfordert, dann geben wir nach. Wenn er Sanftheit erfordert, dann schweben wir über den Dingen.

Ein erfolgreicher Kampfkünstler, da dürfen Sie sicher sein, wird alles daransetzen, morgen ein anderer zu sein, als er es heute ist. Er will sich entwickeln, entfalten, will keinesfalls dort stehen bleiben, wo es gemütlich ist. Er sucht die Herausforderung im besten sportlichen Sinne, und das bedeutet, sich mit dem Gegner zu messen und eine Taktik zu üben, die überraschend anders ist, als die letzte es war. Alles andere wäre wie ein Leben auf dem Sofa, Beine hoch und keine Bewegung. Ich vermute, ein solches Leben würde auch Sie nicht erfüllen, wie sonst würden Sie in diesem Buch lesen und nach einer Einsicht suchen, die Ihre Siegermentalität unterstreicht?

Sie wollen sich auf den Weg machen, Schritt für Schritt Ihre Ziele im Beruflichen und Privaten erreichen. Sie wollen gesund und fit bleiben, und auch Ihre Seele sollte keinen Schaden nehmen. Dafür sind Sie bereit, jenseits der gängigen Methoden neue Impulse aufzunehmen. Gut so. Denn es ist meine tiefe Überzeugung, dass die meisten westlichen Management-Methoden im Außen ansetzen – und deshalb nicht wirksam sind. Leider liegt das Rufen nach Beratern in deutschen Unternehmen gerade im Trend. Die öffnen gerne ihren Methodenkoffer und behaupten, für jedes Problem eine Lösung zu kennen, und erklären munter, was sich hinter den Techniken von SMART- und Lean-Tools verbirgt. Und dann markieren sie das Ziel und nennen allgemeingültige Maßnahmen, wie dieses Ziel nach SMART oder Lean & Co. erreicht werden kann. Und auf dem Weg versucht man, Fehler zu vermeiden, Daten zu sammeln, den Erfolg vorherzusehen.

Damit aber stülpt man jedem im Team das gleiche Programm über, und am Ende herrscht Verwunderung, dass die Hälfte der aufgebrochenen Gruppe unterwegs schlappmachte, die Lust verlor oder einen gänzlich anderen Weg wählte. Und allzu schnell zeigt man heimlich auf das Team und denkt: Falsche Besetzung, ein Dilemma! Aber nicht das Team war schuld am Misserfolg! Einzig die Programme und Methoden waren falsch gewählt. Denn sie haben nicht den Charakter eines Einzelnen, nicht seine Emotionen, Träume und Wünsche, nicht seine Konstitution beachtet. Sie haben schlichtweg vergessen, auf dem Weg zum Ziel nicht nur Daten zu sammeln, sondern auch die Seele eines jeden mitzunehmen.

Wie viele Streitereien, Traurigkeiten, Erschöpfungszustände ließen sich vermeiden, würde das Empfinden der Seele nicht länger ignoriert. Es wäre ein Quantensprung, würden Führungskräfte das Seelenleben der Mitarbeiter erahnen. In der buddhistischen Philosophie wird diese Gabe geschult. Sie bildet das Grundrauschen für jede Kommunikation, für jede Zusammenarbeit. Und auch die in der Kampfkunst hochausgebildeten Mönche fangen in jeder Sekunde die Energie auf, die die Seele des Gegners von innen nach außen strahlt. Diese Energie zu erkennen und richtig zu deuten ist das, was einen Meister vom Schüler unterscheidet, wie es auch Laotse sagte:

Andere zu kennen zeugt von Intelligenz;
sich selbst zu kennen zeugt von wahrer Weisheit.
Herr zu sein über andere bedeutet Stärke;
Herr zu sein über sich selbst bedeutet wahre Kraft.

Siehst du ein, dass du genug hast,
dann bist du wahrhaft reich.
Weilst du beständig im Mittelpunkt [...]
dann wirst du für immer fortdauern.[11]

Wo die Seele wohnt

Die Seele des Menschen bleibt wohl ein niemals zu lüftendes Geheimnis. Wir rätseln darüber, wo sie sich verortet, wie sie sich anfühlt, aus welchem Stoff sie gewebt ist. Für die einen, meist für die Anhänger datenbasierter Wissenschaft, wohnt sie im Gehirn. Für andere, meist für spirituell geprägte Menschen, sitzt sie im Herzen.

Wenn ich die chinesische Philosophie und Medizin zugrunde lege, um eine Erklärung zu finden, dann lautet diese: Alles, was wir sind, geht vom Herzen aus. Jedes Gefühl, jeder Gedanke, jeder Takt im Leben sammelt sich im Herzen und wird von dort gesteuert, gesendet, zu unserer Energie verwandelt. Unser Herz ist demnach viel mehr als eine Pumpstation. Unser Herz ist ein Wunderwerk und auch der Platz der Seele. Und nun mal Hand aufs Herz: Wie oft wenden Sie sich diesem Mittelpunkt Ihres Seins täglich zu? Wie oft wertschätzen Sie seine Leistung? Rund 7000 Liter Blut pumpt Ihr Herz täglich durch Ihre Adern, rund 10 000-mal schlägt es in Ihrem persönlichen Takt. Von Ihrer Geburt bis zum Tod wird es 2,5 Milliarden Mal Ihren Rhythmus vorgegeben haben. Es wird Ihren Hormonhaushalt und Stoffwechsel, Ihre Organ- und Muskeltätigkeiten aufrechterhalten und in einer ungemein intelligenten Weise dafür gesorgt haben, dass Sie in Ihrer Balance bleiben.

Die spirituelle Herz-Expertin Isabelle Schumacher hat über viele Jahre geforscht und die Ergebnisse in Ihrem Buch *Im Herzen berührt* zusammengetragen. Sie weist darauf hin, dass das Herz eine eigene Intelligenz besitzt, dass es über ein eigenes Nervensystem mit circa 40 000 neuronalen Verschaltungen verfügt: »Es empfindet und erinnert sich, es zeichnet

Spuren Ihrer Erfahrung auf. Es sendet unentwegt Signale an Ihren Verstand, an Ihren Körper, an jede einzelne Zelle, und ist 24 Stunden lang bemüht, eine Kohärenz aller Systeme herzustellen.«[12] Nur sind wir uns dieser Intelligenz oftmals nicht bewusst. Wir nehmen sie nicht wahr, wenden sie nicht an – und verhindern dadurch unseren Weg zum Sieg, der immer auch ein Weg zum Herzen ist. Denn dort angekommen, werden Sie umhüllt werden von den guten, hellen Herzgefühlen. Sie werden Gier, Wut, Zorn, Verführung nicht mehr spüren. Sie werden loslassen können von den Gedanken, die Sie seit Jahrzehnten denken, die sich in Ihrem Kopf als automatisch befahrene Bahnen verfestigt haben.

Ich meine damit Ihre hinderlichen Glaubenssätze und Angewohnheiten, die Sie immer wieder anwenden und die Sie letztendlich von einem siegreichen Leben abhalten. Ihr Gehirn liebt nämlich die Gewohnheit. Einmal erfahren, bildet es einen Marker und im Folgenden einen dicken Handlungsstrang. Mit der Zeit wird so Ihr Leben zur Routine. Nach dem Motto »Was gestern war, wird heute sein« fahren Sie fort und wundern sich, warum irgendwann alles starr erscheint.

Und nun frage ich Sie: Wie soll auf diesen ausgetrampelten Gewohnheitspfaden ein Sieger in Ihnen wach werden? Wo bleibt die Herausforderung, wo die Neugierde, wo der unbedingte Wille, sich jenseits des Alltäglichen zu spüren? Wo ist eine charakterliche Veränderung möglich, wenn Sie dieses Alte, Hinderliche nicht loslassen? Ich gehe sogar weiter und sage im Sinne der chinesischen Philosophie: Sie erzeugen Blockaden in Ihren Energiefeldern, wenn Sie starr und inflexibel werden und Ihre Spiritualität im Herzen vernachlässigen. Ich wünsche Ihnen, dass Sie mutig werden, dass Sie sanft Ihr Herz berühren und sich sagen: Von diesem Muskel aus strömt nicht nur mein Blut, sondern auch die helle und positive Energie.

Alles ist Energie, alles fließt

Nach dem Taoismus der chinesischen Philosophie sind Körper und Geist nicht zu trennen. Sie bilden eine Einheit. Denn jede Ihrer Zellen wird von der gleichen Energie durchdrungen, jedes Gefühl, jeder Gedanke wird von Ihrer Energie gefärbt. Deshalb geht es in den inneren Künsten wie Qigong und Yoga vor allem darum, diese Energie durch Übungen fließen zu lassen. All diese Übungen, die von dem Atem getragen werden, sind auf einer mehr als viertausend Jahre alten Erfahrung aufgebaut. Sie fußen auf einem ganzheitlichen Denken und Fühlen, begreifen den Menschen als Individuum mit seiner eigenen Spiritualität. Nie kann es eine Blaupause geben. Auch Ihre Spiritualität ist, wie Ihr Fingerabdruck, Ihre Einzigartigkeit. Wie Sie glauben, wie Sie hoffen, wie Sie träumen, das kann niemand anders in dieser Färbung und Intensität. Denn niemand fühlt, denkt, interpretiert die Welt und das, was wir dahinter vermuten, genau wie Sie.

Wo unsere Schulmedizin viel zu schnell zu bunten Pillen tendiert, um schlechte Gedanken zu verbessern, Schlaflosigkeit zu beheben, um ein Stressgefühl niederzudrücken, da geht die Traditionelle Chinesische Medizin einen sehr individuellen Weg: Sie sagt sich, dass jeder Mensch sich nach seinem eigenen Temperament entfaltet, dass er gesund bleibt, wenn die zwölf Hauptleitbahnen des Meridiansystems ohne Energieblockaden verbunden sind. Dazu muss der Mensch im Einklang mit seiner inneren und äußeren Welt sein.

Die Lehre vom Fließen des Chi durch unser Meridiansystem geht weit über unser körperliches Verständnis von Gesundheit hinaus. Diese Lehre ist fähig, die Verbindung mit dem Universum aufzunehmen und sich mit der Energie der Zeitlosigkeit zu verbinden. Das ist übrigens keine Hexerei, sondern ein wissenschaftlicher Vorgang, den Quantenphysiker längst bewiesen haben: Wir können auf die gesamte Energie zugreifen, die jemals in den rund 104 Milliarden Menschenleben auf diesem Planeten existierte. Nie geht eine Energie verloren, jeder jemals gedachte Gedanke, jedes jemals erlebte Gefühl bleibt vorhanden. Wir entscheiden, wo wir andocken wollen, welche Energie uns durchfließt. Wir sind verantwortlich dafür, ob wir ein Sieger sind – oder im Mangeldenken feststecken.

Es geht in der buddhistischen Philosophie, die ich mit meinem Kampfsport verbinde, darum, dass wir täglich unsere Aufmerksamkeit auf das richten, was uns wichtig ist. Denn in dieser Art fügt sich unsere Energie. Wenn Sie ein Bild von sich als starkem, gesundem, diszipliniertem und werteorientiertem Kämpfer im Leben zeichnen, dann werden Sie genau so sein! Wenn Sie sich hingegen fortwährend über Fehler beschweren, wenn Sie Zorn und Wut in sich tragen, dann färbt sich in dieser Art Ihre Energie. Eine Blockade ist die Folge.

Für einen Shaolin wäre das der Tod, denn eine blockierte Energie raubt die geistige Klarheit und auch die schnelle und sichere Reaktion auf Gefahr. Körper und Umwelt stehen dann in einem Störgefühl zueinander. Der harmonische Einklang ist nicht mehr möglich. Die Zellen verlieren das Muster eines Siegers. Um das zu verhindern, meditieren die Mönche vier Stunden am Tag. Nun werden Sie diese Dauer nicht leisten können, und zu Ihrer Beruhigung sei gesagt: Dreimal fünf

Minuten reichen aus, um Ihre Balance zu erhalten. Dreimal fünf Minuten, um sich als Sieger vorzustellen, ist das ein lohnender Deal mit sich selbst?

Übung

Sei wie ein Baum zwischen Erde und Himmel

In der chinesischen Medizin gehören neben klimatischen Faktoren wie Kälte, Hitze, Nässe und Trockenheit sowie Umweltgiften auch negative Gedanken zu den Störfaktoren der Energie. Das kann Blockaden setzen. Diese lassen sich über folgende Übung auflösen.

» Stell dir vor, du wärst ein Baum, du verbindest Erde und Himmel, du bestehst aus Wurzeln, Stamm und einer blätterreichen Krone.
» Stell dich hüftbreit auf den Boden.
» Der Oberkörper ist gerade und gestreckt, alle Gelenke sind gelöst.
» Kipp dein Becken leicht nach vorn, sodass der Steiß und der Scheitelpunkt zusammen mit der Wirbelsäule eine Linie bilden.
» Atme ein und aus. Atme in die Vorstellung, du seist ein Baum.
» Verbinde dich fest mit der Erde, drück deine Zehen, die Fußränder, die Ballen, die Fersen fest hinein. Deine Füße sind die Wurzeln, tief mit der Erde verbunden. Atme in

deine Füße hinein, lass sie weiter mit der Erde verschmelzen. Spür diese Bodenhaftung.

» Stell dir vor, wie du aus der Tiefe der Wurzel mit jedem
Einatmen frische, kraftvolle universelle Lebensenergie
aufnimmst, wie sie in deinen Körper gelangt. Halt diese
Energie, dein Chi, für drei Sekunden. Atme die verbrauchte Energie aus, gib sie an die Erde ab. Die Natur
besteht aus genau diesem Geben und Nehmen.

» Lenk nun deine Aufmerksamkeit in den Oberkörper,
und stell dir vor, dass dieser wie eine überdimensionale
Baumkrone in den Himmel ragt. Diese Krone ruht auf
ihrem Stamm, auf deinen Beinen und deinem Unter-
körper.

» Atme nun tief ein, zieh die Energie aus deinen Wurzeln,
lass sie durch den Stamm in die Baumkrone fließen, und
gib sie über den Scheitelpunkt des Kopfes an den
Himmel wieder ab. Atme in diesem Rhythmus weiter ein
und aus.

» Verbinde dich mit der universellen Energie des Himmels.
Was spürst du? Ein Gefühl von Wärme, ein Kribbeln,
einen Windhauch auf der Haut? Alles ist richtig, alles ist
gut.

» Atme weiter. Nimm neue Energie auf, gib verbrauchte
Energie ab. Empfinde eine wohltuende Ruhe in dir.

» Entwirf ein Bild von dir als Sieger. Atme durch dieses Bild
von oben nach unten. Zieh die Energie aus dem Himmel,
und gib sie in die Erde ab. Verbinde Yin mit Yang. Füll
das Bild mit deiner Energie, schenk ihm eine Farbe,
einen Ton, einen Duft. Atme weiter ein und aus.

» Öffne die Augen, spür nach.

Durch die Atmung findet der Energieaustausch statt, durch die Atmung bringen wir den Energiefluss voran, durch die Atmung entsteht unsere Verbindung zwischen Himmel und Erde

Das Brennen der Lebenskerze

Mein chinesischer Meister sagt, dass sich mit unserer Geburt eine Kerze entzündet, die Flamme nährt sich aus den Nieren. Sie brennt unser ganzes Leben hindurch, erlischt mit dem Tod. Je nachdem, wie sorgsam wir dieses Feuer vor negativen Einflüssen und Giften schützen, brennt die Kerze schneller oder langsamer nieder. Schlechte Lebensweisen, mentaler Trübsinn, ungesunde Ernährung, ein Handeln wider die eigenen Werte, aber auch eine schädliche Umwelt, ein schlechtes Klima, das alles lässt das Wachs der Kerze rasant schmelzen.

Nach Ansicht meines Meisters Shen sollten wir täglich darauf achten, dass wir Sauerstoff, Nahrung, Bewegung, Schlaf und Licht in ausreichendem Maße erhalten. Wir müssen unsere sieben Hauptchakren, unsere Energiezentren, täglich stärken, denn diese sieben Punkte sind mit unserem Meridiansystem eng verbunden. Sie verlaufen als Körpermittellinie vom Steißbein bis zum Scheitel. Unterschiedliche medizinische Kulturen bieten dazu ihre Lehren an, die älteste, über 3000 Jahre währende stammt aus dem asiatischen Raum und ist eng mit dem Buddhismus verbunden. Von dieser Kultur geht die Vorstellung aus, dass der menschliche Körper von elektromagnetischen Energiefeldern durchdrungen wird, dass diese Energie bis auf die Ordnung all unserer Zellen und deren Atomteilchen wirkt. Mehr noch: Wir können diese Ordnung steuern, sie durch Übungen und Atmung unterstützen. Wir können sogar durch unsere Gedanken und Gefühle diese Energie in uns verändern. Die indische, tibetische und chinesische Medizin basieren auf dieser Energielehre der Chakren.

Die folgenden sieben Energiezentren sollten Sie daher besonders beachten, um körperlich, geistig und mental gesund zu bleiben:

- Das **Wurzelchakra** besitzt das Element der Erde und fördert den Sinn des Geruchs.
  Es steht für innere Stabilität. Ist das Wurzelchakra gestärkt, dann verfügen wir über ein gefestigtes Selbstbewusstsein, alle Organe arbeiten in einer zuverlässigen und stabilen Weise.

—▸ Bei einer Blockade des Wurzelchakras empfinden wir Angst und Trägheit auf der einen Seite, auf der anderen eine schier unendliche Gier nach materiellem Besitz. Atmen Sie in diese Blockade hinein, lassen Sie los von Angst, Trägheit und Gier.

- Das **Sakralchakra** besitzt das Element des Wassers und fördert den Geschmackssinn.
  Es steht für die Sexuallust und gleichsam für die schöpferische Kraft in uns. Wenn hier die Energie ungehindert fließen kann, erleben wir Lebensfreude und emotionale Stabilität.

—▸ Bei einer Blockade des Sakralchakras empfinden Sie Aggression oder Traurigkeit, Ihre Lebensfreude ist eingeschränkt und Ihre Selbstliebe kaum noch vorhanden. Atmen Sie in diese Blockade hinein, lassen Sie die negativen Beschränkungen los.

- Das **Nabelchakra** besitzt das Element des Feuers und fördert den visuellen Sinn.

  Hier ist die Selbstwirksamkeit verortet. Wir zeigen Durchsetzungskraft und Willensstärke, wenn das Chi ungehindert hindurchfließen kann. Es ist zudem unser Gradmesser für Gelassenheit und innere Balance.

→ Bei einer Blockade zeigen Sie ein rücksichtsloses Verhalten gegenüber anderen, Sie unterliegen einem Kontrollzwang, leiden unter Unzufriedenheit und Schlaflosigkeit. Atmen Sie in diese Blockade hinein, und stellen Sie sich als liebenswerten, ausgeglichenen Menschen vor. Lassen Sie los von allem, was dieser Vorstellung entgegensteht.

- Das **Herzchakra** besitzt das Element der Luft und fördert den Tastsinn.

  Ihm werden Liebe und Hingabe zugeordnet und ebenso Optimismus und Leidenschaft. Wenn hier die Energie ungehindert fließt, empfinden wir pure Lebensfreude und Mitgefühl für andere Menschen. Die Energie wärmt das Herz; wenn sie ohne Blockaden durch dieses Chakra fließen kann, dann weckt sie unsere emotionale Intelligenz.

→ Eine Blockade im Herzchakra lässt uns für andere kaltherzig erscheinen. Die Grundeinstellung zum Leben wird negativ, und die Neigung zur Depression erhöht sich. »Das Glas ist immer halb leer, nie halb voll« wird dann zum Motto. Atmen Sie in diese Blockade hinein, verändern Sie Ihre Grundeinstellung zum Positiven, wertschätzen Sie die Leistung und die Sensitivität Ihres Herzens.

- Das **Halschakra** besitzt das Element der Erde und fördert den Hörsinn. Es fördert Offenheit, Ehrlichkeit, Inspiration und Freundlichkeit. Es ermöglicht uns eine positive und zugewandte Kommunikation. Mit seiner Hilfe werden wir fähig, Resonanz zu geben. Wenn hier die Lebensenergie fließt, dann erfahren wir eine tiefe Selbstbestimmtheit im Leben.

→ Blockaden im Halschakra bringen eine Verschlossenheit, Übellaunigkeit und ein zurückgezogenes Verhalten mit sich. Sie machen den Menschen einsam. Atmen Sie diese negativen Störungen aus, lassen Sie los von der Vorstellung, Sie seien nicht zur Kommunikation, nicht zum Sieger geboren! Verändern Sie Ihre Energie.

- Das **Stirnchakra** ist nach der Meisterlehre mit unserer körperlichen, geistigen und seelischen Selbsterkenntnis verbunden. Es fördert die Spiritualität und die Intuition. Ihm ist kein Element zugeordnet.
Es wird auch als »Drittes Auge« bezeichnet und schenkt uns ein hohes Verständnis unserer intuitiven Fähigkeit und unserer außergewöhnlichen Wahrnehmung. Hier verbinden sich Klarheit, Verstand und mentale Schöpferkraft zu einer höheren Bewusstseinsebene.

→ Eine Blockade im Stirnchakra bringt uns in eine Kopflastigkeit, sie verhindert klares Denken und die höheren Einsichten. Wir bleiben dann in Gedankenschleifen stecken, verlieren unsere Intuition und Leichtigkeit im Leben. Atmen Sie Selbstzweifel, Unsicherheiten fort, atmen Sie sich Ihr Urvertrauen, das Leben sei gut, zurück.

• Das **Kronenchakra** steht für unsere Meisterschaft im Leben und ist keinem speziellen Element zugeordnet. Es verbindet Erde, Himmel und Mensch, bietet den Zugang zum Universum. Es steht für Wissen und Erleuchtung. Wenn hier die Energie ungehindert fließt, empfinden wir Fülle, Vollständigkeit, dann haben wir Zugang zum göttlichen Funken in uns.

→ Bei Blockaden im Kronenchakra leiden wir unter Verlustängsten, haben Angst vor Zurückweisung und vor Einsamkeit. Im schlimmsten Falle können wir das Gefühl für unsere Identität verlieren. Atmen Sie in den Scheitel, stellen Sie die Verbindung zum Universum wieder her, ziehen Sie positive, zuversichtliche Energie heran, und lassen Sie diese durch den Körper fluten.

Wenn ich die Mönche in Asien betrachte, dann faszinieren mich ihre Gelassenheit und Geistesschärfe. Und mir kommt in diesen Begegnungen immer wieder die Metapher der Lebenskerze in den Sinn. Es ist unsere Aufgabe, diese Kerze brennen zu lassen, solange das Wachs vorhanden, der Docht stark ist. Wir können schonend und klug mit den Ressourcen umgehen. Wir haben es selbst in der Hand, ob wir uns charakterlich vernachlässigen oder immer wieder Korrekturen vornehmen, um weiser und empathischer zu werden. Wenn uns das gelingt, wenn wir die Energie im besten Sinne dieser Lebenskerze leiten, dann sind wir Sieger. Dann werden keine negativen Gefühle mehr die Seele belasten, dann wird der Kopf klar und frei bleiben, um im richtigen Moment die Entscheidung zu treffen, das Schwert zu ziehen und für das eigene Ziel zu kämpfen. Kein Zögern. Kein Grübeln. Keine hinderlichen Glaubenssätze werden Sie je wieder davon abhalten, für Ihre Belange einzutreten. Sie wissen, was Sie können, wohin Sie wollen, Sie pfeifen auf vorgefertigte Methoden, auf ein Kratzen an der charakterlichen Oberfläche von außen. Sie nämlich haben sich fest in Ihrem Inneren verortet, haben Frieden geschlossen mit Ihrer Seele. Sie sind selbstwirksam und entscheiden sich für die helle, die Herzensenergie in Ihrem Leben. Weiter so.

Übung

Der Kämpferpass im Heft

Das für die Kampfkunst relevante Energiezentrum ist das Xia-Dantien. Es befindet sich unterhalb des Bauchnabels. Dies ist der Speicherort des Chi, und von dort aus verteilt sich die Kraft über Ming-Men, das Tor des Lebens, nach außen.
Hast du dir je Gedanken darüber gemacht, welches Bild du von dort sendest? Ich vermute, ja. Nur kann es sein, dass zu viele Aufgaben, zu viele Sorgen, zu viele Ängste und Zweifel

sich über dieses Bild legen. Dann besteht die Gefahr, das Erreichen deines Lebensziels, deines Sieges aus den Augen zu verlieren oder sich nicht mehr zu trauen, dieses herausfordernde Ziel anzusteuern. Hier gebe ich meinen Schülern folgenden Hinweis: Zwischen Zweifel und Vertrauen liegt der Schlüssel zum Erfolg. Zwischen diesen beiden Polen wirst du dich zurechtfinden müssen, denn es wird kein Leben ohne Schmerz, Niederlagen und Ängste geben. Die Übung des Gelingens wird dir eine Hilfe sein, mit diesen Momenten umzugehen und dein Ziel in jeder Situation klar zu konturieren. Meine Schüler führen einen Kämpferpass, um Niederlage und Sieg zu bewerten und um schwarz auf weiß die Entwicklung zu erkennen.

Nimm dein Notizheft und einen Stift zu Hand. Öffne das Heft, und schreib die Überschrift »Kämpferpass« in die erste Zeile. Schließ die Augen.

Wann hast du das letzte Mal einen Kampf verloren? Schreib diese Situation in wenigen Sätzen auf.

Fühl nach. Atme in diese Niederlage hinein, nimm die Traurigkeit, die Angst, den Schmerz wahr. Welcher hinderliche Glaubenssatz, welches Gefühl hat den Sieg verhindert? In welchem Chakra saß die Blockade? Fühl nach. Dann lass los.

Wann hast du das letzte Mal einen Kampf gewonnen? Schreib diese Situation in wenigen Sätzen auf.

Fühl nach. Atme in den Sieg hinein, nimm den Stolz, die Freude, den Beifall noch einmal wahr, lass diese Energie in deine Zellen. In welchem Chakra hast du diese Emotionen besonders stark gespürt? Atme dort hinein. Hol dir das Gefühl des Sieges in diesem Moment zurück.

Kapitel 11

Wahrhaftigkeit versus Widerstand

Kennen Sie Ihren größten Feind? Wissen Sie, wer täglich dafür aufsteht, Ihre Wahrhaftigkeit zu verhindern, Ihre Werte infrage zu stellen und Sie überhaupt auf falsche Wege zu zerren? Wissen Sie, wer am Ende Ihres Lebens schuld sein wird, dass Sie verpasste Chancen bereuen und sich sagen: Ich bin nie zum Kern meines Potenzials vorgedrungen? Es hätte so viel Schöneres in meinem Leben geschehen können, wäre ich nicht so selbstverliebt, eigennützig und starrsinnig gewesen. Es ist Ihr Ego. Dieser kleine Querulant in Ihnen will Macht und Bewunderung, und dafür ist er bereit, mancherlei Tricks anzuwenden, um Ihnen Argumente zu liefern, warum Sie ihn täglich streicheln und seine Selbstverliebtheit unterstützen sollten, warum Sie auf langfristige Herzensziele pfeifen sollten. Vorsicht, je mehr Sie Ihrem Ego nachgeben, desto weniger gelangen Sie in den erstrebenswerten Zustand der Wahrhaftigkeit.

Natürlich gehört Ihr Ego zu Ihnen wie die Farbpalette zum Maler. Durch Ihr Ego erst erhalten Sie Ihren Eigensinn und zeigen der Außenwelt die unverkennbaren Merkmale Ihres

Charakters. Keinesfalls sollten Sie es derart niederdrücken, dass Sie Humor, Pfiffigkeit und eine Portion Selbstgefälligkeit verlieren. Aber dennoch ist es wichtig zu wissen, dass dieser Geselle in Ihnen dazu neigt, Spielchen zu initiieren, um im Mittelpunkt Ihres Universums zu tanzen. Deshalb lautet mein Rat: Setzen Sie ihm Grenzen, und bleiben Sie konsequent, wenn es darum geht, ihm den großen Auftritt zu verwehren. Am besten begegnen Sie ihm wie wohlwollende Eltern dem eigenen Kind: Die fallen nicht in Verzückung, wenn es auftrumpft, akzeptieren ungehöriges Benehmen nicht. Sie fördern die guten Seiten, lächeln milde über die Schwächen. Was solche Eltern jedoch niemals zulassen würden, das ist ein verwöhnter Terror, ein anstrengendes Geschrei um nichts, nur damit das Kind seinen Willen bekommt. Ähnlich ist es bei Ihrem Ego. Sobald Sie ihm keine Grenzen setzen, wird es maßlos, und Sie werden am Ende in einem schädlichen Stress landen, weil Sie angetrieben werden, höher, schneller, weiter zu laufen. Es weitet sich in Ihnen mehr und mehr aus, bis Sie keinen Raum in sich mehr spüren für eine stille Stunde und für eine Reflexion darüber, was Sie in Ihrem Leben *wirklich, wirklich* wollen.

Kampfkünstler lernen sehr früh, das eigene Ego zu einem friedlichen Partner zu erziehen, denn alles andere würde ihrer Karriere entgegenstehen. So ist für mich der Sieg über das eigene Ego der schwierigste Kampf. Denn er bedeutet, nicht mehr anzuhaften an Eitelkeiten. Den materiellen Besitz nicht über die Geistesstärke zu stellen. Nicht mehr zu bewerten. Erwartungsfrei voranzugehen. Das alles sind für den unruhigen Gesellen in Ihnen Gefahren. Er wird gegen solche Absichten rebellieren. Er wird flüstern, die Zeit im Leben sei zu kurz, um Verzicht zu üben. Halten Sie den Sturm Ihres Egos aus, geben Sie ihm nicht nach, durchschauen Sie seine Taktiken:

- **Die Spaßvogel-Taktik:** Das Ego macht sich lustig über seine Mitmenschen und fühlt sich durch fremdes Gelächter ermutigt, weiter in den Mittelpunkt zu rücken. Seine Späße entspringen aber nicht dem schönen Merkmal des Humors, sondern dienen einzig dazu, Aufmerksamkeit zu erhalten und von eigenen Schwächen abzulenken. Es zeigt dann auf die Schwäche der anderen und amüsiert sich köstlich dabei.

→ Stoppen Sie diese Art von Späßen, die auf Kosten anderer gehen. Das baut negative Energie auf und kann Ihr Gegenüber an der Seele verletzen.

- **Die Ewiger-Champion-Taktik:** Ihr Ego bewertet andere, meist geht das mit einem Naserümpfen einher. Es empfindet kaum Wertschätzung für andere und für ihre Leistung. Vielmehr will es selbst gelobt und bewundert werden, und wenn man ihm keinen Einhalt gebietet, dann nimmt sein Verhalten narzisstische Züge an. Oftmals erhöht es sich selbst durch das Prahlen mit längst vergangenen Erfolgen. Sein Stern wird immer scheinen, denkt es sich, und die Leistung der Vergangenheit reicht für ein ganzes Leben aus: Warum sich anstrengen, wenn es doch früher mal ein Sieger war?

→ Ihr Ego kennt keine Liebe. Bringen Sie ihm Wertschätzung für die Leistung der anderen bei, und rücken Sie sein Selbstwertgefühl wieder gerade.

- **Die Richter-Taktik:** Ohne langes Abwägen, ohne fundierte Kenntnis einer Situation verurteilt Ihr Ego seine Mitmenschen. Es zeigt auf angeblich Schuldige in einem Dilemma und schert sich wenig darum, was diese Verurteilung im anderen bewirkt. Dazu spricht es sich selbst die Autorität zu und sucht sich Verbündete, die sein Urteil bekräftigen. Solch ein Verhalten hat nur ein Ziel: von den eigenen Defiziten abzulenken.

→ Lassen Sie nicht zu, dass Ihr Ego die eigenen Schwächen auf andere projiziert. Um zu wachsen, brauchen Sie die Einsicht, wo Ihre Stärken, Schwächen und auch Ihr eigenes Fehlverhalten liegen.

- **Die Verlierer-Taktik:** Jammern bringt Aufmerksamkeit und manchmal auch das Mitleid der anderen. Dafür, so mag Ihr Ego denken, lohnt es sich, in die Opferrolle zu schlüpfen. Dass es dabei einfordert, was andere belastet, ist ihm egal. Es schert sich nicht darum, ob sein ständiges Jammern zum Energiefresser für andere wird. Hauptsache, so mag es sagen, man beachtet mich!

→ Wer sich als Opfer betrachtet, der kann nicht siegen. Wechseln Sie die Perspektive: Stark erscheint, wer Ehre und Optimismus ausstrahlt. Das Glas ist halb voll – niemals halb leer.

Wahrscheinlich wird Ihnen jede dieser Taktiken bekannt vorkommen, denn Ihr Ego wechselt seine Vorstellungen, um Aufmerksamkeit zu erreichen. Je nach Situation entscheidet es, wie es Sie stressen kann. Folgen Sie dieser Spielart nicht. Ein Sieger bleibt authentisch, wachsam. Er hebt das Schwert und zeigt seine Kraft! Er überwindet jede Hürde, wenn es der Entwicklung dient. Auf ein Affentheater im Geiste lässt er sich nicht ein. Stellen Sie sich einmal vor, ein Kampfkünstler würde diesem Flattern der Gedanken nachgeben!

Mein Meister Shen sagt dazu, dass ein wahrhaftiges Siegen erst möglich wird, wenn die Gedanken rein und klar sind und das Ego bescheiden. Einer seiner Schüler, Shu, so hat er mir verraten, war ein Draufgänger. Siegen unter allen Umständen, das war sein Ziel. So entschied man, Shu zu weisen chinesischen Mönchen in die Lehre zu schicken. Die Mönche hatten die siebzig weit überschritten. Zunächst wunderte sich der draufgängerische Shu darüber und lachte, er fragte, was er von diesen betagten Mönchen wohl lernen konnte. Aber er reiste zu ihnen, wie mein Meister es wünschte.

Kaum angekommen in dem Kloster, forderte der älteste Mönch ihn zum Kampf heraus. Shu zögerte, denn sein Respekt vor dem Alter gebot ihm, das scheinbar ungleiche Kräftemessen auszuschlagen. Aber der alte Mönch bestand darauf, wiederholte diese Aufforderung mit Nachdruck. Da willigte Shu mit einem siegessicheren Lächeln ein. Er dachte, der alte Mönch könne ihm kaum gefährlich werden, es werde eine einfache Aufgabe sein, ihn zu besiegen und sein eigenes Ansehen in der Gruppe zu erhöhen.

Er irrte. Der alte Mönch gewann den Kampf. Auch gegen die anderen Mönche verlor der junge Shu. Jeder der Senioren besiegte ihn mit Leichtigkeit! Er hatte nicht die kleinste Chance, obwohl er in der Blüte seiner Kraft stand.

Verdutzt fragte er nach dem Geheimnis, und die alten Mönche antworteten: »Es ist die innere Stärke, die uns zu Siegern macht.« Diese Einsicht erzeugte in Shus Denken eine neue Weichenstellung. Er wirkte nicht mehr nach außen, wollte anderen nicht mehr gefallen. Es war ihm nicht mehr wichtig. Vielmehr begann er sich zu fragen, wie er seine Kraft und seinen Willen besser kanalisieren könnte. Und mit dieser Frage begann die Veränderung seines Charakters. Nicht mehr der Eigennutz stand im Vordergrund, sondern das Dienen aufgrund seiner Fähigkeiten. Das war nicht unterwürfig gedacht. Es war vielmehr ein Erheben über das eigene Ego. Es war Liebe und Selbstliebe und Wertschätzung für diese Welt, in der wir sein dürfen. Und seit diesem Zeitpunkt ist es Shu wichtiger, die Weisheit über das Leben zu erlangen – und nicht das Siegen nach Punkten. Seine Wahrhaftigkeit würde er niemals wieder aufgeben, nie könnte eine Verführung ihn dazu locken. So erzählte es mein Meister.

Was für Sieger wirklich zählt

Sie wollen glücklich sein. Das ist Ihr Recht, und Sie sollten an jedem einzelnen Tag darauf bestehen. Ich finde sogar, Glück ist ein universelles Menschenrecht. Wir sollten einen politisch verbrieften Anspruch darauf haben, und es ist gut, dass die Vereinten Nationen jährlich am 20. März daran erinnern, dass Glück klare Kriterien braucht und auch den Willen, daran zu arbeiten. Der erste Schritt ist, sich zu fragen: Was kann ich mit meinem Potenzial, mit meiner Stärke dazu beitragen, dass diese Welt ein Stück besser wird? Und der zweite Schritt auf dieser langen Reise bedeutet, nur die Kämpfe zu fechten, die uns charakterlich stark machen. Das setzt ein hohes Maß an Entschlusskraft voraus, Dinge zu ändern, die uns nicht behagen.

Wie oft höre ich Menschen sagen: »Ich ertrage den Streit mit meinem Partner schon so lange, wenn ich jetzt etwas ändere, dann habe ich all die Jahre meine Kraft umsonst verschleudert«, »Wenn ich kündige, weiß ich nicht, was danach kommt, ob es mir in einem neuen Job besser gehen wird«, »Wenn ich in Rente bin, dann widme ich mich endlich meinem Hobby, dem Klavierspiel« oder »Erst muss ich das Auto abbezahlen, das Haus finanzieren, die Einrichtung komplettieren, den Kredit ablösen, dann erst kann ich mein Arbeitspensum zurückschrauben«. Merken Sie etwas? Es sind die Konditionalsätze, die am Ende eine Lebenslüge bestimmen. Die Wenn-dann-Schleife nimmt Ihnen die Luft zum Atmen.

Unterbrechen Sie unbedingt solch ein Denken, es bringt Sie in eine falsche, in eine egozentrische Richtung, es macht Ihr Herz eng, und vor allem vermeidet es die Erfüllung im Leben. Eine Partnerschaft, die über Jahre hinweg an Ihren Nerven zehrt, wird Sie körperlich und seelisch schwächen. Ein Warten auf die Rente, um endlich die Traumziele dieser Welt zu entdecken, ist wie das Zerreißen eines Freifahrtscheins in ein glückliches Leben. Und die Sorge um die Finanzen, das Anhäufen von Besitz kann zu solch einem übergroßen Druck werden, dass Sie ausbrennen. Sie pokern hoch, wenn Sie Ihr

Glück im Außen suchen! Sie werden müde, verlieren die Bodenhaftung im Moment und sowieso das innere Gefühl der Freiheit. Lassen Sie los von diesem egogetriebenen Verhalten. Entscheiden Sie im Hier und Jetzt, welche Weichen Sie anders stellen wollen. Sagen Sie nicht: In Zukunft wird alles besser. Denn auf die Zukunft zu warten heißt, das Leben zu verschieben. Nicht morgen, nicht nächstes Jahr, nicht in der Rentenzeit können Sie sicher sein, dass Sie je die Gelegenheit erhalten werden, zu tun, was Sie sich wünschen.

Ich weiß, wie schwierig es ist, sich gegen die vertraute Gewohnheit zu entscheiden, auch wenn diese an der Seele kratzt. Der Widerstand, den Ihr Ego Ihnen entgegensetzt, um Bekanntes festzuhalten, um seinen Raum einzufordern, der kann groß sein. Und Sie könnten sich nun fragen, warum sich der Kampf gegen das eigene Ego lohnen sollte, warum Sie überhaupt Neuland betreten sollten: Besonders in Krisen und nach Niederlagen fehlt Ihnen die Fantasie, welche Vorteile eine Veränderung im Moment mit sich bringen könnte.

Nun, niemand kann Ihnen die Garantie geben, dass der neue Weg ohne Stolperfallen sein wird. Auch hier können sich Trennungen, Schicksalsschläge, Niederlagen ergeben. Sie haben das nicht in der Hand. Was in der Zukunft geschieht, können Sie nicht vorhersehen. Aber Sie können alles unternehmen, um so ehrlich, mutig, ehrenvoll weiterzugehen, wie es in Ihrer Macht liegt. Ja, es erfordert Mut, ein bekanntes Umfeld zu verlassen, sich aus einer Partnerschaft zu verabschieden, einen Job zu kündigen. Man steht plötzlich alleine da, hat seine Begleiter verloren und sogar das einstige Ziel. Dann macht sich ein Gefühl von Einsamkeit und Traurigkeit breit. Halten Sie dies aus! Fatal wäre es, wieder umzudrehen, weiterzumachen wie bisher, um den Schmerz nicht zu spüren, und irgendwann im Sumpf aus Selbstvorwürfen zu landen und sich später zu sagen: Ach, hätte ich doch gehandelt; ach, wäre ich doch mutiger gewesen! Dann sehen Sie vielleicht in den Spiegel und blicken in Augen, die nicht mehr glänzen, sehen mehr Schatten als Licht auf Ihrer Haut. Der Preis, die Freude gegen Gewohnheiten zu tauschen, der ist zu hoch, ein Sieger würde ihn niemals zahlen. Er würde sich sagen: Ich habe mich auf dem Weg verirrt, höchste Zeit, einen anderen zu wählen, der mir mehr Erfüllung bietet. Keine Zeit mehr, eine Entscheidung zu verzögern!

Eine Schweigeminute für das Ego

Wenn es Ihnen gelingt, diesen Punkt zu erreichen, an dem Ihr Ego schweigt, dann eröffnet sich in Ihnen eine innere Welt, von der Sie nicht dachten, dass sie existiert. Sie werden in dieser Welt fließen wie Wasser, jedes Hindernis überwinden. Genau dann sind Sie angekommen bei sich selbst und können loslassen von den Ansprüchen der anderen. Sie bleiben autark, was immer geschieht. Der Kampf mit dem eigenen Ego ist schmerzhaft, aber er ist der einzige Weg, um eine Lebenslüge zu verhindern und einen ehrlichen Blick auf die Gegenwart zu wagen.

Was in der Vergangenheit liegt, können Sie sowieso nicht mehr verändern. Was in der Zukunft kommen wird, das befindet sich im Nebel der Zeit. All diese Narben, die Sie im Leben bis heute davongetragen haben, all die Verletzungen, die Sie anderen Menschen zugefügt haben, die sind ein Teil Ihres Seins. Nehmen Sie das an. Und dann drehen Sie die Schulter in eine andere Richtung, atmen in das Hier und Jetzt und beschließen, sich zu verändern. So wie mein Meister weiß, dass eine innere Stärke mehr wiegt als ein Muskelpaket unter der Haut, so können auch Sie in diesem einen Moment entscheiden, Ihrem Sein mehr Großzügigkeit und mehr Weite zu geben.

Ein Sieger wird sich, hat er einmal sein Schwert gezogen, nicht vorstellen, wie er den übernächsten und den überübernächsten Hieb setzen wird. Er wird im Moment bleiben! Wird sich genau jetzt für seinen Schlag entscheiden. Egal wie sein Ego nach Flucht oder Angriff brüllt. Er wird sich davon nicht beeindrucken lassen, sondern seine Sinne auf diese eine Sekunde richten und die Energie des anderen erspüren und den eigenen unabwendbaren einhundertprozentigen Entschluss fassen, jetzt, in dieser einen kleinen Sekunde seines Lebens, den siegreichen Schlag zu setzen. Er tut dies ohne Angst vor Schmerz. Er sagt sich: Jetzt ist der Punkt zum Handeln. Er denkt an den Tiger in ihm, der mutig ist, an den Drachen über ihm, der seine Ehre bewacht. Er setzt sein Wissen, seine Empathie, seinen Respekt vor der Umwelt und dem Gegner und seine Demut vor seiner Stärke jetzt ein. Alles andere, jegliches Aufschieben, wäre wie eine Lebenslüge nach dem Motto: Wenn ich noch warte, wird eine bessere Gelegenheit zum Siegen kommen. In 99,9 Prozent der Fälle wird das nie geschehen. Und irgendwann werden Sie sich auf Ihrem Weg umdrehen und all den verpassten Chancen nachweinen.

Übung

Das Herzensziel bestimmen

Bruce Lee sagte: »Du musst nur deine eigene Mission im Leben erfüllen, ohne jeden Gedanken an Aggressivität oder Konkurrenz.«[13] Diese Mission findest du im Herzen, die darfst du niemals verbiegen. Dann ist es egal, ob du kleine Meilensteine falsch gesetzt hast, ob du einen Umweg gehst. Solange du deine eigene Mission nie infrage stellst, wirst du wahrhaftig bleiben.

Mit nur drei Fragen wirst du eine solche Einsicht triggern:

* Schlägt mein Herz für das, was ich tue?
* Was erfüllt mein Herz mit Freude?
* Was ist meine Bestimmung im Leben, wo will ich am Ende dieser Strecke stehen?

Schreib die Antworten in dein Heft, atme sie in dein Herz. Spür die Wärme, die Zuversicht, die Liebe zu dir selbst. Wie gut fühlt es sich an, wenn ein Sieg aus dem Herzen kommt und damit die eigene Mission im Leben markiert!

Kapitel 12

Die Idee vom richtigen Zeitpunkt

Ich vermute, Sie kennen die gängigen Modelle, Zeit einzuteilen. Sie planen Ihre Aufgaben nach Stunden, Tagen, nach Jahren gar. Sie geben jedem Ziel einen zeitlichen Rahmen. Denn Erfolg und Zufriedenheit werden kaum möglich sein, falls Ihnen die Zeit aus den Fugen gerät. Ein Merkmal eines Siegers ist deshalb ein kluges Selbstmanagement. Darauf würde er nie verzichten – sollte er es versuchen, so würde er die Zeit zu seinem Gegner erklären. Bitte glauben Sie mir: Kein Gegner könnte unbarmherziger sein. Denn er würde Ihre Schwachpunkte attackieren, würde Sie zuerst in Stress, dann in Traurigkeit und später in einen Burn-out ziehen. Sie würden taumeln, die Orientierung verlieren und am Ende kraftlos am Boden liegen. Gehen Sie also wertschätzend mit Ihrer Zeit um, wenden Sie sich nicht gegen sie. Bedenken Sie: Von der Geburt bis zum Tod sind Sie mit Ihrer Zeit verbunden. Sie können Ihre Zeit nicht abschütteln, keine andere wählen. Sie haftet an Ihnen wie eine zweite Haut.

Von Beginn an gibt die Zeit den Takt vor, vom ersten Verschmelzen der Samenkerne an bedeutet sie unser Leben. Da nämlich durchdrang eine Samenzelle ein Ei, wurde aus zwei Kernen ein kleiner Klumpen. Dieser Zellklumpen teilte und teilte sich mit der Zeit, drei Dutzend Mal in den ersten Tagen und im Weiteren millionenfach. Die Zellen spezialisierten sich, übernahmen ihre Aufgaben. Wieder diktierte die Zeit diesen Prozess. Es entstanden Herz, Knochen, Sehnen, Muskeln und Organe. Gliedmaßen wuchsen, die Sinne wurden aktiv. Und während das Herz seinen Takt fand, sich mit der Zeit verband, bildeten sich Neuronen im Gehirn im Übermaß. Gefühle kamen hinzu, und irgendwann erfuhr das Ungeborene die Gewissheit, selbst atmen, schlucken, leben zu können. In diesem Moment beschloss es, die Sicherheit in der Fruchtblase zu verlassen, als Mensch selbst den Weg zu wählen, in Bewegung zu sein mit der eigenen Zeit. So nahm dieser Mensch seinen Takt der inneren Uhr mit und brachte ihn nach und nach mit dem äußeren Takt in Einklang. Und genau das sollte fortwährend seine Aufgabe bleiben.

Sehnsucht nach der Zeit

Wissen Sie, was Menschen am Ende des Lebens sagen? »Ich wünschte, ich hätte mehr Zeit gehabt.« Die Sehnsucht nach der Zeit ist tatsächlich universell. Jeder will sie festhalten, jeder ihr das Beste abtrotzen. Selbst in Krankheit und Armut wollen wir mit ihr verbunden bleiben. Und stehen wir irgendwann am Ende der Lebensstrecke, dann ist es der Mangel an Zeit, den wir am meisten bereuen.

Ob Sie Ihre Träume erfüllen, bleibt letztendlich abhängig von Ihrem Umgang mit der Zeit. Bitte vergessen Sie das nicht. Und hier sollte das Wort »Selbstmanagement« fallen, finde ich. Denn es gibt durchaus probate Methoden, auf die Sie sich stützen können. Dazu zählen To-do-Listen für den Tag, das Priorisieren der Aufgaben nach Dwight D. Eisenhower oder das Fokussieren der Effektivität nach Vilfredo Pareto. Sie alle sind Standards, um den Aufgaben eine Struktur zu geben. Denn ein Planen der Zeit hilft, Ressourcen zu schonen. Aber unterliegen Sie bitte nicht dem Trugschluss, Sie könnten durch eine dieser Methoden Ihre Zeit managen. Das können Sie nicht. Unabhängig von Ihren Plänen fließt die Zeit in einem immer gleichen Rhythmus. Sie lässt sich nicht verschieben, nicht dehnen. Da gibt es kein Stocken, keine Pause, keine Beschleunigung. Unnachgiebig läuft sie weiter. Was immer Ihnen passiert, ob Sieg oder Niederlage, die Zeit nimmt darauf keine Rücksicht.

Einmal vertickt, ist jede Sekunde vorbei. Egal, wie reich und mächtig und belesen ein Mensch ist, er kann diese Sekunde nicht zurückholen. Nicht mit Geld, nicht mit einer Wissenschaftsformel, auch nicht mit einer Spiritualität wird das gelingen. Vorbei ist vorbei, gelebt ist gelebt, so einfach und so brutal ist diese Wahrheit. Und genau diesen Aspekt vermisse ich in all den Methoden zum Umgang mit der Zeit. Von Eisenhower bis Pareto suggerieren sie den Erfolg, je mehr Aufgaben Sie in ein Zeitfenster pressen. Dann geben wir uns einem kleinteiligen Planen hin, lassen uns von den zunehmend komplexer werdenden Aufgaben zu Hektik verleiten. Wir vergessen, dass wir nur in diesem Moment, in dieser Gegenwart von drei Sekunden unser Leben gestalten können. Wir vergessen, dass diese Sekunde, in der wir um Effizienz ringen, unsere einzige unwiederbringliche Sekunde auf dem schönen Planeten Erde ist.

Es gibt besonders unter den jüngeren Managern der Generation Y strebsame Karrieristen, die leider die Zeit als Sprungbrett nutzen und nicht als ein Geschenk, das es mit aller Bewusstheit zu beatmen gilt. Diese jungen Manager denken, es liege noch so viel Zukunft vor ihnen. Später, auf dem Gipfel der Karriere angekommen, sei noch Zeit, sich um Familie, Freunde, Hobbys zu kümmern. Sie sagen sich: Jetzt plane ich erst mal die Karriere, und später kümmere ich mich um den Moment. Nur ist diese Rechnung, sorry, noch nie, wirklich niemals aufgegangen. Das erzählen all die traurigen Geschichten von einem aufgeschobenen Leben.

Mein Stiefvater Klaus war ein sehr fleißiger Mann. Er arbeitete im Sicherheitsgewerbe und nahm seinen Job ernst. Einmal fünfe gerade sein zu lassen, das kam für ihn nicht infrage. Vorbildlich plante er am Abend seine beruflichen Aufgaben für den nächsten Tag, und sollte die Zeit nicht reichen, so würde er Überstunden machen. Er schob freiwillig Dienste an den Wochenenden, an den Feiertagen, und ich erinnere mich gut daran, dass ich ihn als Jugendlicher einmal nach seinem größten Wunsch fragte. Er antwortete, er würde gern reisen, die Berge, Meere, die Wälder auf allen Kontinenten sehen. Er erzählte von der roten Erde Australiens, vom Himmel über Afrika. Dabei glänzten seine Augen, seine Stimme, sonst langsam und rau, erhielt einen schwärmerischen Klang. Und ich fragte, wann er damit beginnen wolle. Da räusperte er sich, zog einen Plan aus der Tischschublade. »Wenn ich in Rente bin, dann beginne ich, dann habe ich endlich Zeit, das Leben in vollen Zügen zu genießen.« Wir beugten uns beide über seinen Plan, den er detailreich entworfen hatte. Auf den Tag genau nannte er mir, wann seine Rentenzeit beginnen werde, wann er mit meiner Mutter aufbrechen werde, die Welt zu entdecken. Das sollte niemals geschehen. An einem Sonntag im März hörte sein Herz auf zu schlagen. Er wurde 51 Jahre alt.

»Das Problem ist, du denkst, du hättest Zeit«, sagte Buddha.

Die buddhistische Betrachtung der Zeit

Mein tibetischer Meister lehrte mich, dass alles, was wir tun, was wir besitzen, alles, was wir sind, keinen Bestand hat. Es löst sich auf im Nirwana, wird irgendwann zu einem Nichts.

Diese Vorstellung hat mir zunächst Angst bereitet – und Zweifel. Ich war damals jung und umtriebig, als ich ihn besuchte, ich strotzte vor Kraft und Leistungswillen. Ich hatte den Kopf voller Pläne. Die sollten am Ende umsonst sein? Fast aufgebracht entgegnete ich meinem Meister, ob ich die Hände falten und nichts mehr unternehmen solle, außer zu meditieren und daran zu denken, dass mein Leben sich bald schon in ein Nichts auflösen könnte? Er antwortete, das wäre fürs Erste eine gute Idee. Da wurde ich noch ungeduldiger, verlangte eine Erklärung, wieso er mich von meinen beruflichen Aufgaben abhalten wolle.

Da zitierte er Buddha: »Nimm dir jeden Tag die Zeit, still zu sitzen und auf die Dinge zu lauschen. Achte auf die Melodie des Lebens, welche in dir schwingt.«

Schöne Worte, fand ich, aber realitätsfern. Wer Karriere machen wolle, der vergeude Zeit, wenn er stillsitze. Es sei kein Geheimnis, dass die Zeit unaufhaltsam dahinfließe und die Chancen mitnehmen könnte, würde man nicht reagieren. Dann wäre die Konkurrenz schneller, die Spitzenposition bereits besetzt, bevor ich mich überhaupt bewegen würde. Dann erklärte ich ihm stolz mein Zeitmodell der dicken Steine. »Ich erledige an jedem Tag das Wichtigste zuerst. Das sind die dicken Steine, die ich zu meinem Aufgabenberg schichte. Dazwischen positioniere ich die kleinen Steine. Die sind dringlich zu erledigen, aber nicht wesentlich für meinen Erfolg. Und sollten dann noch kleine Zwischenräume frei sein, lasse ich dort Sand einrieseln, fülle mit netten Aktivitäten diesen Aufgabenberg bis zum Ende des Tages.«

Die Metapher des steinigen Aufgabenberges hatte ich einmal gelesen. Ich fand, sie drücke das Eisenhower-Modell sehr plastisch aus, und seither plante ich danach meine Woche: Das Unaufschiebbare, existenziell Wichtige erledige zuerst! Das ist seither mein Motto. Mein Meister nickte, fand diese Form der Zeiteinteilung durchaus vernünftig. Allerdings, so räumte er ein, würde auch dieses Modell mit einem unruhigen Geist scheitern. Deshalb wolle er meine Aufmerksamkeit auf die buddhistische Philosophie im Umgang mit der Zeit lenken. Denn alles Leid entstehe nicht, weil uns probate Methoden fehlten, sondern einzig dadurch, dass wir Dingen anhaften. »Wir lassen uns dann von Aufgaben fesseln, von der Hektik anstecken. Wir fördern unseren Affengeist. Gönne dir Phasen der Stille, der Leere im Kopf. Dann empfindest du die innere Freiheit, über den Moment zu entscheiden«, riet mein Meister.

Ich ließ mich auf seine Meditation ein, leerte meinen Kopf von Gedanken, die sich um Aufgaben, Leistung, Karriere drehten. Ich atmete mich fest in dem Moment und merkte, dass plötzlich eine andere Energie floss. Sie ließ mich vergessen, was wichtig und dringlich war im Plan. Sie brachte mich zu der Einsicht: Der richtige Zeitpunkt im Leben braucht keine Planung, denn der richtige Zeitpunkt ist immer jetzt.

In der buddhistischen Philosophie geht es um das Verhindern allen Leidens, das Anhaftung mit sich bringt. Es gilt, nichts festzuhalten, nichts zu erzwingen. Wir sollen die Vergangenheit nicht aufbauschen, uns nicht nachträglich in Fehler und Missgeschicke verhaken. Wir sollen für die Zukunft keinen Erwartungsdruck aufbauen, keine Ängste zulassen. Uns bleibt nur, der Gegenwart mit frischem Atem entgegenzutreten.

Siegen im Moment

Akzeptieren Sie Ihren Moment, so wie er ist. Wenn Sie gerade eine Niederlage hinnehmen müssen, nehmen Sie diese an. Es ist Ihr Moment. Wenn Sie gerade einen Streit mit Ihrem Chef, Kollegen, Nachbarn austragen, nehmen Sie es an. Es ist Ihr Moment. Wenn Ihr Partner sich gerade von Ihnen trennt, die Bank Ihr Konto sperrt, wenn Sie eine Kündigung erhalten, eine medizinische Diagnose, wenn Sie Schmerz empfinden, nehmen Sie es an. Es ist Ihr Moment. Es gibt keinen anderen. Machen Sie sich klar, dieser Moment ist ein Teil Ihres Lebens. Was folgt, ist offen. Der nächste Moment wird ein anderer sein, mit neuer Energie, mit einem weiteren Schicksal. Im Nachhinein und im Vorhinein können Sie nicht siegen. Nur die Zeit, die jetzt ist, bietet Ihnen die Chance dazu. Und wenn Sie diese Wahrheit akzeptieren, dann fällt auch der Erwartungsdruck von Ihren Schultern. Lassen Sie den Moment fließen. Setzen Sie keine Blockade durch überhöhte Erwartungen an die Zeit. Was ist, ist Ihr Moment.

Für mich ist es die übermäßige Erwartungshaltung, die viele Menschen vom Siegen abhält. Dann, so meine Erfahrung, kann am Ende nur die Enttäuschung stehen. Besser ist es, alles zu geben, aber nicht alles zu erwarten. Stecken Sie in

Ihren Moment all Ihre Kraft und Willensstärke, all Ihren Respekt vor dem Leben hinein. Kämpfen Sie! Was Sie zu geben haben, wird reichen, wenn Sie entschlossen bleiben. Erwarten Sie nichts.

Erinnern Sie sich an meinen Kampf in Thailand? Die Entscheidung teilzunehmen erfolgte spontan – in der Gegenwart. Ich hatte keinerlei Erwartung an diesen Kampf, keinen Druck von außen. Ich spürte nur diese Lust in mir, wieder in den Ring zu steigen, mich auf meinen Kampf einzulassen. Ich tat es ohne Absicht, ohne ein Liebäugeln mit dem Erfolg. Ich habe ganz einfach meine Stärke mit dem Moment verbunden. Und das hat diesen Sieg für mich besonders gemacht. Er war und bleibt mein Meilenstein im Leben.

Um sich solche Siegermomente zu schaffen, brauchen Sie eine Leere, einen erwartungsfreien Raum in Ihrem Geist. Die Meditation ist der Schlüssel dazu. Wer sich dreimal täglich erlaubt, diesen Zustand der gedanklichen Leere zu pflegen, der lernt Achtsamkeit. Er fokussiert den kleinen Ausschnitt der Gegenwart, deckt Manipulationen im Außen auf. Er wird Zeitdiebe entlarven. Er wird den heftigen Schmerz des Zeitraubs nicht zulassen. Dann geht ein Kampfkünstler in eine Abwehrhaltung! Tun Sie das auch. Geben Sie Zeitdieben nicht den kleinsten Raum in Ihrem Leben.

Der Drache vor dem Tor

Im Westen Bangkoks gibt es einen Turm, der für Touristen zu den Geheimtipps zählt; er heißt »Wat Samphran«, der Drachentempel. Nicht weit von den schwimmenden Märkten Damnoen Saduak und Amphawa erhebt er sich 80 Meter in die Höhe, weil auch achtzig das Lebensalter des Buddha war. Seine sechzehn Stockwerke stehen für die Ebenen, die ein Mensch in seinem Leben durchschreitet, bis er auf der höchsten Ebene, dem Tod, angekommen sein wird. Und all diese Ebenen schützt ein Drache. Er schlingt sich mit seinen imposanten 300 Metern Länge um die rote Backsteinfassade, als würde er das Gebäude vor Angriffen verteidigen. Nur wem die Nonnen und Mönche das Tor des Drachen öffnen, erhält Einlass.

Der Drache übernimmt in der buddhistischen Tempelarchitektur die Funktion des Wächters. Er schützt, was kostbar ist. Das ist der Grund, warum Drachen vor dem Eingang der Tempel mit fantasievollen Ornamenten ausgestattet sind. Mit drohendem Blick und mit kämpferischer Haltung sollen sie Besucher einschüchtern. Ich finde, die Symbolik sollten wir von der buddhistischen Geistlichkeit in unseren Alltag übertragen. Wie oft lassen wir zu, dass Menschen unseren Zeit-Tempel ohne Erlaubnis betreten! Sie trampeln auf unserem Zeitstrahl herum, als hätte er keinen Wert. Ein Drache vor Ihrem Tor kann das verhindern.

Auch ich habe das erst lernen müssen, habe am Anfang meiner Unternehmensgründung zu viel Zeit für Diebe hergegeben. Ich habe nichtsnutzige Momente verstreichen lassen. Niemand wird sie mir je zurückbringen können. Heute ist das anders, heute gibt es die Drachen vor meinem Büro. Damit meine ich jene Hürden, die ein Besucher überwinden muss, um die Zeit für eine Weile mit mir zu teilen. Bis ich zu dieser Symbolik griff, durfte jeder an meine Tür klopfen, und ich ließ ihn hinein. Vertriebler, Verkäufer, Agenturmitarbeiter, sogenannte Erfolgs-Lifecoaches und Start-up-Berater suchten meine Aufmerksamkeit. Anfangs war ich durchaus interessiert, aber bald wurde mir klar: Ich trank mit zu vielen Leuten zu lange Tee, führte zu zerstreuende Gespräche, informierte mich über für mich belanglose Themen. Die Zeit tickte im Hintergrund. Was unerledigt blieb, das waren die wesentlichen Aufgaben. So geriet ich selbst verschuldet ins Schleudern. Hätte ich in dieser Manier weitergemacht, ich wäre vermutlich in der Pleite gelandet.

Daraus habe ich gelernt. Seither stehen die Drachen vor dem Tor. Sie sind attraktiv, selbstbewusst, sportlich im Moment präsent. Es sind meine Mitarbeiter, die jedem, der in meinen Tempel gelangen will, die folgende Bitte entgegenhalten: »Ronny Schönig ist zeitlich stark eingespannt. Bitte senden Sie zunächst eine E-Mail, in der Sie kurz und prägnant darstellen:

1. Um was geht es Ihnen?
2. Was ist der Nutzen für uns?
3. Was kostet Ihr Produkt bzw. Ihre Dienstleistung?
4. Wie können wir Sie erreichen?«

Dann fügen meine Mitarbeiter an: »Sollte Ihr Angebot für uns interessant sein, melden wir uns sehr zeitnah zurück.«

Mit diesem Drachen-Modell habe ich die Macht über meine Lebenszeit zurückgewonnen! Außerdem kann ich sicher sein: Wer wirklich Interesse an einem Gespräch mit mir hat, der wird sich Mühe geben, die Fragen zu beantworten, er wird seine Karten offen auf den Tisch legen. Im Ergebnis erhalte ich Fakten statt verfänglicher Floskeln. Ich kann meine Meisterperspektive einnehmen und mich in einer stillen Minute fragen, ob das Angebot für mein Unternehmen relevant ist oder nicht. Was mir nicht gefällt, findet nicht statt.

Sie meinen, diese Haltung sei im Business überheblich? Ich hoffe dennoch, Sie nehmen sie ein! Denn Zeit ist nicht verhandelbar. Zeit ist mein Leben, und darüber bestimmt nur einer: ich! Diese unbedingte Klarheit und die damit einhergehende Abwehr von geistigem Nebel, die habe ich mir in langen Jahren Meditation antrainiert. Folge ich in allen anderen großen weichen Lebensthemen wie Liebe, Freundschaft, Beziehung, Sehnsucht und Träumen durchaus meinem Herzen, so werde ich in Sachen Zeit zu einem rationalen Verfechter. Wer meine Zeit stiehlt, der frisst meine Energie. Und da ist die Grenze jeglichen Verständnisses erreicht. Da werde ich zum Kämpfer. Da werde ich zuschlagen – und siegen.

Machen Sie sich einmal klar: Wir können nur bis zu einem gewissen Grad über unsere Zeit bestimmen. Den sollten wir nutzen. Anderen Einflussgrößen wie Umfeld, Umwelt, Schicksal können wir uns hingegen nicht entziehen. Was heute für uns stimmig ist, kann morgen durch eine Katastrophe völlig anders klingen. Wir haben das nicht in unserer Hand. Deshalb halte ich übrigens das Planen von langfristigen Zielen für obsolet. Es ist eine Zeitverschwendung. Sie können heute eine Richtung anstoßen, können beten, dass diese Richtung für Sie gut verläuft. Sie können im Moment den Schritt setzen, alles Weitere ist Zukunftsmusik. Deshalb möchte ich Sie ermuntern: Statt über Drei- oder Fünfjahresziele zu sinnieren, lassen Sie sich lieber im Hier und Jetzt von der Muse küssen, und erleben Sie das schöne Gefühl, in diesem Moment kreativ, kampflustig, siegreich zu sein. Und dann atmen Sie sich voran, der Zukunft entgegen. Sie wissen ja: Die Energie folgt Ihrer Aufmerksamkeit. Die Meditation bringt Sie dieser Einsicht näher.

Nun könnten Sie einwenden, dass während einer Meditation die Zeit verrinnt und Sie ohne diese Übungen vielleicht zwei ihrer dicken Steine auf den Tagesberg schichten könnten. Dann halte ich Ihnen entgegen: Mit einem flattrigen Geist geht die Effektivität des Handels verloren. Nachweislich bringt die Meditation die Wellen in Ihrem Gehirn in einen Zustand der aufmerksamen Ruhe. Sie nehmen wahr, was passiert, ohne es zu bewerten. Dann entstehen keine Bilder von Angst und Sorge. Keine übertriebenen Erwartungen treiben Sie an. Sie erlauben Ihrem Geist, in einer Schwingung von rund 8 bis 14 Hertz anzukommen. In dieser Frequenz können Sie auf Ihr gesamtes Wissen zugreifen! Es ist der Zustand der unbedingten Kohärenz. Sie verweilen in einem Alpha-Zustand, dem Bereich zwischen Träumen und Handeln.

Übung

Morgenmeditation für geistige Klarheit

Die Hingabe an den Moment kann uns in einen Flow-Zustand führen. Das ist ein Zustand, in dem dir dein Unterbewusstsein eine Lösung bietet, in dem ein Geistesblitz dich einen riesigen Schritt auf deiner Erfolgslinie weiterbringen kann. Oder es ist der Moment, in dem du dich selbst wiederfindest und deine Aufgaben neu gewichtest.

» Nimm dir jeden Morgen zwanzig Minuten Zeit, um diesen fokussierten, entspannten Zustand zu trainieren.

» Wenn du aufwachst, beachte nicht dein Handy, checke keine E-Mails, hör keine Nachrichten, sondern roll die

Yogamatte vor deinem Bett aus, und setz dich auf die Kante einer gefalteten Decke.

» Achte darauf, dass dein Becken leicht nach vorn kippt, halt deine Wirbelsäule aufrecht, als würde ein unsichtbarer Faden durch ihre Mitte laufen und sich an der Zimmerdecke anknoten. Streck den Nacken, indem du dein Kinn leicht zur Brust neigst.

» Roll deine Schultern nach hinten, leg die Zunge an den Gaumen.

» Die Hände ruhen auf deinen Oberschenkeln.

» Such dir einen Punkt 20 Zentimeter vor dir auf dem Boden, sieh dorthin, die Augen dürfen halb geschlossen sein.

» Beginne bewusst zu atmen, drei Takte ein, sechs Takte aus.

» Zähle und fixiere dabei den Punkt vor dir.

» Ignoriere das Kribbeln in den Händen, das Ziehen in den Beinen, bleib einfach still sitzen, atme weiter.

» Und wenn sich dein Affengeist meldet, dich an Termine, Aufgaben, Sorgen erinnert, dann nimm das einfach wahr. Schieb nichts zur Seite. Gib nichts eine Bedeutung. Nimm es an – und lass es wieder los. Atme weiter, drei Takte ein, sechs Takte aus.

» Achte darauf, wie sich dein Brustkorb, dein Bauch heben und senken. Merke wie sich dein Geist beruhigt. Atme weiter in diesem Takt, zwanzig Minuten lang.

» Bleib für drei weitere Minuten sitzen; warte, ob ein Geistesblitz, eine Lösung, ein kreativer Gedanke dich überrascht. Forciere nichts. Alles, was ist, ist richtig.

Mein Meister sagt: »Es ist nicht die Angst vor dem Tod, die uns sorgen sollte. Vielmehr ist es die Erkenntnis, niemals wirklich gelebt zu haben. Also bring deine Aufmerksamkeit ins Jetzt, und die Energie folgt dir ins Leben.«

Kapitel 13

Demut und Dankbarkeit – die Basis für jeden Sieg

Demut – welch großes Wort. Wir schrecken oft vor ihr zurück, denn Demut, so denken wir, macht uns zu unterwürfigen, angepassten Menschen. Ein Kampfkünstler denkt anders. Für ihn ist Demut ein Teil vom Glück.

Die Wurzeln der Demut lassen sich bis in biblische Zeiten zurückverfolgen. Dort ist sie eine große Haltung der Dankbarkeit. Es verneigt sich das Geschöpf vor dem Schöpfer. Es ehrt der Mensch die Natur und die Unendlichkeit mit all ihren Galaxien. Was mit Vernunft und Logik nicht erklärbar ist, wird an Gott, an das Universum, an etwas Größeres übergeben, das der menschliche Geist nicht mehr erklären kann. Ja, in diesem Sinne ist Demut in der Tat ein sehr großes Wort. Um ihm Genüge zu tun, pilgern die Menschen seither zu heiligen Stätten, verfallen in eine tiefe Spiritualität. Tibetische Mönche zum Beispiel umrunden noch heute den Berg Kailash 108-mal, werfen sich Tausende Male auf den Boden, ertragen Schmerz und Erschöpfung, um ihrer Demut einen Ausdruck zu verleihen.

Was sie sich davon erhoffen? Das Loslassen aller Anhaftung. Die Reue über irdische Sünden. Erleuchtung. Das passt nicht in unser Verständnis von einem guten Leben. Selbstkasteiung zählt nicht zu unseren Zielen. Und deshalb sollten wir das große Wort herunterbrechen auf unseren Alltag, es kleiner werden lassen, ohne seine Bedeutung zu schmälern. Denn unser Ziel ist nicht die Erleuchtung, nach der die Mönche streben. Es ist viel kleiner, viel greifbarer, und es lautet: Glück. Sie sind auf dieser Welt, um glücklich zu sein. Und Sie sollten alles daransetzen, dieses Ziel zu erreichen. Sie sollten sogar Leichtigkeit dabei empfinden – und keinen Schmerz. Und doch denke ich, dass ohne Demut kein Glück möglich ist. Denn erst die Demut, das Verneigen vor dem Leben, lässt das Glück durch Ihre Jahre schimmern.

Ich bin überzeugt, dass die Pflege von Demut zu mentaler Stärke und letztendlich zur inneren Freiheit führt. Wir werden uns bewusst, dass unsere Kraft nicht ewig reichen wird. Wir wissen, wo wir trotz allen Potenzials unsere Grenzen spüren. Wir werden dankbar für all das, was wir uns trauen zu sein.

Selbstverständlich ist nur der Tod

Wann haben Sie sich das letzte Mal nach dem Aufstehen in den Tag hinein verneigt? Ich vermute, es ist lange her. Der Wecker klingelt, Sie springen auf die Füße, starten die Espressomaschine, hüpfen unter die Dusche, trinken den ersten Espresso im Stehen. Während Sie Ihre Kleidung auswählen, denken Sie an die Termine, an den Konflikt mit dem Kollegen. Im Geiste scrollen Sie den digitalen Kalender herunter, viel zu tun an diesem Tag. Dann ein zweiter Espresso, ein Kuss für den Partner, ein Streicheln über den Kopf des Kindes, keine Zeit für ein Gespräch.

Sie sind spät dran. Bereits gestresst vom Straßenverkehr, huschen Sie in den Meetingraum, kommen ohne lange Rede zum Punkt: Die Zahlen sind gesunken, das Quartal lief nicht gut. »Wo sind die Fehler?«, fragen Sie Ihr Team und erwarten Lösungen. In diesem Tempo geht es weiter durch den Tag, und am Abend erfolgt der letzte Schliff am neuen Produktkonzept.

Gegen Mitternacht fallen Sie müde ins Bett, fast gut gelaufen, denken Sie und schlafen sich unruhig dem nächsten Tag entgegen.

Würde ich Sie an dieser Stelle fragen, ob Sie glücklich sind, wahrscheinlich würden Sie nicken und sagen: »Ja, alles im grünen Bereich.« So könnte es weitergehen. Sie stoppen nicht, Sie sammeln Leistung, und manchmal empfinden Sie sogar einen Anflug von Dankbarkeit für Ihre Kraft, für Ihren Erfolg. Aber: Niemand hat ein Abo auf solch einen Rhythmus. Die Wahrheit lautet nämlich, dass es im Leben keine lineare Strecke gibt, dass der Weg voller Gräben, Steine, Hindernisse ist. Nur denken wir nicht ans Stolpern, solange es gut läuft. Wir vergessen die Vorsicht.

Leider erfassen wir unser Glück oft erst in der Retrospektive. Erst wenn unser Anspruchsdenken auf Erfolg durch eine Kündigung, eine Trennung oder durch eine medizinische Diagnose durchkreuzt wird, wenn es uns auf den Boden wirft und wir Schmerz erleiden, dann halten wir inne. Dann schätzen wir, was war. Dann rufen wir die Demut zurück in unser Leben. Wir suchen einen Halt jenseits der Logik.

In der Kampfkunst ist das anders. Die Sportler befassen sich mit der körperlichen und der geistigen Stärke. Sie suchen in der Spiritualität eine Kraft. Sie verneigen sich vor jedem Kampf, vor der Herausforderung, weil sie wissen: Nichts im Leben darf als selbstverständlich hingenommen werden.

Schon gar nicht die eigenen Fähigkeiten. Schon gar nicht eine Phase des Siegens.

Ich glaube fest daran, dass in dem Moment der Verneigung vor dem Tag dieser Tag bewusster verlaufen wird. Wir werden seine Schönheit eher wahrnehmen, seine Chancen erkennen. Wir werden Fehler vermeiden und Fehler bereuen. Wir werden diesem Tag mit nur einer Verneigung in Demut eine andere Aufmerksamkeit schenken und damit eine andere Energie.

Wer demütig ist, der begreift: Es ist nicht selbstverständlich, dass wir atmen dürfen! Solange wir atmen, leben wir, solange wir leben, dürfen wir lieben, gestalten, siegen. Tun Sie das! Aber vergessen Sie darüber nicht: Dieses Leben ist nicht unendlich, und der kleine Bereich, in dem Sie wirklich über all Ihre körperlichen und geistigen Kräfte frei verfügen dürfen, der ist auf wenige Jahrzehnte begrenzt. Diese Wahrheit schmerzt! Nehmen Sie sie an, lassen Sie sich im Geiste für die Dauer einer Verneigung genau dort hineinfallen wie die tibetischen Mönche vor dem Heiligen Berg. Sie werden damit das Geschenk des Lebens immer wieder neu schätzen lernen.

→ Demut im Alltag, wie ich sie verstehe, stellt unser Denken, Fühlen und Handeln für einen Moment unter das Brennglas der Zeit. Wir halten inne, empfinden Freude. Wir danken, dass wir atmen dürfen und die Freiheit haben, uns zu entwickeln. Das ist leider nicht mehr selbstverständlich.

Als eine Ingenieurin zu mir kam, um einen Kampfsport zu erlernen, da fragte ich sie nach ihren Beweggründen. Sie sah mich erstaunt an, antwortete, es gehe ihr darum, mehr

Härte auszustrahlen. Das sei in ihrem von Männern dominierten Beruf sehr wichtig. Nur wer Härte zeige, der werde auch ernst genommen. Sie stand vor mir, ballte die Fäuste, als würde sie am liebsten sofort gegen den Boxsack schlagen. Ich bat sie, zuerst von ihrem Berufsalltag zu erzählen. Sie listete eine Reihe von Projekten auf, für deren Gelingen sie die Verantwortung trug. Da ging es um Fakten und Zahlen, um eine analytische Betrachtung des Erfolgs. Was mir auffiel, das war ihre angespannte Körperhaltung. Es gab keine geschmeidigen Bewegungen. Und wenn sie von ihren Leistungen erzählte, dann klang das faktenverliebt und emotionslos. Sie war erfolgreich in ihrem Beruf, keine Frage, was jedoch fehlte, war ein kleines Stück Demut in Stille. Stattdessen drehte sich alles um die nächste und übernächste Zielerreichung. Sie plane grundsätzlich drei Jahre im Voraus. Mir wurde fast schwindelig vom Zuhören.

»Warum genau sind Sie hier?«, fragte ich.

Sie antwortete: »Wie ich sagte: um von den Männern in meinem Team als starke Frau akzeptiert zu werden. Und auch weil ich ein Ventil brauche für den Stress. Fangen wir an! Zuerst das Warm-up«, schlug sie vor und trippelte auf der Stelle.

Genau so verhalten sich kopflastige Führungskräfte. Sie wollen das Kommando übernehmen. Sie zögern nicht, ihren Meister zum Schüler zu machen.

Ich legte meine Hand auf ihre Schulter, bat sie, zur Ruhe zu kommen. Sagte ihr, wir würden mit einer Meditation starten, um die Mitte zu finden, um mentale Stärke zu trainieren. Sie verzog die Mundwinkel nach unten, entgegnete, dass es ihr darum nicht gehe, im Kopf sei sie sowieso den anderen überlegen. Außerdem habe sie keinen Zugang zu solchen Spielchen. Ihre Zeit sei knapp, und in der gebuchten Einzelstunde dürfe sie sicherlich entscheiden, was gut für sie sei. Ich aber bestand darauf, mit der Meditation zu beginnen. Vielleicht lag es an der Konsequenz in meinem Tonfall, vielleicht auch daran, dass sie in irgendeiner Form beginnen wollte, auf jeden Fall folgte sie mir.

Sie hörte sich die Anleitung zur Achtsamkeitsmeditation an. Ich führte mit kurzen Sätzen ihren Atem durch den gesamten Körper, dann durch die Chakren. Dann bat ich sie, im Herzen zu verweilen. Dort einzuatmen, auszuatmen. Sich ihr Herz vorzustellen, wie es schlug. Ich leitete sie an, sich die Farbe, Form, den Klang dieses wunderbaren Organs vorzustellen, sich bei ihrem Herzen zu bedanken für all die Ausdauer, für den Lebenstakt.

Ihr Gesicht verzog sich während dieser Sequenz, die Lippen pressten sich zusammen, eine steile Falte bildete sich auf der Stirn. Ich sah ihr an, wie schwer es ihr fiel, den Atem in ihr Herz zu senden, dort zu bleiben, das Herz mit dem Luftstrom zu massieren. Zwanzig Minuten atmete sie in ihr Herz. Am Ende bat ich sie, mit mir gemeinsam dreimal das OM zu singen, tief ein- und auszuatmen mit diesem heilenden schwingenden Ton.

Und dann geschah, was ich vorhergesehen hatte. Sie weinte. Es war ein leises Weinen, ein Weinen aus Demut. Später sagte sie, dass plötzlich ihr Herz weit wurde, mehr und mehr Atem dort Raum gefunden hatte, dass sie nie gedacht hätte, solch einen wunderbaren Ort voller Helligkeit und Weite in sich zu tragen. Und während sie die Tränen von der Wange wischte, lächelte, bemerkte sie: »Ich bin einfach dankbar für mein Leben, das hatte ich ganz vergessen über die Jahre. Danke.« Sie verneigte sich dann ein weiteres Mal.

 OM – Der Anfang
und das Ende

In der mentalen Kampfkunst steht die Silbe OM für Spiritualität. Sie wird verwendet als Mantra, das Anfang und Ende verbindet und der Meditationspraxis einen Rahmen gibt. Das OM ist dem Sanskrit entliehen. Dort beginnt die Schrift mit dem O und endet mit dem M. Übersetzt bedeutet es:

Alles, was gewesen ist,
was ist und was noch sein wird.

Besonders im Yoga geht die Silbe mit einer Verneigung einher. Sie setzt den Anfang für die Übungspraxis und gibt dem Ende einen nachhaltigen Klang. Seit vielen Jahrtausenden wenden Mönche dieses kurze Mantra an, um Körper, Geist und Seele in eine Harmonie zu bringen. In der spirituellen Bedeutung verbindet es die Vergangenheit, die Gegenwart und die Zukunft. Damit umfasst es den gesamten Lebenszyklus und soll uns daran erinnern, in Demut zu leben.

Fragen Sie sich an dieser Stelle bitte einmal, wann Sie Demut empfinden. Ich meine nicht die Dankbarkeit, die immer dann einsetzt, wenn Ihnen an einem Tag etwas besonders gut gelungen ist. Ich meine auch nicht die Dankbarkeit für Ihren Besitz, für Ihre Karriere. Wirkliche Demut geht über all das hinaus, denn sie berührt den Kern unseres Seins. Sie betrifft all das, was wir selbst nicht verursachen können, was uns von Gott und der Natur gegeben wurde. Überlegen Sie einmal, was übrig bliebe, würde Ihnen in diesem Moment alles genommen. All Ihr Besitz, alle Äußerlichkeiten verschwänden in einem Erdspalt. Sie könnten nur halten, was Sie mit zehn Fingern greifen können. Was wäre das? Ihre Liebsten! Was bliebe Ihnen sonst noch? Ihr Leben. Alles andere kann verschwinden, quasi über Nacht. Das reine Leben aber, das ist, was Sie bis zuletzt verteidigen werden. Das verdient Ihre Demut.

Demut und Dankbarkeit sind für den Sieger zwei Werte, die ihn zum Sieg tragen, denn sie geben ihm das Bewusstsein dafür, dass es gut läuft, dass er ob seiner Siege schlichtweg Grund hat, sich vor etwas Größerem zu verneigen. In diesem Moment der Verneigung entsteht das tiefe Gefühl, weiterhin alle Kraft und Konzentration zu geben, damit dieser Umstand sich nie, niemals ändert. Und genau dieser Wille ist das, was Siegern ein Charisma gibt. Es ist die Anziehungskraft eines Menschen, der ausstrahlt: Ich bin ein Macher. Ich bin dankbar für meinen Willen, meine Kraft, für all meinen Gestaltungsraum, den ich mir nehmen darf. Verlierer hingegen leiden – und ändern nichts. Sie ziehen wie ein Magnet die immer gleichen Sorgen an. Sie wehren sich nicht. Sie verändern nichts. Sie gehen auf dem Schlammweg immer weiter, haben dabei ihr Ziel längst aus den Augen verloren.

Als Julia in meinen Meditationskurs kam, da fühlte sie sich erschöpft. Bis zu diesem Zeitpunkt hatte sie ihre Karriere perfekt geplant und erfüllt. Sie hatte ihr Pädagogikstudium im Sprint und mit Auszeichnung absolviert, fand ohne Verzögerung einen Job als Lehrerin an einer angesehenen privaten Schule. Alles schien perfekt – bis das SARS-CoV-2-Virus zuschlug.

Plötzlich passte ihr Plan nicht mehr in den Alltag. Sie strauchelte. Während des Lockdowns hatte sie kein Konzept, um mit den Schülern in Kontakt zu bleiben, und als die Schule wieder öffnete, meldeten sich einige Kollegen aus Angst vor einer vermeintlichen Ansteckung krank. Gern übernahm Julia die Stunden der fehlenden Lehrer, korrigierte zusätzliche Klassenarbeiten, ersetzte den Vertrauenslehrer. Nur hatte sie unterschätzt, wie viel Erwartungsdruck sie auf sich lud. Man forderte sie und machte sie für Fehler verantwortlich. Sie aber lächelte und nickte trotz Stress, sprang weiterhin in jede Lücke, obwohl sie sich zunehmend matter fühlte.

Nach zwei Monaten war sie nur noch ein Schatten ihrer selbst. Sie wurde gereizt, übermüdet, der bislang herzliche Kontakt zu den Schülern litt. Bald schon beschwerten sich Eltern, sie würde ihr Kind nicht fair behandeln, außerdem herrsche in der Klasse keine ruhige Lernatmosphäre mehr. War sie ursprünglich für zwanzig Wochenstunden eingestellt, so arbeitete sie nun mehr als fünfzig Stunden, und dazu summierte sich die Vorbereitungszeit zu Hause und auch das Einarbeiten in fremde Fächer. Danke sagte niemand zu ihr. Im Gegenteil, man kritisierte sie zunehmend heftiger, wenn eine Unterrichtsstunde aus den Fugen geriet.

Ich stellte Julia eine Frage, die wohl jeden interessierte: »Warum tust du das?«

Julia überlegte und antwortete: »Weil ich dankbar sein muss.«

»Du musst dankbar sein, dass andere dich ausnutzen?«, fragte ich ungläubig.

Sie sagte: »Ja, so habe ich das schon als Kind gelernt: Ich darf mich nicht beklagen.«

Diese Art von Dankbarkeit kommt nicht aus dem Herzen! Sie kann sogar selbstzerstörerisch sein. Eine solche Dankbarkeit ist nur die Hülle. Hätte Julia an diesem Glaubenssatz weiter festgehalten, sie wäre wahrscheinlich im Burn-out gelandet und nie wieder auf den alten Stand ihrer Leistungsfähigkeit zurückgekehrt.

Wir haben uns dann in vielen gemeinsamen Meditationsstunden der puren Art von Dankbarkeit angenähert. Die erhält die Klarheit, Nein zu sagen, wenn eine Situation die eigene Kraft schwächt. Pure Dankbarkeit ist nicht zu verwechseln mit einem devoten Verhalten! Ein Sieger ist nicht hilflos! Er sagt Nein, wenn Umstände ihm nicht guttun. Er sucht Auswege aus einem Dilemma; wenn es sein muss, mit frontalem Kampf. Er steht für seine Belange ein, und er würde nicht zulassen, dass andere seine Zielerreichung gefährden. Ein Sieger schreibt alte, hinderliche Glaubenssätze um.

Julia sagt sich heute: »Ich bin dankbar für meine Fähigkeit, Dinge zu ändern, die meiner Gesundheit schaden.« In einem langen Gespräch mit der Schulleitung hat sie ihre Bedingungen gestellt: einen Vollzeitvertrag, bezahlte Überstunden, nicht als eine Vertretung für einen kranken Kollegen. Sie erwartet eine Gratifikation für das Übernehmen zusätzlicher Aufgaben.

Übrigens führt Julia bis heute, so erzählte sie mir, ihre Meditationsübungen einmal täglich durch. Ihr Schwerpunkt liegt dabei auf der Frage: »Wann war ich heute selbstwirksam, wann habe ich innere Stärke gezeigt und in meinem Sinne gehandelt?« Dieses sehr persönliche Resümee des Tages bringt sie zu einem inneren Lächeln. Dafür ist sie dankbar. Sie hat erfahren, wie schnell Kräfte schwinden, wenn sie nicht bewusst damit haushaltet, wenn sie verschleudert, was doch eine endliche Ressource ist. Früher, so hat sie mir verraten, konnte sie Nächte durcharbeiten und war doch am Tag fit. Aber seit einigen Jahren spürt sie ihre gesundheitliche Grenze.

Und damit trifft sie den Kern: Ohne eine bewusste Dankbarkeit für unsere Gesundheit zu empfinden, gehen wir wahllos mit ihr um. Wir verheddern uns in sinnlosen Aufgaben, in überflüssigen Kämpfen. All das aber bringt uns nicht in die Demut, nicht in die ehrliche Dankbarkeit für unser Wirken. Diese geistige Klarheit erlangen Sie, wenn Sie achtsam bleiben, die Verbindung zu Ihrem Herzen nicht verlieren.

Übung

Sich auf das Wesentliche konzentrieren

Durch die folgende Meditation wirst du dich auf das Wesentliche konzentrieren. Du lässt los, was stört. Du haftest sinnlosen Aufgaben nicht mehr an.

» Atme dazu in dein Herz.
» Fokussiere dich mit all deiner gedanklichen und emotionalen Kraft auf diesen wunderbaren Taktgeber für dein Leben.
» Atme dreimal ein, dreimal aus.
» Bewerte nichts, halt nichts fest.

Atme einfach in dein Herz, und dann frag dich:

Wofür bin ich dankbar?

Die Antwort wird aus deinem Herzen kommen. Denn dein Herz ist das Zentrum für Demut, Dankbarkeit und für die reine Liebe.

Verzeihen können

Kein Leben verläuft ohne Abstürze. Selbst die mächtigsten und reichsten Menschen auf diesem Planeten haben doch ihr Schicksalspäckchen zu tragen. Niemand ist vor Verlust, Krankheit, vor Angriffen gefeit. Ich halte wenig davon, andere Menschen und deren Schicksale als Vergleich zum eigenen zu bemühen. Denn kein Leben ist vergleichbar, jedes sollte seinen eigenen Klang erhalten. Sie haben es in der Hand, wie laut und hell und melodiös Sie Ihr Leben stimmen, kein anderer ist dafür verantwortlich.

Nun höre ich geradezu den Einwand, dass Ihr Start schwierig war, dass Ihre Talente lange unerkannt blieben und Ihre Eltern und Lehrer eine Menge Fehler machten. Ja, das wird wohl richtig sein, bei den meisten Menschen treffen diese Tatsachen zu. Und weiter werden Sie fragen, ob Sie für solche Versäumnisse in Ihrer Kindheit auch noch dankbar sein sollten? Ja, auch das heiße ich richtig, denn das gibt Ihrer Siegermentalität einen gehörigen Schwung. Selbst wenn Sie heute noch, dreißig, vierzig Jahre nach Ihrer Kindheit, mit den Verantwortlichen hadern, so bitte ich Sie: Verzeihen Sie die Fehler, Schwamm drüber! Erlösen Sie sich selbst von den Vorwürfen und den Anklagen, schieben Sie den Frust alter Zeiten endlich zu Seite. Das bedarf eines Kraftaktes, ich weiß das. Aber um Ihrer seelischen Gesundheit willen sollten Sie verzeihen können. Dazu bitte ich Sie, die Perspektive des Meisters einzunehmen.

Holen Sie sich Ihre hilflosen, überforderten, ungerecht agierenden Eltern oder Lehrer vor Ihr geistiges Auge zurück. Sehen Sie hin, wie sie Sie beschimpfen, unsinnige Verbote aussprechen, wie sie Sie kleinhalten mit Strafe und Drohung.

Versuchen Sie nicht zu verstehen, was schieflief! Versuchen Sie nur, es zu akzeptieren. Was gewesen ist, können Sie nicht zurückholen. Sie können es nicht korrigieren!

Und dann richten Sie Ihre Aufmerksamkeit wieder auf das Hier und Jetzt. Sehen Sie hin, wie erfolgreich, fair, klug, attraktiv, gesund Sie sind. Sehen Sie genau hin – und wertschätzen Sie das. Das haben Sie aus diesem schwierigen Start in der Kindheit geschafft. Das ist wunderbar. Verneigen Sie sich davor, verneigen Sie sich vor Ihrer charakterlichen Entwicklung: Trotz all dieser widrigen Umstände ist ein fantastischer Mensch aus Ihnen geworden. Sie haben Umwege gehen müssen, um Ihre Talente zu erkennen, um Ihre Berufung zu finden. Aber Sie haben es geschafft! Sie sind ein Sieger. Sie haben sich dem Kampf gestellt – und ihn gewonnen. Sie sind gesund. Sie dürfen Pläne für die Zukunft schmieden. Sie dürfen demütig sein.

Wie fühlt sich das an? Ich vermute, hell und prickelnd. Es eröffnet den Horizont in Ihnen für neue Chancen, denn Sie setzen den Schritt raus aus einem Jammertal. Sie empfinden Demut, dass es trotz allem derart zahlreiche Glücksgriffe in Ihrem Leben gab. Sie haben diese genommen, gestaltet und dabei Ihre Fähigkeiten und Talente poliert. Sie haben Fleiß, Disziplin etabliert und niemals die Hoffnung verloren, dass sich alles zum Guten für Sie wendet. Derart zäh sind nur Sieger! Und wenn Sie nun mutig genug sind, Ihren Eltern die Fehler zu verzeihen, dann greifen Sie jetzt zum Handy, rufen an und sagen: »Ich will einfach so Danke sagen. Danke, dass ihr mir das Leben geschenkt habt und euer Bestes gegeben habt, um mir ein Stück weit meinen Weg zu ebnen, um mich zu begleiten. Danke.«

Ich habe hundertfach erlebt, wie meine Schüler genau das taten, wie sie weinten vor Rührung, weil sie mit diesen Sätzen eine sehr klare Liebe empfanden. Sie sind über den eigenen Schatten gesprungen und im Sonnenfeld gelandet.

Sie sind nicht dazu verdonnert, die Fehler in Ihrer Kindheit, die andere Ihnen zugefügt haben, mit sich herumzuschleppen. Sie dürfen Ihr Gepäck erleichtern, aber bitte tun Sie es mit Bedacht. Es fühlt sich extrem unterschiedlich an, ob Sie mit einem schlechten Gefühl die Erinnerung in einen Mangelsumpf werfen oder ob Sie diese Erinnerungen als Meilenstein auf Ihrem Weg abstellen und sich sagen: Bis hierhin geschafft, nun geht es mit Leichtigkeit weiter. Verzeihen Sie, damit Sie Ihre innere Freiheit weiten. Verneigen Sie sich vor Ihren Eltern und damit auch vor sich selbst. Verneigen Sie sich vor jedem weiteren Kampf, denn der Kampf der Kindheit wird nicht der letzte sein. Viele weitere werden folgen, und dazu sollten Sie innerlich frei sein.

Mein Meister sagt: »Sei freundlich zu jedem Menschen, den du auf dem Weg zum Tempel am Gipfel triffst, denn beim Abstieg wirst du ihm wieder begegnen.«

Übung

Das Ritual vor dem Sieg

Ein Kampfkünstler stimmt sich mental auf seinen Kampf ein. Er erinnert sich daran, nicht zu viel zu erwarten, keine Angst vor der Niederlage zu empfinden. Er erinnert sich ebenso an die unzähligen Stunden von Fleiß und Disziplin, die ihn zu diesem Moment vor dem Kampf trugen. Er denkt an den Schmerz, die Tränen, an das Blut, an die Verletzungen, denn all das gehörte zur Vorbereitung auf diesen Moment. Er schließt dann die Augen, atmet in sein Energiezentrum im Bauch. Er ruft sich in das Bewusstsein, wie fit und stark er ist. Er ist bereit. Für diesen Kampf. Er wird gewinnen oder verlieren. Das Ergebnis ist offen. Und er verneigt sich in Demut vor dem, was kommt, und sendet seine Aufmerksamkeit voraus auf den Sieg. Dann öffnet er die Augen, strahlt aus, was seine Bestimmung ist: ein fairer Sportler, der mit Freude abrufen wird, was seine Stärke ist.

In diesem Sinne verneig dich vor besonders herausfordernden Aufgaben. Bedank dich in Demut für den Weg bis zu diesem Punkt. Und dann gib all deine körperliche und geistige Kraft in diese Aufgabe. Bedenke: Egal, wie dein Kampf ausgeht, am Ende steht wieder ein neuer Anfang.

Ein Raum für die innere Freiheit

Nach einem Sieg und nach einer Niederlage zieht sich der Kampfkünstler in die Stille zurück. Er betritt seinen inneren Raum. Er sucht die Regeneration nach dem Sturm. Dieses Innehalten bezeichnet jene Nahtstelle zwischen Gegenwart und Zukunft. Denn bevor er sich seinen neuen Aufgaben widmet, denkt er noch einmal an die gerade erfüllte Gegenwart. Und erst wenn er wieder Neugierde spürt, wenn der Anfängergeist laut in ihm wird, schließt er das Erlebte mit einer Dankbarkeitsgeste ab.

Diese Haltung der inneren Einkehr spiegeln die chinesischen und japanischen Kampfkunsträume wider. In China nennt man sie »Wushu Guan« und in Japan »Dojo«. *Do* steht für

»Übungsweg«, *jo* für einen Ort, um sich zu entwickeln. Dieser Gedanke stammt aus der buddhistischen Übungspraxis, in der die Mönche für ihre Selbstfindung, Charakterbildung und Meditation besondere Orte aufsuchten.

Befanden sich diese Räume in der Kampfkunst zunächst in der Natur, so sind es heute Übungsstätten in Gebäuden. Aber noch immer entsprechen sie dieser alten überlieferten Symbolik, dass der Sportler in ihnen Ruhe und Besinnung erfahren darf. Er fasst sie als einen Raum auf, den er mit Freude betritt. Gemeinsam mit seinem Meister geht er seinen Übungsweg, verbindet seine Kraft mit der Spiritualität. In diesen Räumen darf der Schüler selbst entscheiden, wohin sein Weg ihn führen wird, welche Charaktereigenschaften er stärken will, wie seine nächsten Ziele aussehen werden. Und wenn er diesen Ort betritt, dann lässt er Frustration, Sorgen, Ängste draußen. Er betritt einen Ort, an dem Entwicklung stattfindet und Freude herrscht.

Ich wünsche Ihnen, dass auch Sie solch einen Dojo finden. Und sollten Sie im Außen keinen geeigneten Platz erkennen, dann dürfen Sie gewiss sein: In Ihnen gibt es diesen Ort der inneren Freiheit und der mentalen Stärke. Sie finden ihn, wenn Sie Ihrem Atem folgen, wenn Sie sich für wenige Minuten einlassen auf eine Dankbarkeitsmeditation.

Epilog

Aufrichtig bleiben –
unter allen Umständen

Nun sind wir am Ende des gemeinsamen Weges angelangt. Danke, dass Sie mir bis hierher gefolgt sind. Sie haben Ihren Geist und Ihr Herz geöffnet, um die Prinzipien der asiatischen Kampfkunst zu betrachten. Sie haben die Schätze des WUDE als Leitlinie für ein gelingendes Leben erkannt. Ich hoffe, diese Kostbarkeit an Werten und Tugenden bleibt Ihnen über den Buchdeckel hinaus erhalten. Dann werden die Schätze Ihnen die Weisheit geben, sinnbringende und sinnlose Kämpfe zu unterscheiden. Sie werden die sinnlosen mit einem Lächeln der Überlegenheit ziehen lassen. Gut so. Denn Ihre Zeit und Ihre Kraft gibt es nicht in der Endlosschleife, beides ist erschöpfbar. Aber Sie werden keinen sinnvollen Kampf mehr scheuen, sondern bereit sein, die wahren Siege mit Verve zu feiern. Und wenn Sie mich nun fragen, wie genau sich beide Siege unterscheiden, dann antworte ich Ihnen: Wo es um die Verteidigung Ihrer Werte und Ziele geht, dort ziehen Sie augenblicklich das Schwert. Dort kämpfen Sie! Dort geht es um Ihr ganz persönliches Glück. So gilt es an jedem einzelnen Tag, sich neu für die guten Seiten des Lebens zu entscheiden. Richten Sie den Blick auf das Sonnenfeld, nicht auf den

Schatten. Und sollten Sie sich doch einmal verlaufen, dann dürfen Sie das korrigieren. Keine Entscheidung bleibt ohne Korrektur, kein Weg ist unveränderbar.

Ich bitte Sie zum Schluss, all Ihre Kämpfe im Außen – in Karrieren und in Beziehungen – einmal zur Seite zu schieben. Tun Sie es für einen Moment. Sie mögen Ihnen unerlässlich erscheinen, aber all die Siege im Außen sind nicht existenziell für Ihr Glück. Der wahre Kampf in Ihrem Leben findet in Ihrem Inneren statt. Sie fechten ihn mit sich selbst aus. Nur er führt Sie zur mentalen Stärke und Freiheit. Hier will ich Sie ermuntern, den Tiger in Ihnen brüllen zu lassen, nicht müde zu werden, an Ihrem Glück mit Fleiß und Disziplin zu feilen. Das soll die Quintessenz meines Buches sein: Der Sieg über sich selbst ist der aufrichtigste Sieg. Ein solcher Sieg hat tausend Facetten. Er ist bunt wie Ihr Charakter. Er zeichnet die wunderbare Idee, dass es ein Morgen gibt mit einer neuen Chance.

Es mag sein, dass Sie heute stürzen, dass Sie Schmerzen erleiden. Nehmen Sie es an. Es ist Ihr Leben. Es gehört zu Ihrer persönlichen Geschichte. Und dann senden Sie die Aufmerksamkeit auf den nächsten Augenblick, sammeln Sie sich in Stille. Überwinden Sie Ihre Ängste und Sorgen, atmen Sie neue, helle Energie in Ihr Herz.

Dieses Wissen eines Kampfkünstlers tragen Sie nun mit sich. Und sollte ich am Ende einen Wunsch zu Ihnen senden dürfen, dann ist das der folgende:

Wählen Sie Ihre Kämpfe mit Bedacht. Bleiben Sie aufrichtig – unter allen Umständen.

Ich wünsche Ihnen von Herzen Ihren Sieg im Leben.

Ihr
Ronny Schönig

Anhang

Ernährung für Sieger

Bitte verstehen Sie meine Hinweise zur Ernährung als Essenz meines ganzheitlichen Konzepts. Es ist schulmedizinisch nicht belegt und folgt nicht dem allgemeinen Trend der Ernährung. Es ist vielmehr die Essenz aus einer über 3000 Jahre alten Wissenschaft, die die traditionelle chinesische Gesundheitslehre uns bietet.

Das alte Standardwerk 黄帝内經 *Huángdì Nèijīng*, auch »Buch des Gelben Kaisers« genannt, wurde um 206 v. Chr. in der Han-Dynastie geschrieben und gilt bis heute als Wegweiser zur Traditionellen Chinesischen Medizin (TCM).

Mein Meister Shen sagte mir einst, dass zum Wissen um den Kampf auch das Wissen um die Gesundheit zähle. Dieser Einsicht folge ich von Beginn an. Einige von mir erprobte Einsichten möchte ich mit Ihnen teilen, denn von der Qualität Ihres Atems und von der Qualität Ihrer typgerechten Ernährung hängt die Qualität Ihres Energieflusses ab.

Neben dem Prinzip von Yin und Yang, dem ständigen Ausgleich, der ständigen Balance, bietet die TCM die Lehre der Fünf Elemente. Diese werden als Geschmack gekennzeichnet und dem Organsystem zugeordnet.

Die Zuordnung der Geschmacksrichtungen

Geschmack	Element	Wirkt auf das Organsystem
Süß	Erde	Bauchspeicheldrüse/Magen
Bitter	Feuer	Herz/Dünndarm
Sauer	Holz	Leber/Galle
Scharf	Metall	Lunge/Dickdarm
Salzig	Wasser	Niere/Blase

Neben diesen fünf Geschmacksrichtungen werden zudem die Nahrungsmittel in die fünf thermischen Zustände heiß, warm, neutral, kühl und kalt unterteilt. Hiermit ist nicht nur die fühlbare Wärme oder Kälte gemeint, sondern die energetische Wirkung auf den Körper. Diese thermischen Eigenschaften der Nahrungsmittel und die Art der Zubereitung beeinflussen Ihr Organsystem und damit Ihre Gesundheit. Äßen wir also von Lebensmitteln mit kalten thermischen Eigenschaften zu viel, dann würde unser Körper auskühlen und Krankheiten entwickeln. Äßen wir ständig warme Speisen, entstünde eine auf Dauer ungesunde warme Thermik. Ernähren Sie sich ausgeglichen, halten Sie Ihre Energie durch Nahrung in der Balance.

Kühle und kalte Nahrungsmittel entsprechen der Yin-Energie und beruhigen die Organe. Im Sommer neutralisieren sie die Hitze im Körper. Aber auch zur Bekämpfung von innerer Hitze aufgrund von Bluthochdruck oder Fieber haben sie einen positiven Einfluss auf die Energie. Die thermische Yin-Wirkung verstärken wir durch Kühlen, Einlegen in Wasser, Keimenlassen, starkes Herunterkühlen der Speisen, Tiefkühlen oder durch Einlegen der Lebensmittel in Salz. Erfrischende bis kühle Nahrungsmittel sind:

- **Nahrungsmittel:** Ananas, Apfel, Aubergine, Avocado, Bambussprossen, Birne, Brokkoli, Gurke, Joghurt, Kiwi, Kurkuma, Mango, Mangold, Meeresalgen, Paprika, Pfefferminze, Rettich, Rhabarber, Rucola, Salbei, Salz, Sellerie, Sojabohnen, Sojasoße, Sojasprossen, Spinat, Tomaten, Wassermelone, Zitrusfrüchte, Zucchini.
- **Fisch:** Krabben.
- **Getränke:** Fruchtsäfte, grüner Tee, heller Oolongtee, Kamillentee, Kräutertee.

Warme und heiße Nahrungsmittel entsprechen der Yang-Energie, erzeugen Hitze und aktivieren unser Organsystem. Aus gesundheitlicher Sicht können wir damit Yin-Krankheiten wie Erkältungen und Erschöpfungszuständen positiv entgegenwirken. Die thermische Yang-Wirkung können wir beeinflussen, indem wir unser Essen erwärmen, kochen, dünsten, schmoren, backen, braten oder scharfe Gewürze hinzufügen. Wärmende bis heiße Nahrungsmittel sind:

- **Nahrungsmittel:** Aprikose, Basilikum, Chili, Fenchel, Frühlingszwiebel, Hafer, würziger Käse, Kirsche, Kohl, Kürbis, Lauch, Marille, Nelke, Nüsse, Parmesan, Pesto, Pfirsich, Pinienkerne, Quinoa, Rosinen, Rote Bete, Rotkraut, Süßkartoffel, Süßreis, Walnussöl, Zwiebeln.
- **Fleisch:** geräuchertes Fleisch, rote Fleischsorten, Huhn, Salami, Schaf, Schinken, Wildfleisch, Ziege.
- **Fisch:** Forellen, Garnelen, geräucherte Fischsorten, Hering, Thunfisch, Kabeljau, Scholle.
- **Getränke:** Alkohol, dunkler Oolongtee, Fencheltee, Gewürztees wie zum Beispiel Yogi-Tee, Kaffee, Kakao, roter Tee, Schaf- und Ziegenmilch.

Neutrale Nahrungsmittel ohne Einfluss auf die Körperthermik sind die folgenden:

- **Nahrungsmittel:** Amarant, Buchweizen, Bulgur, Butter, Dinkel, Eier, Feigen, Fette, getrocknete Datteln, Hartkäse, Hirse, Hülsenfrüchte, Karotten, Linsen, Mandeln, Milchprodukte, Nüsse, Öle, Polenta, Reis, Roggen, Sesam.
- **Fleisch:** Gans, Pute.
- **Fisch:** Lachs.
- **Getränke:** Hagebuttentee, schwarzer Tee, Traubensaft.

Dos and Don'ts beim Tao der Ernährung

- Vermeiden Sie Junkfood und industriell verarbeitetes Designfood! Ihr Körper benötigt zu viel Kraft durch Verdauungsprozesse. Sie enthalten oft gesättigte Fette und Zusatzstoffe. Ernähren Sie sich überwiegend durch lebendige Nahrung frisch aus der Natur! Je naturbelassener und unverarbeiteter, umso besser Ihr Energiefluss.
- Bevorzugen Sie Nahrungsmittel, die Ihr Organsysteme stärken und positiv auf die Verdauung, Atmung, den Stoffwechsel und Energiekreislauf wirken. Das sind ökologisch angebaute, weitgehend unverarbeitete Lebensmittel, das ist Pureness!
- Wählen Sie Nahrungsmittel aus der Region, also Obst, Gemüse und Fleisch vom Bauern aus Ihrer Umgebung. Diese Nahrungsmittel sind sehr wahrscheinlich frisch und enthalten viel Qi ([Lebens-]Energie). Äpfel, die über den langen Transportweg aus Australien kommen, sind ökologisch schlecht, weisen nur noch wenige Vitamine auf.

- Bedenken Sie bei der Nahrungsauswahl auch die klimatischen Bedingungen und Jahreszeiten. Berücksichtigen Sie im Sommer eher kühlende und im Winter eher wärmende Lebensmittel.
- Fleisch sollte mit Sorgfalt gewählt und nur als Ausnahme gegessen werden. Ziehen Sie Wildfleisch – zum Beispiel Reh, Wildschwein oder Hase – den Tieren der Fleischindustrie vor. Wildtiere wie Rehe und Wildschweine ernähren sich selbst von Nüssen, Blättern, Beeren und Kräutern, und diese gelten als Heilmittel in der asiatischen Gesundheitslehre.
- Wählen Sie frisches und weniger verarbeitetes Fleisch wie Carpaccio aus, denn darin bleiben die natürlichen Enzyme enthalten. Schauen Sie auch in die Ernährungsvorlieben der Japaner, vielleicht gehört die Ernährung zum Geheimnis der Langlebigkeit der vielen Hundertjährigen im Land der aufgehenden Sonne … Die Japaner essen etwa rohen Fisch. So ist Sashimi ein gutes Beispiel für rohen Fisch, der sehr nährstoff- und enzymreich sowie sehr schmackhaft ist.
- Die alten chinesischen Meister und Ärzte warnten schon vor langer Zeit vor den gesundheitlichen Folgen nach dem Verzehr großer Mengen Rind- und Schweinefleisch.
- Meiden Sie den Verzehr von Fleisch aus der Nutztierindustrie. Diese Tiere werden mit Hormonen, Abfällen und Chemie gefüttert, haben kaum Bewegungsraum und ein leidvolles Leben. Nahrung ist Qi ([Lebens-]Energie), und diese »leidvolle Energie« sollten wir meiden!
- Achten Sie beim Verzehr von Protein wie Fleisch und Fisch darauf, nicht zu viele Fette zuzuführen. Verzichten Sie dann auf Soßen oder Desserts. Essen Sie stattdessen zu-

sätzlich viel Gemüse, um die Beförderung der Nahrung durch den Darm zu unterstützen.

- Machen Sie neutrale Lebensmittel zur Basis Ihrer Ernährung. Verwenden Sie gekochtes Getreide, Hülsenfrüchte, Gemüse, Nüsse und Samen, Fette; kombinieren Sie das nach Bedarf mit wärmenden und kühlenden Nahrungsmitteln im Wechsel.
- Wenn Sie zu kalten Füßen oder zum Frieren neigen, dann verwenden Sie neutrale Nahrungsmittel, und kombinieren Sie diese klug mit Lebensmitteln wärmender Energetik. Vermeiden Sie in diesem Fall Nahrungsmittel mit kühlender Wirkung.
- Sollten Sie zu Wärme und übermäßiger Hitze neigen, dann verwenden Sie Nahrungsmittel mit neutraler bis kühlender Thermik. Vermeiden Sie Lebensmittel mit wärmender Wirkung.
- Nutzen Sie das Geheimnis der hundertjährigen Asiaten, und essen Sie nur bis zu einem Sättigungsgefühl von 70 Prozent!
- Meiden Sie stärkehaltige süße Desserts sowie Obst nach den Hauptmahlzeiten, die überwiegend aus Protein und Kohlenhydraten bestehen.
- Geben Sie Ihrem Essen ein Ritual. Essen Sie mit Freude und Dankbarkeit. Trinken und essen Sie achtsam, langsam und so bewusst wie möglich. Lenken Sie sich während des Essens nicht mit anderen Aktivitäten ab. Legen Sie das Smartphone zur Seite, lassen Sie den Fernseher aus, genießen Sie den Geschmack Ihrer Mahlzeit.
- Pflegen Sie Ihren Magen, indem Sie keine eiskalten Getränke zu sich nehmen, denn das sorgt für einen Kälteschock im Magen, das wiederum verschließt ihn und stellt die Verdauungsprozesse ein.

- Meiden Sie kalte Nahrungsmittel bei gesundheitlichen Problemen wie Durchfall, Blähungen, Erkältungen, Übergewicht und Depressionen.
- Bei gesundheitlichen Problemen wie Fieber, Hautproblemen, Migräne, innerer Unruhe, Schlafstörungen, Sodbrennen, Magenbeschwerden, Verstopfung und Autoimmunerkrankungen verzichten Sie auf Nahrungsmittel mit warmer oder heißer Thermik.
- Nutzen Sie das Geheimnis der japanischen Wasserkur und trinken Sie jeden Morgen einen halben Liter warmes Wasser auf nüchternen Magen. Frühstücken Sie dann erst nach etwa 45 Minuten. Das regt den Detox-Prozess im Körper an und hilft, Schadstoffe schneller aus dem Körper auszuleiten.

Drei Gesundheitsturbo-Cocktails für Sieger

- **Cocktail zur Entgiftung des Verdauungstrakts:** Frischer Möhrensaft reinigt den gesamten Verdauungstrakt und hat entgiftende Wirkung für die Leber. Trinken Sie zweimal täglich davon ½ bis 1 Liter.
- **Cocktail gegen Übersäuerung und Fettleibigkeit:** Entgiften Sie Blut, Gewebe und Nieren mit der Saftmischung aus Möhren, Roter Bete und Gurken. Mischen Sie die Zutaten im Verhältnis 10/3/3, und trinken Sie täglich ½ bis 1 Liter.
- **Cocktail zur Immunstärkung:** Stärken Sie Ihr Immunsystem mit meinem persönlichen Immun-Cocktail-Rezept. Nehmen Sie etwa 150 Gramm frischen Ingwer, schneiden Sie diesen in Scheiben, und bringen Sie diese in etwa ½ bis 1½ Liter Wasser zum Kochen. Lassen Sie diesen Sud circa

30 Minuten köcheln. Im Anschluss wird der Sud durch ein Sieb gegossen und mit 1 bis 2 Teelöffeln Kurkumapulver und mit dem Saft von 1 bis 2 Zitronen und etwas Honig verrührt und stehen gelassen. Nach Bedarf kann der Sud etwas mit Wasser aufgefüllt und gestreckt werden. Diesen Saft können Sie über den Tag verteilt trinken.

Körperübungen für Sieger

Das Training der inneren Kampfkünste bringt Körper, Geist und Seele in Einklang. Es stärkt deine Lebenskraft. Die jahrtausendealten Übungen aus dem Qigong sind dabei ein fester Bestandteil der Übungspraxis. Ich will dir diese energetischen Übungen gern erklären und hoffe, sie werden bald schon zu deiner täglichen Routine.

Die Lebensenergie Qi wird mithilfe von Sehnen, Knochen- und Gewebsstrukturen, Muskeln und Blut geleitet. Je nach Durchlässigkeit fließt das Qi besser oder schlechter durch den Körper. Wir können sagen: Fließt die Energie, dann bleiben wir gesund. Erleiden wir hingegen Energieblockaden oder ertragen wir einen Energieverlust, kann das zu Krankheiten führen und auch zur Unbeweglichkeit von Körper und Geist. Dann geht mit den Jahren nicht nur die Gesundheit verloren, sondern auch die Neugierde, der Entdeckergeist.

Im alten China entwickelte man schon vor Tausenden von Jahren Übungen, die auf Verjüngung und auf eine Rückbesinnung auf unsere ursprüngliche Wesensnatur ausgerichtet waren. Alles hat Einfluss auf unsere Energie, so sagte man dort, alle Prägungen und Erfahrungen, alle Bewegungen beeinflussen den Körper und den Geist. Es geht also darum, den

Fluss der Energie aufrechtzuerhalten und eventuell entstandene Blockaden frühzeitig wieder aufzulösen. Um die Durchlässigkeit für das Qi in Körper und Geist zu erhalten, empfahlen die alten Meister die sogenannten »Ruan-Ti-Übungen«. Darin geht es um bewusste Körperhaltungen und Bewegungsformen, Atmung und bestimmte Geisteshaltungen. Einige dieser effektiven Übungen gebe ich dir heute mit auf den Weg.

Übung

Übung 1: Klopfen

Die Übungen des Klopfens lösen deine Blockaden auf der Körperebene, sie lockern die Haftschichten und die Muskulatur. Durch diese Klopfübungen verhinderst du eine Stagnation von Blut und Qi, du stimulierst den Energiefluss:

- **Vorbereitung:** Stell dich hüft- bis schulterbreit in eine gelöste und aufrechte Position, und komm in der Übung an. Atme zunächst siebenmal bewusst ein und aus.
- **Handhaltung:** In den nachfolgenden Übungen klopfst du mit der Hohlhandhaltung deinen Körper ab.
- **Intensität:** Die Intensität des Klopfens richtet sich nach deinem subjektiven Empfinden. Wir verwenden dazu eine fiktive Skala von 1 bis 10 aufsteigend. Deine Intensität sollte nach deinem Empfinden etwa bei 6 bis 7 liegen, also nicht zu stark oder zu schwach sein, jedoch mit aktivierender Wirkung.

- **Ablauf:** Klopf nacheinander alle Körperbereiche mit deiner Hohlhandfläche ab. Beginn bei den Händen, den Armen an den Außen- und Innenseiten, klopf dann die Schultern, den Oberkörper, Hüfte und Beine vorn, innen, außen und hinten ab.

  Geh langsam nach oben, und klopf den Rückenbereich ab, so weit es geht.

  Im Anschluss klopfst du den Nacken, Hals und Kopfbereich ab.

  Den sensiblen Bereich der Gesichtshaut klopfst du mit den Fingerkuppen leicht ab.

- **Schluss:** Fühl in deinen Körper hinein. Spür die Vitalisierung deines Körpers. Manchmal ist es das Pulsieren des Blutes, die gesteigerte Körperwärme oder das Kribbeln an der Haut, das du bemerkst.

  Genieß diesen Zustand für eine Weile, mach dir bewusst, dass deine Poren nun geöffnet sind, dass deine Energie fließt.

Übung 2: Schütteln

Schüttelübungen finden in den taoistischen Klöstern in den Bergen Chinas ihren Ursprung. Sie dienen dazu, die beiden Yin-Schichten des Körpers, nämlich die Muskulatur und das Blut, für den Energiefluss durchlässig zu machen.

Über das Schütteln des Körpers leiten wir alte Verspannungen und Blockaden aus und machen uns von verbrauchter Energie frei. Es kann langsam erfolgen, um einen entspannenden Zustand zu erreichen. Steigern wir die Intensität, so erreichen wir eine Aktivierung der Energie:

- **Vorbereitung:** Stell dich hüft- bis schulterbreit in eine gelöste und aufrechte Position, und komm in der Übung an. Atme zunächst siebenmal bewusst ein und aus.
- **Teil 1:** Schüttle den ganzen Körper mit leichter Intensität zwei Minuten lang durch.
- **Teil 2:** Richte deine Aufmerksamkeit auf deine Füße. Schüttle deine Füße in lockerer Weise durch. Atme bewusst in deine Füße.
- **Teil 3:** Richte deine Aufmerksamkeit auf deine Beine. Schüttle deine Beine in lockerer Weise durch. Beweg dich auf und ab, nach rechts und nach links. Atme bewusst in deine Beine.
- **Teil 4:** Richte deine Aufmerksamkeit auf deine Hüften. Schüttle deine Hüften in lockerer Weise durch. Atme bewusst in deine Hüften.
- **Teil 5:** Richte deine Aufmerksamkeit auf deine Wirbelsäule. Wandere mit deiner Aufmerksamkeit vom Lendenwirbelbereich bis zur Brust- und Halswirbelsäule hinauf. Bezieh deine Rückenmuskulatur in deine Aufmerksamkeit ein. Schüttle den gesamten Bereich. Atme bewusst dort hinein.
- **Teil 6:** Richte deine Aufmerksamkeit auf deinen Bauch und den gesamten Rumpf. Schüttle dort in lockerer Weise durch. Atme bewusst in diesen Bereich hinein.
- **Teil 7:** Richte deine Aufmerksamkeit auf den Kopf. Lass dabei den Kopf leicht nach vorn hängen, und lös die gesamte Gesichts- und Kiefermuskulatur.

Schüttle leicht und vorsichtig den Kopf: ja, nein, ja, nein.

Für den Kopf ist diese Lockerung wie Balsam.

Atme in den Kopf hinein.

- **Teil 8:** Richte deine Aufmerksamkeit nacheinander auf deine Schultern, Arme und Hände.

   Schüttle diesen Bereich.

   Atme bewusst dort hinein.

- **Teil 9:** Schüttle noch einmal drei Minuten lang den gesamten Körper.

- **Schluss:** Fühl in deinen Körper hinein. Spür die Vitalisierung deines Körpers. Manchmal ist es das Pulsieren des Blutes, die gesteigerte Körperwärme oder das Kribbeln an der Haut, das du bemerkst.

   Genieß diesen Zustand für eine Weile, mach dir bewusst, dass deine Poren nun geöffnet sind, dass deine Energie fließt.

Übung 3: Dehnen

Dehnübungen wirken auf dein Bindegewebe und das gesamte vernetzte System der Faszien. Seit einigen Jahren hat das System der Faszien in der westlichen Gesundheitswelt immer größere Bedeutung gewonnen. In Asien weiß man seit Jahrhunderten um den Wert dieser Körperarbeit. Für die Kampfkunst ist die Mobilisation der feinen Bindegewebsstrukturen besonders wichtig, denn diese machen unsere Muskeln weicher, geschmeidiger und durchlässig für die Lebensenergie Qi:

Position 1   Position 2

Position 3   Position 4   Position 5

Position 6   Position 7

- **Allgemeine Hinweise zur Übungsausführung:**
Verwende eine Übungsmatte. Führ alle Übungen
möglichst barfuß aus. Halt die Dehnungsposition
jeweils für etwa dreißig Sekunden.
- **Vorbereitung:** Stell dich hüftbreit in aufrechte Position,
und atme siebenmal bewusst ein und aus.
- **Position 1:** Führ deine Arme frontal gestreckt nach
oben bis über den Kopf. Lass dabei die Schultern in
einem entspannten, gelösten Zustand.
Stell dir vor, dass deine Arme weiter nach oben
gezogen werden. Genieß diese Dehnung.
Führ nach der Dehnung die Arme wieder in eine
hängende gelöste Ausgangsposition zurück.
- **Position 2:** Bleib in der aufrechten Position, streck die
Arme seitlich in Schulterhöhe nach außen, und richte
deinen Fokus auf die Fingerspitzen.
Stell dir vor, die Arme werden seitlich auseinander-
gezogen.
Im Anschluss kannst du noch zwei zusätzliche Variationen ausprobieren. In der ersten bleiben die Arme
seitlich ausgestreckt, aber du winkelst die Hände so an,
dass die Fingerspitzen in Himmelsrichtung und die
Handflächen nach außen zeigen. Diese Variante wirkt
dehnend auf die Unterarminnenseite. Bei Variante zwei
winkelst du die Hände bei seitlich ausgestreckten Armen
in Richtung Boden an und dehnst den Handrücken.
- **Position 3:** Bring den Oberkörper über das Becken
nach unten.
Halt dabei die Beine leicht gebeugt. Die Arme hängen
ebenfalls nach vorn oder können zum Heranziehen des

Oberkörpers an die Beine unterstützend wirken. Wichtig ist, dass du den Kopf nach unten hängen lässt und eine Stauchung im Nacken vermeidest.

Atme mehrmals langsam und gleichmäßig ein und aus, während du die Position für etwa dreißig Sekunden hältst. Im Anschluss richte dich langsam Wirbel für Wirbel auf.

- **Position 4:** Stell dich zunächst hüftbreit hin. Begib dich in eine tiefe Hocke: Senk deinen Körper mit geradem Rücken nach unten ab, und verweile in der Endposition auf deinen Waden. Die Fußsohlen sollten, wenn möglich, den Boden berühren.

  Die Knie sind idealerweise über den Fersen positioniert. Atme tief und gleichmäßig ein und aus, verweile für etwa eine Minute in dieser Position, und komm anschließend in die Ausgangsposition zurück.

- **Position 5:** Nimm auf deiner Matte eine kniende Position ein. Stülpe die Zehen dabei um, sodass sie den Boden berühren. Stütz deine Hände in den Lendenwirbelbereich, und atme zweimal ein und aus.

  Finde mit deinen Augen einen Punkt auf dem Boden. Mit dem dritten Einatmen bewegst du deinen Oberkörper nach hinten in eine Hohlkreuzposition, dabei geht dein Blick zur Decke. Bleib für drei Atemzüge in dieser Position. Mit dem nächsten Einatmen gehst du zur Ausgangsposition zurück.

- **Position 6:** Begib dich in Bauchlage auf deine Übungsmatte. Leg deine Hände dicht neben deinen Körper in Bauchnabelhöhe. Spann die Bein- und Gesäßmuskeln an, und drück dich mit beiden Händen vom Boden aus nach oben.

Leg den Kopf leicht in den Nacken, und blick nach oben. Halt die Position für fünfzehn Sekunden, leg dich danach entspannt am Boden ab.

Wiederhol diese Übung etwa dreimal.

- **Position 7:** Nimm eine kniende Position auf der Matte ein.

Beug dich nach vorn, die Arme am Boden weit von dir gestreckt. Du kannst die Stirn vorn auf die Matte ablegen. Wenn du möchtest, kannst du die Arme auch seitlich eng am Körper ablegen.

Verweil in dieser entspannten Position für etwa dreißig Sekunden.

Übung 4: Die Taiji-Kreisatmung

Die Taiji-Kreisatmung eignet sich hervorragend, um Stress aus dem Körper auszuleiten und neue Energie zu sammeln. Diese Methode verbindet den Atem mit Körper und Geist. Du lernst damit, deinen eigenen Atemfluss bewusst zu steuern und zu regulieren:

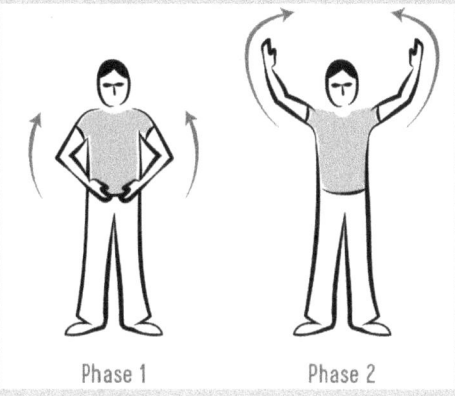

Phase 1   Phase 2

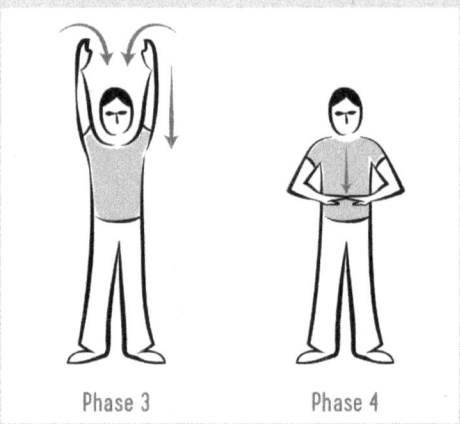

Phase 3   Phase 4

- **Vorbereitung:** Stell dich hüftbreit auf die Matte. Find eine gelöste und aufrechte Position, und atme zunächst siebenmal bewusst ein und aus.
- **Verwurzeln (Phase 1):** Greif mit den Zehen und der gesamten Fußsohle in den Boden, und verwurzle dich. Stell dir vor, du wärst ein Baum.
Visualisiere die Verbindung zwischen Fuß und Boden. Die Füße ragen wie Wurzeln tief in die Erde hinein. Verbinde dich, und atme tief ein und noch viel langsamer aus.
- **Einatmen (Phase 2):** Dein Körper ist in einer entspannten aufrechten Haltung. Die Kniegelenke bleiben leicht gebeugt.
Atme vollständig aus, atme durch die Nase wieder ein. Führ deine Hände mit weit geöffneten Armen seitlich über den Kopf nach oben.
Die Handflächen zeigen während der Aufwärtsbewegung nach oben.

- **Zusätzliche Haltephase mit dem Verschluss der drei Tore (Phase 3):** Sind die Hände mit gestreckten Armen nach oben gerichtet und die Lungen bis zu einem Drittel mit Luft gefüllt, so werden die sogenannten drei Tore verschlossen.

  Als Erstes verschließ den Bereich des Anus, indem du deine Ringmuskulatur nach innen anspannst.

  Als Zweites verschließ deine Bauchdecke, drück die Organe im Bauchraum nach innen.

  Als Drittes verschließ den Halsbereich, indem du die Muskulatur im Bereich des Kehlkopfes anspannst. Hierbei wird kurzzeitig die Halsschlagader etwas verengt. Das bewirkt eine positive Verstärkung durch erhöhten Druck auf den Bauchraum.

  Halt die drei Tore für einige Sekunden geschlossen, und zähl: eins … zwei … drei … vier … fünf … sechs – und löse.

- **Ausatmen (Phase 4):** Beim Lösen und Öffnen der drei Tore atmest du langsam aus und führst zeitgleich die Handflächen vor der Körpermitte nach unten. Führ diese Übung in mindestens neun Wiederholungen aus.

Meditationen für Sieger

Durch die Meditation gelangen wir in unsere Mitte und von dort aus in jede einzelne Zelle. Wir verankern uns mithilfe des Atems in unserem Potenzial, erreichen bestenfalls den unbewussten Raum. Dort lagern verdrängte Erinnerungen, Erfahrungen. Und manchmal berühren wir sogar Fähigkeiten, von denen wir bislang nicht ahnten, sie könnten in uns sein. Durch die Meditation werden wir uns unserer Macht bewusst.

In diesem Zustand der absoluten inneren Ruhe gelingt es, Gedanken zu steuern und Veränderungen im Leben einzuleiten. Seit Jahrhunderten wird das Wissen um die Kraft der Meditation überliefert. In meinem Buch ist die Meditation der Weg zur inneren Freiheit und zur mentalen Stärke.

Mit den nachfolgenden Checklisten gebe ich dir das Rüstzeug an die Hand, damit du deine Meditation in den Alltag integrieren kannst. Im Anschluss folgen noch zwei Meditationen für Sieger.

Ich wünsche dir schöne Momente der Begegnung mit dir selbst. Nimm deine Erkenntnisse aus der Meditation mit in den Tag, in die Nacht, lass sie zu einem Teil deines Charakters werden.

Checklisten für Meditationen im Alltag

Der Ort der Meditation

- Wähle einen ruhigen Ort für den Einstieg in deine Meditationsübungen. Achte auf eine dir angenehme Atmosphäre.
- Wenn du gern in der Natur bist, wähle dort einen Platz für dich aus.
  Wenn du den Schutz deiner Wohnung bevorzugst, so ist auch das in Ordnung, solange keine Störung deine Meditation unterbrechen wird.
  Wo immer du dich wohlfühlst, dort bist du richtig, dort ist dein Ort, um dich auf eine innere Reise zu begeben.
- Mach es dir bequem. Keine Kleidung engt dich ein. Kein Duft stört dich. Kein Licht blendet dich.
  Die Temperatur im Außen ist weder zu warm noch zu kalt.

Tageszeit

- Grundsätzlich eignet sich jede Tageszeit für deine Meditationspraxis. Du entscheidest. Achte aber darauf, dass du die einmal gewählte Zeit zum immer wiederkehrenden Rhythmus machst. Wie ein Fixtermin mit dir selbst, unaufschiebbar und mit hoher Priorität versehen, trägst du diesen Termin in deine Zeitplanung ein.
- Wenn du nach deinem Biotakt ein Frühaufsteher bist, dann übe am Morgen.
  Wenn du dich abends gern konzentrierst, ist eine späte Stunde die richtige für deine Praxis.
  Arbeite nie gegen deinen eigenen Zeittakt, folge immer dem Schwung deiner Energie.

- Meditation erfordert Disziplin – und Zeit. Überleg dir, wie du dieses Zeitfenster öffnen kannst. Welche Angewohnheit – wie zum Beispiel das abendliche Fernsehen – kannst du durch deine Meditationspraxis ersetzen? Schreib es auf.
Mach einen Vertrag mit dir selbst.
Sag dir täglich: Ich werde achtsam und gelassen, ich werde siegreich durch meine Meditationspraxis sein.

Störfaktoren

- Frag dich: Was könnte deine Übungspraxis stören? Partner, Kinder, Smartphone, Wecker?
Sorg für Ruhe, kein elektronisches Gerät sollte in der Nähe und keine Ansprache in dieser Zeit möglich sein.
- Verzichte auf Hintergrundmusik während der Meditation. Was scheinbar entspannt, lenkt in Wahrheit ab.
Musik weckt Gefühle, sie beschwingt dich oder lässt dich träumen, sie triggert Erinnerungen. Mit deiner Meditation aber willst du nichts vorgeben, nichts vorzeichnen. Du willst die Leere in dir spüren!
- Sorg dafür, dass du in einer Balance bist. Du solltest weder zu satt noch zu hungrig, weder zu müde noch zu unternehmungslustig sein. Ruhe und Hingabe, so lautet das Grundrauschen der Meditation – und sonst gar nichts.

Sitzpositionen

- Führ deine Meditation stets sitzend, nicht liegend durch. Das Meditieren im Liegen endet häufig im Schlaf – und das ist nicht der Sinn der Übung.

Nimm die traditionelle Sitzposition auf deiner Mediationsmatte auf dem Boden ein. Du kannst aus folgenden Sitzpositionen wählen:

Burmesischer Sitz: Leg ein Sitzkissen auf deine Meditationsmatte. Damit erhöhst du deine Position, du hast mehr Raum, das Becken zu kippen und in einer aufrechten Haltung zu sitzen. Der Atem kann bei gerader Wirbelsäule leichter fließen.

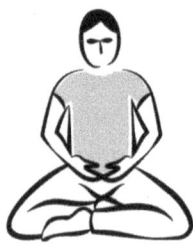

Seiza (japanische Sitz): Diese Sitzposition nimmst du mithilfe einer Meditationsbank ein. Auch hier ist die Haltung erhöht und aufrecht. Achte darauf, dass du die Knie nicht zu sehr belastest.

Der halbe und der volle Lotussitz: Das ist die traditionelle Meditationsposition, sie wird von geübten Yogis praktiziert. Aber Achtung: Als Anfänger bist du noch nicht geübt, verfügst noch nicht über eine ausreichende Flexibilität. Das kann zu Schmerzen und damit zur Ablenkung führen.

Der Stuhlsitz: Du möchtest nicht auf dem Boden sitzen? Wähle einen Stuhl ohne Kissen und Polster mit festem Stand, sodass kein Kippeln oder Drehen möglich ist. Rutsche an den Rand der Sitzfläche, sodass deine Wirbelsäule aufrecht bleibt.

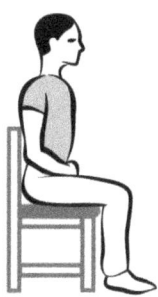

Die Länge der Meditationsübungen

- Plan für deine Meditationsübung zwanzig bis dreißig Minuten ein. Das mag dir anfangs wie ein fast unendlicher

Zeitstrahl erscheinen. Halt durch! Dein Geist braucht diese Zeit, um sich zu beruhigen, um in den sogenannten Alpha-Zustand zu gelangen, in dem die entspannte und doch konzentrierte Aufmerksamkeit möglich wird.

- Beende deine Meditationspraxis nicht mit dem Smartphone. Elektrosmog hat in deiner klaren Energie während dieser Zeit nichts zu suchen. Außerdem ist die Gefahr groß, dass du nach dem Smartphone greifst, den Ton abstellst – und augenblicklich die E-Mails checkst. Das wäre schade, dann würde die Energie nicht nachwirken.
  Die Lösung? Ein völlig altmodischer mechanischer Wecker, die Backuhr am Herd oder die innere Uhr deines eigenen Zeitgefühls.

- Nach einer ersten Übungsphase von einigen Wochen wirst du deine Übungen verlängern. Weite dann, je nach Fortschritt, auf eine Dauer von drei viertel Stunden bis zu einer Stunde aus.

Die Gedanken zur inneren Ruhe hinsteuern

- Eins vorab: Gedanken dürfen kommen und gehen. Sie sind ein Teil von dir. Sei achtsam und wertschätzend dir selbst gegenüber, dann wird auch die Farbe deiner Gedanken hell.

- Nimm während der Meditationsübung den Fluss deiner Gedanken und Gefühle wahr. Aber halt nichts fest. Lass sie weiterziehen wie Wolken am Himmel. Nur dein Atem ist wichtig, nur die innere Ruhe hat nun einen Sinn.

- Was immer dir während der Meditationspraxis an Gedanken und Emotionen begegnet: keine Anhaftung. Lass alles vorüberziehen. Bleib in einer neutralen Haltung.

- Bau keine Geschichte aus deinen Gedanken. Auch schöne Momente aus der Erinnerung lass einfach vorüberziehen. Nicht anhaften, nicht bewerten, atmen!
- Unser Geist will ständig bewerten, einordnen und begründen. In der Meditation lassen wir diesen Mechanismus los.
- Während der Übungspraxis wird anfangs der Geist und auch der Körper eine kleine Rebellion versuchen: Füße schlafen ein, Muskeln zittern, Hitze steigt im Nacken hoch, oder uns wird kalt. Nimm die Empfindungen wahr – aber schenk ihnen keine weitere Beachtung. Atme stattdessen bewusst ein und aus. Zähl beim Einatmen bis drei, beim Ausatmen bis sechs. Finde wieder deinen Rhythmus.

Meditationsvariationen

Übungen

Meditationen für den Einstieg

- Sobald du deine Übungsposition eingenommen hast, komm bewusst in der Meditation an. Richte deine Aufmerksamkeit nach innen.
- Atme bewusst ein und aus. Schau nach innen. Nimm den Atemfluss wahr, nur der ist wichtig. Äußeres hat während deiner Praxis keine Bedeutung mehr.
- Nutze, um in dir anzukommen, den Bodyscan: Geh mit dem Atem von den Füßen aufwärts zum Kopf. Scanne deinen Körper von unten nach oben.

- Wenn du bei dir angekommen bist, wähle eine der folgenden Übungen als Auftakt:

  Variante 1 »Beobachten«: Beobachte deinen Atem. Beobachte, wie dein Atem fließt. Einatmen, ausatmen. Wenn du deinen Atemfluss verlierst, begib dich wieder auf diese Beobachtungsposition. Der Atem ist der Mittelpunkt all deiner Betrachtung.

  Variante 2 »Atem zählen«: Atme ein, zähle: eins, zwei, drei. Halte den Atem kurz an, zähle: eins, zwei. Atme aus, zähle: eins, zwei, drei, vier, fünf, sechs.

Die Atemreinigung für Fortgeschrittene

Es folgt nun der Ablauf der sogenannten neunfachen Atmung und Atemreinigung für Fortgeschrittene der Meditationspraxis:

- **Erste Phase:** Schließ die rechte Nasenöffnung mit dem Zeigefinger der rechten Hand, und atme *lang und langsam* über die linke Nasenöffnung ein: eins, zwei, drei. Verschließ mit dem Zeigefinger der linken Hand nun das linke Nasenloch. Halt den Atem für drei Sekunden an. Atme aus.

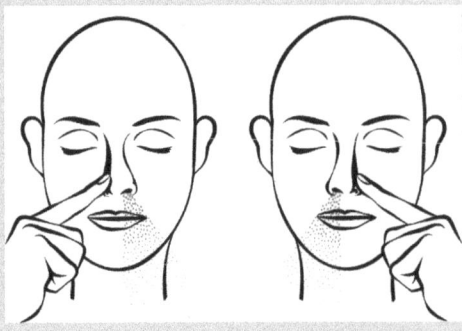

- **Zweite Phase:** Wiederhol nun den Ablauf, und atme *kräftig und tief* ein und aus.
- **Dritte Phase:** Wiederhol den Ablauf, und atme *kurz und stark* ein und aus.
- **Vierte Phase:** Schließ nun die linke Nasenöffnung mit dem Zeigefinger der linken Hand, und atme *lang und langsam* über die rechte Nasenöffnung ein: eins, zwei, drei.
  Verschließ mit dem Zeigefinger der rechten Hand nun das rechte Nasenloch. Halt den Atem für drei Sekunden an. Atme aus.
- **Fünfte Phase:** Wiederhol nun den gleichen Ablauf, und atme *kräftig und tief* ein und aus.
- **Sechste Phase:** Wiederhol den Ablauf, und atme *kurz und stark* ein und aus.
- **Siebte Phase:** Atme nun über beide Nasenöffnungen *lang und langsam* ein, halt den Atem für drei Sekunden an. Atme aus.
- **Achte Phase:** Wiederhol den gleichen Ablauf, und atme nun *kräftig und tief* über beide Nasenöffnungen ein, halt den Atem wieder für drei Sekunden. Atme aus.
- **Neunte Phase:** Wiederhol den Ablauf, und atme stark und kurz ein und aus.
- **Entgiftung über den Atem:** Dreh deine Handflächen zum Oberkörper hin. Heb die Arme vor deinem Körper nach oben. Atme über die Nase ein - und im Anschluss senk die die Arme und atme über den weit geöffneten Mund aus.
  Führ diese Übung dreimal aus!

Anmerkungen

Texte Dritter sind in diesem Buch als solche gekennzeichnet. Autor und Verlag haben sich ernsthaft bemüht, die Primärquellen für die hier zitierten Sinnsprüche und Parabeln und somit eventuelle Rechteinhaber zu eruieren. Das war jedoch nicht in allen Fällen möglich, weil sie so oder in Variationen weit verbreitet sind, was eine Rückverfolgung bis zu ihrem Ursprung erschwert bis unmöglich macht.

1 Sunzi: *Die Kunst des Krieges,* München: Knaur 1988.
2 Bruce Lee: *Know Yourself. Die Geheimnisse meines Erfolgs,* München: O. W. Barth 2020.
3 Mihály Csíkszentmihályi: *Flow. Das Geheimnis des Glücks,* Stuttgart: Klett-Cotta 2018.
4 Wertekommission: »Führungskräftebefragung 2015 der Wertekommission – Initiative Werte Bewusste Führung e. V.: Vertrauen und Verantwortung für Führungskräfte am wichtigsten«, 28.8.2015, https://www.wertekommission.de/medien/fuehrungskraeftebefragung-2015/ (Zugriff 28.8.2020).

5 Joachim Bauer: *Das Gedächtnis des Körpers. Wie Beziehungen und Lebensstile unsere Gene steuern*, München: Piper, 8. Aufl. 2018.

6 »Henry Maske. Nicht jeder kann siegen – aber das Ziel sollte man haben«, *Planet Interview*, 10.11.2008, http://www.planet-interview.de/interviews/henry-maske/34738/ (Zugriff 28.8.2020).

7 Malcolm Gladwell: *Überflieger. Warum manche Menschen erfolgreich sind – und andere nicht*, München: Piper 2010.

8 Stiftung Deutsche Depressionshilfe/AOK: »Zahlen und Fakten über Depression«, o. D., https://www.aok-bv.de/imperia/md/aokbv/presse/pressemitteilungen/archiv/2018/07_faktenblatt_depressionen.pdf (Zugriff 15.9.2020).

9 Miyamoto Musashi: *Das Buch der fünf Ringe. Klassische Strategien aus dem alten Japan*, München: Piper 2014.

10 Lee, a. a. O.

11 Laotse: *Tao Te King. Eine zeitgemäße Version für westliche Leser*, Vorwort und Kommentar von Stephen Mitchell, deutsch von Peter Kobbe, München: Arkana Goldmann 2003.

12 Isabelle Schumacher: *Im Herzen berührt. Durch Wertschätzung und Selbstliebe*, München: Lüchow 2019.

13 Lee, a. a. O.

Dank

Über viele Jahre habe ich die Idee von diesem Buch fest in meinem Herzen getragen. Es war mir ein tiefes Anliegen, die Magie der asiatischen Kampfkünste nach außen zu tragen. Nun ist es Wirklichkeit geworden. Energie folgt der Aufmerksamkeit.

Ich hoffe, dass meine Buchseiten zu mehr Menschlichkeit, Wertebewusstsein und Selbsterkenntnis beitragen und unsere schöne Welt noch ein wenig besser machen. Das ist ein hoher Anspruch, und er kann nur gelingen, wenn die Schätze des WUDE für viele Leser zugänglich werden. Das ist meine Überzeugung.

Wie anstrengend und gleichermaßen erfüllend der Alltag eines Autors ist, das durfte ich über eine Zeitstrecke von einem halben Jahr erfahren. Ich bin dankbar dafür. Mein Name steht nun auf dem Cover, und das Logo von Lotos ist für mich Kompliment und Versprechen zugleich. Kompliment, weil Lotos an meine Buchidee glaubte, und Versprechen, weil ich dieses Buch als Beginn betrachte, über die Kampfkünste zu referieren und von deren Wirkung zu überzeugen.

Bevor ich gleich den Schlusspunkt setze, will ich keinesfalls vergessen, Danke zu sagen. Ohne all die engagierten Menschen an meiner Seite wäre es nämlich niemals möglich gewesen, aus meinem Herzenswunsch ein Buch zu machen. Sie haben mich inspiriert und unterstützt. Sie waren geduldig, aufmerksam, kreativ, ich habe den gemeinsamen Weg an jedem Tag wertgeschätzt. Jean-Baptiste Massillon sagt: »Dankbarkeit ist das Gedächtnis des Herzens.«

In diesem Sinne gilt mein Dank dem Verlag und Programmleiter Jakob Mallmann und seinem Team, die eine Veröffentlichung erst ermöglicht haben.

Mein besonderer Dank gebührt Gabriele Borgmann für die inspirierende Zusammenarbeit zum Buchkonzept und die tiefgründigen Gespräche. Gemeinsam haben wir beide es geschafft, die Impulse aus meinem Kopf auf das Buchpapier zu bringen!

Und hier ist es auch an der Zeit, meinen Eltern zu danken: Ihr habt mir dieses Leben geschenkt, mit dem ich so viel Positives bewirken will. Ich danke meiner Mutter Birgit, die immer an mich geglaubt hat und mir in so manchen herausfordernden Stunden meiner Kindheit zur Seite stand. Auch danke ich meinem verstorbenen Stiefvater Klaus, der mich in meiner Kindheit und Jugend geprägt hat. Ebenso danke ich meiner lieben Schwester Kirstin, die immer einen festen Platz in meinem Herzen hat und mich mit Leidenschaft auf meinem Weg begleitet. Dank gebührt auch meinem Vater Peter und meinem Bruder Marcel, die mich besonders in den letzten Jahren tatkräftig unterstützt haben.

Ich danke allen ehemaligen und aktuellen Wegbegleitern, Freunden, meinen Schülern sowie meinen Gegnern innerhalb und außerhalb der Kampfflächen. Durch euch habe ich sehr viel gelernt und manche Transformationen durchlebt. Ich danke meinem Freund und Teemeister San Bao, der mich für die Welt des Tees begeistert hat.

Meiner liebsten Freundin und Lebensgefährtin Daisy gilt mein Dank, denn sie hält mir den Rücken frei. Sie steht mir verlässlich zur Seite.

Ich danke allen meinen Trainern und Lehrern in den Kampfkünsten und Kampfsportarten, die mich auf den Weg brachten. Besonders danke ich meinen früheren Kampfkunstlehrern Sensei Hans Wels, Gyosa Lutz Linke, Kru Glod und Detlef Türnau sowie dem World Präsident der WKA/WKU Klaus Nonnemacher und dem Leiter der ETG Tobias Puntke.

Tiefste Dankbarkeit empfinde ich gegenüber meinen spirituellen Meistern, dem buddhistischen tibetischen Mönch und Gelehrten Lharampa Tenzin Kalden und meinem Shifu und Großmeister Shen Xijing aus China. In tiefer Demut für all das Gelernte, für das Vermitteln jahrtausendealten Wissens. Es ist eine Reise, die begonnen hat und niemals endet.

Über den Autor

Ronny Schönig, Jahrgang 1977, praktiziert seit mehr als drei-ßig Jahren aktiv verschiedene asiatische Kampfkünste. Er lernte in den Ursprungsländern China, Indien, Thailand und Japan.

Von 2004 bis 2011 war Ronny Schönig Bundestrainer der deutschen Nationalmannschaft im Kick- und Thaiboxen beim Weltverband (WKA). Unter seiner Trainingsleitung gingen neben verschiedenen nationalen und internationalen Meistern auch zwölf Weltmeistertitel im Kick- und Thaiboxen aus sei-ner eigenen Schule hervor.

Ronny Schönig studierte an der Deutschen Hochschule für Prävention und Gesundheitsmanagement und schloss das Stu-dium mit dem »Bachelor in Fitnessökonomie« ab. Es folgte das Masterstudium MBA mit der Ausrichtung in strategischer Unternehmensführung und Human Resource Management sowie Spezialisierungen in den Bereichen Mentaltraining, Business-Coaching und systemischer Personaldiagnostik.

Im Alter von achtzehn Jahren gründete er bereits sein erstes Unternehmen, die »Kampfsport Akademie Dresden«. In der Folge erweiterte er im Jahr 2013 sein Unternehmen um das »TAO FIT«. Es zählt heute zu den »Premium-Sportkonzep-ten« in Deutschland.

Durch seine Erfahrungen aus dem Hochleistungssport und den Kampfkünsten ist er in der Lage, Impulse zu setzen und Veränderungen zu begleiten. Als Coach und Unternehmensberater vermittelt er die Werte, Prinzipien und Strategien der Kampfkünste, um diese auf das Management und die Mitarbeiter zu übertragen. Das persönliche Wachsen der Menschen ist ihm ein Anliegen. Die werteorientierte Mitarbeiterführung, die Wahrhaftigkeit voraussetzt, ist das Ziel seiner Beratungen.

Mit seinem Buch *Der Weg des Siegers* will er seine Leser inspirieren, begeistern, sie mitnehmen in eine Welt, die der westlichen oftmals verschlossen bleibt. Sich diese Welt zu eröffnen führt zu geistiger Stärke und innerer Freiheit.

Mehr über die Philosophie von Ronny Schönig unter www.ronnyschönig.de